上海市

公共图书馆行业发展报告

DEVELOPMENT REPORT OF SHANGHAI PUBLIC LIBRARY

上海图书馆
上海市图书馆行业协会 编

上海科学技术文献出版社
Shanghai Scientific and Technological Literature Press

编委会

编者按

《上海市公共图书馆行业发展报告2019》（以下简称:《行业发展报告》）是上海市公共图书馆行业在新时期将《中华人民共和国公共文化服务保障法》（本报告简称《公共文化服务保障法》）和《中华人民共和国公共图书馆法》（本报告简称《公共图书馆法》）的精神融入公共图书馆行业分析、行业研究的新尝试。《行业发展报告》给出翔实的基础数据，以全面展现上海市公共图书馆建设的现状；并提供一批创新案例，以加强本市各级、各类公共图书馆之间的相互了解和资源共享，促进公共图书馆科学的发展和管理。希望《行业发展报告》能为各级相关主管部门制定政策、指导工作提供借鉴，为各级公共图书馆决策提供依据，为业界专家及图书馆馆员开展行业研究提供基础，为改善服务、满足读者需求提供参照，为广大市民了解本市公共图书馆的运行和事业发展提供渠道和窗口。

2019年底，上海已率先基本建成现代公共文化服务体系。目前，上海已形成“市、区、街道（乡镇）、居（村）”四级公共文化设施网络，基本实现“中心城区10分钟、郊区15分钟的公共文化服务圈”目标。在公共文化服务体系建设中，图书馆是不可或缺的重要一环。上海在2010年就建成了市、区、街道（乡镇）三级公共图书馆服务体系，近年来又通过“我嘉书房”“融书房”等新型公共文化空间的拓展，实现服务资源下沉至商圈、楼宇、交通枢纽、公园绿地、滨江水岸等公共空间，激活了市民家门口的“文化驿站”，有益补充四级设施网络，实现城市公共文化资源的优化与融合发展。

2019年度的《行业发展报告》共分为十章。前五章沿袭了去年“总体发展”“体系建设”“资源建设”“服务效能”“人力资源”的基础架构。后五章回顾上海市中心图书馆（以下简称

“中心图书馆”）二十年发展历程。其中，第六章“守正创新”肯定成绩、总结经验，直面问题、放眼长远；第七章“书香满城”，介绍了区、街道（乡镇）两级公共图书馆，独立建制少年儿童图书馆和专业馆参与中心图书馆建设的情况；“读书不觉已春深”“面壁廿年图破壁”和“志不求易不避难”三章，选自中心图书馆部分征文作品，从图书馆馆员的视角观照中心图书馆建设，见证中心图书馆成长中每一位馆员的奉献、社会公众的支持和创新技术的发展。

《行业发展报告》犹如蹒跚的幼儿，编撰的工作还存在许多的不足，有待不断地打磨。在《行业发展报告》的组织编撰过程中，我们越来越感到，这是一项十分有意义和重要的工作，是推进图书馆行业发展的一项基础性工作，值得我们为之付出。本书的编撰工作得到了上海图书馆协调辅导处、系统网络中心、读者服务中心、采编中心、上海科学技术文献出版社、本市各级各类图书馆的大力支持和帮助。他们为《行业发展报告》的问世付出了辛勤的劳动，在此谨向他们表示衷心的感谢。另外，《行业发展报告》的数据来源于上海市图书馆行业协会的业务统计、上海市中心图书馆“一卡通”业务系统、《上海统计年鉴2019》，得益于本市各级公共图书馆日常业务工作的累积，在此对于各级公共图书馆在数据采集中的大力支持和紧密合作也表示衷心的感谢。囿于较短的报告编写周期及编撰工作组的研究能力和学术水平，报告中难免存在疏漏之处，欢迎各方专家、学者提出宝贵意见。

2020年11月

目录

CONTENTS

第一章
总体发展

2019年底上海在全国率先基本建成现代公共文化服务体系，这是践行初心使命的实际行动，也是打响“上海文化”品牌的重要实践。上海地区的公共图书馆行业依托建设卓越全球城市的战略定位，为我国到2020年基本建成现代公共文化服务体系这一目标的实现做出应有贡献。截至2019年底，全市共有市、区、街道（乡镇）三级公共图书馆238家，实际使用建筑面积59.66万平方米。按常住人口计算，每10万人拥有馆舍数1.53个、实际使用面积2 462.27平方米、从业人员15.94位。全市人均购书专项经费达10.92元，人均馆藏拥有量3.73册/件，人均图书拥有量1.93册，人均外借量1.48册次。

一 | 发展综述

2019年，上海市以文化品牌建设为牵引，大力提升公共文化服务效益，率先基本建成以“服务目标均等化、供给主体多元化、运行机制专业化、公共服务效能化、管理体系制度化”为特征的现代公共文化服务体系。上海市公共图书馆行业加快构建多元化、复合型现代图书馆服务体系，为打响上海文化品牌、打造城市公共阅读空间、建设国际文化大都市做出积极贡献。

截至2019年底，上海市共有市、区、街道（乡镇）级公共图书馆238家，从业人员3 863人；文献藏量总计9 035.72万册/件，其中“上海市中心图书馆‘一卡通’服务体系”（以下简称“一卡通”）文献藏量3 290.36万册；外借总量3 594.94万册次，总流通人次4 947.68万，外借总人次716.73万。

（一）基础设施

1. 机构数量

上海市公共图书馆服务体系依托于“一卡通”服务架构，以市、区、街道（乡镇）级成员馆构成三级公共图书馆服务网络，形成市、区两级总分馆工作机制；以各街道（乡镇）级图书馆、社区文化活动中心为分馆，居委图书室、农家书屋等为基层文化服务点，以多种形态、多元模式向基层延伸。

截至2019年底，上海市共有市、区、街道（乡镇）级公共图书馆238家，其中市级公共图书馆2家、区级公共图书馆21家、街道（乡镇）级公共图书馆215家；另有居委图书室2 463家、农家书屋（村委图书室）1 408家。

表1.1　2019年上海市各区公共图书馆基础设施情况[1]

区域	常住人口数（万人）	公共图书馆馆舍数（个）[2]	每10万人公共图书馆馆舍数（个）
黄浦区	65.38	13	1.99
徐汇区	108.44	14	1.29
长宁区	69.40	14	2.02
静安区	106.28	27	2.54
普陀区	128.19	12	0.94
虹口区	79.70	12	1.51
杨浦区	131.27	18	1.37
闵行区	254.35	27	1.06
宝山区	204.23	23	1.13
嘉定区	158.89	50	3.15
浦东新区	555.02	67	1.21
金山区	80.50	13	1.61
松江区	176.22	18	1.02
青浦区	121.90	19	1.56
奉贤区	115.20	14	1.22
崇明区	68.81	20	2.91

数据说明：① 各项指标数据中不包括市级图书馆相关数值。

② 各区公共图书馆馆舍数，包括各区馆独立馆舍数、下辖街道（乡镇）分馆馆舍数以及具有独立空间的城市书房数，不包括24小时自助设备服务点、居委图书室、农家书屋（村委图书室）、职工书屋等其他基层服务点。

资料来源：上海市图书馆行业协会；上海市统计局、国家统计局上海调查总队《上海统计年鉴2019》。

2. 服务面积

截至2019年底，上海市市、区、街道（乡镇）三级公共图书馆实际使用房屋建筑面积达59.66万平方米，其中市级馆总计13.5万平方米，区级馆总计31.06万平方米，街道（乡镇）级馆总计15.1万平方米。书库方面，市级馆使用面积约达4.7万平方米，区级馆使用面积约达3.8万平方米；阅览室方面，全市各级图书馆的成人书刊阅览室使用面积总计约13.9万平方米，少儿书刊阅览室使用面积总计为4.2万平方米，约为成人书刊阅览室使用面积的1/3，电子阅览室使用面积总计为3.5万平方米。

为更好地服务读者，一批新馆建设、旧馆修缮项目有序推进。如建造中的上海图书馆东馆将于2020年9月实现主体钢结构封顶；上海少年儿童图书馆新馆进入全面施工阶段；徐汇区图书馆启动整体改建、长宁区少年儿童图书馆对西馆进行全面升级改造。静安区图书馆新建10个基层文化服务点、松江区图书馆建设人文松江活动中心等。这些项目将继续拓展全市公共图书馆服务面积，打造全新城市公共阅读空间。

表1.2　2019年上海市各区人均拥有公共图书馆建筑面积①

区域	常住人口数（万人）	实际使用房屋建筑面积（平方米）	每10万人拥有公共图书馆建筑面积（平方米）
黄浦区	65.38	25 180.40	3 851.39
徐汇区	108.44	12 345.27	1 138.44
长宁区	69.40	27 269.29	3 929.29
静安区	106.28	27 425.45	2 580.49
普陀区	128.19	42 605.13	3 323.59
虹口区	79.70	17 046.09	2 138.78
杨浦区	131.27	29 207.72	2 225.01
闵行区	254.35	28 018.40	1 101.57
宝山区	204.23	24 326.22	1 191.12
嘉定区	158.89	29 821.14	1 876.84
浦东新区	555.02	106 860.36	1 925.34
金山区	80.50	11 901.01	1 478.39
松江区	176.22	17 870.86	1 014.12
青浦区	121.90	17 854.61	1 464.69
奉贤区	115.20	20 999.61	1 822.88
崇明区	68.81	22 920.48	3 330.98

数据说明：① 各项指标数据中不包括市级图书馆相关数值。

资料来源：上海市图书馆行业协会；上海市统计局、国家统计局上海调查总队《上海统计年鉴2019》。

3. 开馆时间

根据《上海市公共图书馆管理办法》规定，市级综合性图书馆每周开放时间要在70小时以上，区级综合性图书馆每周开放时间要在63小时以上，独立建制的少

年儿童图书馆每周开放时间要在36小时以上；市、区两级图书馆应当每天（包括节假日）向读者开放，独立建制的少年儿童图书馆周六、周日和学生寒暑假期间每天的开放时间不得少于8小时。2019年市、区两级公共图书馆馆均周开放73.5小时；独立建制的少年儿童图书馆馆均周开放56小时；街道（乡镇）级图书馆馆均周开放时间65.93小时，其中杨浦区街道（乡镇）级图书馆平均每周开放时间最长。

表1.3　2019年上海市街道（乡镇）公共图书馆馆均周开放时间

区域	街道（乡镇）级图书馆数（个）	馆均周开放时间（小时）
黄浦区	10	71.30
徐汇区	13	64.27
长宁区	10	68.35
静安区	14	66.32
普陀区	10	66.40
虹口区	8	69.06
杨浦区	12	81.63
闵行区	13	65.38
宝山区	12	64.04
嘉定区	12	71.04
浦东新区	36	64.46
金山区	11	59.18
松江区	17	55.50
青浦区	11	68.73
奉贤区	8	56.00
崇明区	18	57.56

资料来源：上海市图书馆行业协会。

（二）经费保障

2019年，上海市市、区、街道（乡镇）级公共图书馆财政拨款总额与2018年基本持平。其中，市级图书馆财政拨款总额88 845.8万元，区级图书馆财政拨款总额66 007万元，街道（乡镇）级图书馆财政拨款4 766.6万元；财政拨款用于街道（乡镇）级图书馆的比重加大。

表1.4　2018—2019年上海市公共图书馆财政拨款总额

单位类型	2018年（万元）	单位数（个）	2019年（万元）	单位数（个）
市级图书馆合计	94 153.2	2	88 845.8	2
区级图书馆合计	61 284.5	21	66 007.0	21
街镇级图书馆合计①	3 576.1	218	4 766.6	215

数据说明：① 街道（乡镇）级图书馆财政拨款总额包括购书专项经费、活动经费，未包括人员经费，其中活动经费为社区文化活动中心总体活动经费。

资料来源：上海市图书馆学会、上海市图书馆行业协会。

（三）人力资源

2019年，上海市市、区、街道（乡镇）三级公共图书馆总计从业人员3 863人，同比增长3.4%。市级图书馆从业人员数量同比增长2.6%，区级图书馆人员数量不变，街道（乡镇）级图书馆人员数量同比增长4.4%。

全市公共图书馆馆均从业人员16人，其中在编人员11.4人。市级图书馆馆均从业人员456人，其中在编人员416人；区级图书馆馆均从业人员76.6人，其中在编人员56.2人；街道（乡镇）级图书馆馆均从业人员6.2人，其中在编人员3.5人。

学历方面，市、区两级图书馆在编馆员均以本科及以上学历为主。市级图书馆中，本科学历占比59%，硕士及以上学历占比27%；区级图书馆中，本科学历占比68.8%，硕士及以上学历占比10.6%。街道（乡镇）级图书馆从业人员中，本科学历占比35.6%，大专学历占比35.6%。

职称方面，正高与副高级职称主要集中在上海图书馆。市级图书馆以中级职称人员为主，占比48.73%；区级图书馆和街道（乡镇）级图书馆以初级及无职称人员为主，其中区级图书馆占比61.31%、街道（乡镇）级图书馆占比97.60%。

（四）资源建设

2019年，上海市公共图书馆购书专项经费总额为26 478.85万元，其中市级图书馆2家，购书专项经费15 249.1万元；区级图书馆21家，购书专项经费7 906.12万元；街道（乡镇）级图书馆215家，购书专项经费3 323.63万元。区级图书馆中，购书专项经费投入最高的前三位为浦东图书馆、静安区图书馆、宝山区图书馆。在文献购置方面，市级图书馆新增藏量购置费8 828万元、区级图书馆5 914.41万元；市级图书馆新增数字资源购置费620万元、区级图书馆1 643.07万元。在区级图书馆中，年度文献购置经费高于1 000万元的有1家，10家图书馆年度文献购置经费在200万元至500万元之间，低于50万元的有2家。

截至2019年底，全市拥有文献馆藏总计9 035.72万册/件，当年新增藏量293.16万册/件；其中“一卡通”文献藏量3 290.36万册/件，占总藏量比重为36.42%。市、区两级图书馆共有数字资源馆藏2 684.88TB，其中市级图书馆547.93TB、区级图书馆馆藏2 136.95TB。区级图书馆中，数字资源馆藏总量前三位分别为嘉定区图书馆、闵行区图书馆、浦东图书馆。

（五）服务效能

1. 流通服务

2019年，上海市中心图书馆“一卡通”服务体系持续有新成员加入，更加注重主题服务品质的提升。全年新办各类读者证约25.9万张，年末累计读者持证总数583.1万张.上海市市民持证率达24.06%。

全市各级图书馆外借总量3 594万册次，其中市级图书馆332万册次、区

嘉定区图书馆多媒体文献借阅区

级图书馆1 494万册次、街道（乡镇）级图书馆1 769万册次。全市总流通人次4 948万，外借总人次716.73万。区级图书馆中，嘉定图书馆、长宁区图书馆、杨浦区图书馆人均外借量列前三位，分别为3.10册/人、3.04册/人、2.54册/人。

2. 数字服务

2019年，上海市市、区两级公共图书馆网站访问量合计约5 613万页人次，同比增加17.5%。数字资源服务方面，上海图书馆的数字资源下载量和在线使用量均涨幅明显，数字资源的下载量2019年超过1 000万篇次，数字资源在线使用量约达7 068万次；区级馆数字资源检索量约达1 562万次，浏览量超过1 900万次，下载量约计486万篇次。

2019年，上海图书馆推出“手机扫码借书”服务，读者用已绑定上海图书馆读者证的手机扫描上海图书馆馆藏条码，即可外借图书。上海少年儿童图书馆组成一站式网上服务系统，将新版官网与官方微信功能联通，读者可在网上完成活动报名、信息咨询、在线活动、网上续借、馆藏检索、借阅记录查询、远程访问数据资源等功能。长宁区图书馆推出微信号“长宁微图”，为读者打造全方位的资源服务。以“微悦读·新互动”为主题的第六届图书馆微服务研讨会、聚焦人工智能与第三代图书馆的2019图书馆前沿技术论坛（IT4L）会议在沪召开，深入交流研讨新时代图书馆发展的理论、方法和应用等问题。在移动互联、大数据、云计算、物联网、人工智能等新技术迅速发展的背景下，上海市公共图书馆推进移动数字阅读平台建设，跨平台适配各类型移动终端和互联网终端；推动“微阅读”平台接入微信、支付宝、市民云、阿基米德社区、各类企业机构微信公众号及APP等平台，做好“微阅读”“微文堂”“听书馆”“悦视频”等品牌建设。同时，上海市公共图书馆继续深化微信、微博、支付宝城市服务等新媒体平台建设与宣传，强化与社会机构和专业内容提供商的合作，探索短视频阅读和数字阅读微站服务。

3. 读者服务

2019年，上海市各级图书馆共组织讲座5 613场次，参与人次42.97万；举办展览1 750场次，参与人次316.87万；开展读书活动12 331场次，参与人次365.39万；举办少儿活动9 298场次，参与人次244.7万。

全年结合文化、社会热点，联合社会各界推出各类主题文化艺术展览，推进全国公共图书馆展览资源共建共享，实现展览资源互动展出。如上海图书馆2019年度文献大展“妙笔生辉：上海图书馆藏名家手稿展”，由上海图书馆、上海博物馆、上海书法家协会联合主办的“墨彩斑斓 石鼓齐鸣——石鼓文善本新春大展”，“古籍今读”东方卫视“诗书画”特别节目开播分享会暨上海图书馆藏古籍善本特展等展览为读者提供了精神食粮，丰富了市民的文化生活。

4. 志愿者服务

近年来，上海市公共图书馆志愿者服务整合社会资源，携手社会力量，加大志愿实践团队培育，助力优质服务资源供给。如长宁区图书馆与华师大附属天山学校、上海院士中心签订三方合作协议，将科普教育深入到同学们的日常学习中；长宁区少年儿童图书馆与上海交通大学安泰经济与管理学院合作，开展“书香延续，墨香农家”乡村图书馆建设活动；浦东图书馆启动“儿童阅读推广人”志愿者实践活动，分组深入社区街道开展阅读推广；松江区图书馆与3所高校8支志愿者团队签订协议，成立“小松树”志愿者服务队；黄浦区图书馆与区域内近10家学校开展合作，为在校学生提供社会实践的岗位……据统计，截至2019年底，上海市各级公共图书馆共有志愿者服务队伍960支，志愿者45 368人。

表1.5 2019年上海市公共图书馆志愿者队伍情况

单位类型	志愿者服务队伍数（支）	志愿者服务队伍人数（人）
上海市合计	960	45 368
市级图书馆合计	105	1 668
区级图书馆合计	230	20 310
街道（乡镇）级图书馆合计	625	23 390

资料来源：上海市图书馆行业协会。

二丨发展特点

（一）区级图书馆总分馆制建设全覆盖

为贯彻党的十九大关于完善公共文化服务体系的相关精神和《中华人民共和国公共文化服务保障法》，落实《关于推进县级文化馆图书馆总分馆制建设的指导意见》精神，根据《关于推进上海市区级文化馆总分馆制建设的实施意见》，2019年，上海市公共图书馆组建完成“以区级图书馆为总馆，各街镇图书馆、社区文化活动中心为分馆，居（村）综合文化活动室（中心）、农家书屋为基层文化服务点，积极鼓励社会力量参与，实现公共文化资源在区域内联动共享”的区级总分馆服务体系，基本实现“统一标识、统一挂牌、统一业务要求、统一资源配送、统一数字服务、统一绩效考核”。

各区图书馆因地制宜，整合区域现有资源，结合市政府居（村）综合文化活动室实事项目，将居（村）及各类型服务点纳入总分馆体系，推进标准化建设，分步骤落地落实。有的区以区、街镇、城市书房为基本架构，以百姓书社、农家书屋为补充，开展标准化、数字化、社会化试点；有的区将出版社、实体书店纳入总分馆体系，帮助街镇分馆建立特色藏书体系；有的区着手建立以区总馆、街镇分馆为基本框架，以24小时自助街区图书馆、流动图书车等各类型图书馆为补充的总分馆服务体系。在具体实施措施上，各区根据街镇、居（村）的实际情况，从硬件配置、机制建设入手，夯实基层服务基础。

引入社会主体向街镇分馆、基层服务点和创新服务点配送阅读推广活动，弘扬区域人文特色，探索服务新模式是区级总分馆制建设中的一大亮点。如静安区图书馆与上海民生现代美术馆合作，设立静安区图书馆艺术分馆；探索馆校合作模式，与上海市民办扬波中学合作设立静安区图书馆扬波分馆，打造集阅览、学习、教育、交流于一体的文化空间；浦东图书馆启动“飞翔计划”，针对目前城乡教育发展不均衡、农村学生享受优质图书资源的比例相对偏低的现状，从浦东新区教育局乡村学校名单中首批招募20家学校，与新区教育局共建“飞鸟书屋”。

（二）推进法人治理结构改革

2019年，上海市公共图书馆行业继续推进法人治理结构改革，各馆成立由政府有关部门、公共文化机构、专业人士、各界群众等代表构成的理事会，吸纳社会力量和专业资源，探索实践多方共同议事机制，提升公共文化机构管理水平和服务效能。通过探索政府、图书馆、读者等多方共同参与治理、创新公益性公共文化服务和管理的新模式，不断激发图书馆的内部活力，提高图书馆的管理运行效率，满足市民群众文化需求，提升公共文化服务质量。

年内，上海少年儿童图书馆、徐汇区图书馆、闵行区图书馆、普陀区图书馆、宝山区图书馆、金山区图书馆、松江区图书馆、奉贤区图书馆、崇明区图书馆等成立理事会，理事会由政府机关、图书馆和社会人士组成，全面建立功能明确、治理完善、运行高效、监督有力的文化事业单位体制机制，深入推进公共文化机构法人治理结构改革。

（三）开展特色阅读推广活动

2019年，上海市公共图书馆围绕庆祝中华人民共和国成立70周年、上海市民文化节、4·23世界读书日、阅读马拉松、上海书展等主题开展阅读推广活动，充分发挥公共图书馆引导市民阅读、传播文化知识、提升市民文化素养的优势与作用。

三大文化建设凝心力。为扩大“红色文化”“海派文化”“江南文化”三大文化的影响力，2019年上海图书馆联手上海市民文化节指导委员会、上海市图书馆行业协会，首次在“上海市民文化节”中新增“大阅读”板块，围绕“上海老建筑”，整合开放相关书目、影像、历史文献等各类资源，举办“老建筑的故事”市民创意创作大赛，联合全市各级各类图书馆，带动街镇图书馆参与，鼓励不同专业背景的市民通过阅读、讲座、展览、行走活动等形式，认知、研究上海老建筑。系列活动包含城市阅读行走、全媒体线上征集、故事（微小说）征文和应用开发大赛，最终以访谈、多媒体展示、小品表演等形式展呈。大赛覆盖不同年龄段，构建多样化的展示平台，将定向组织和群众参与相结合，在获得高质量作品的同时，提升社会影响力、营造全民参与的阅读氛围。

“4·23”世界读书日谱新曲，上海图书馆联合上海知名文化沙龙“克勒门”，开展“韵语阳春 上图之夜”阅读推广活动。黄浦区明复图书馆携手出版社、中医文献馆、酷客音乐等机构，推动阅读活动配送进社区、进校园、进企业。静安区图书馆携手上海阅读派文化交流中心，举办“从阿尔罕布拉宫到百年孤独——中国西班牙的跨文化阅读体验”。虹口区图书馆在鲁迅公园举办“洄游集市”，首次将“以书易书”的理念通过现场集市的形式进行传播。

阅读马拉松联动再升级。5月，举办2019长三角阅读马拉松大赛，覆盖上海、江苏、浙江和安徽三省一市的115个公共图书馆和公益场馆，共7 000名选手参加。9月，举办“上图杯”2019上海阅读马拉松秋季赛。青浦区图书馆举办2019长三角三城青少年阅马挑战赛、徐汇区图书馆开展2019年徐汇阅马修身定向赛。

为庆祝中华人民共和国成立70周年，全市各级公共图书馆均开展了以爱国为主题的阅读推广活动，激发市民读者与时代共命运、与祖国共成长的爱国主义热情。上海图书馆举办“我和我的祖国——长三角公共图书馆庆祝中华人民共和国成立70周年诗文朗诵会”“五月的鲜花：庆祝上海解放七十周年版画展”“图述时代——庆祝上海解放70周年主题摄影展”；静安区图书馆联合《上海文学》杂志社、华语文学网等举办“我与祖国母亲”主题征文活动；闵行区图书馆“和颂70——阅读在闵行”主题阅读推广活动贯穿全年；徐汇区图书馆组织“庆祖国七十华诞，传华夏文化之魂”建国70周年知识竞赛；参加以“爱祖国，爱阅读——学习强国，阅读圆梦”为主题的“2019全国少年儿童阅读年”系列活动等。

社会力量引入建新章。由上海市残疾人读书指导委员会主办，举办了“读书·与国同梦”——2019年上海市残疾人读书系列活动。上海少年儿童图书馆联合上海少儿读物促进会、少年儿童出版社等少儿出版和阅读机构，共同发起并推出“新青藤”童书榜。浦东图书馆进一步加大合作力度，分别在总馆、张江科学城书房、大隐湖畔书店、钟书阁书店等地开展“读者点书”业务，与上海钟书阁推出全新图书借阅活动“你选书我买单”；同时与上海作协儿童文学委员会合作建设“上海儿童文学基地”；在世界读书日成立阅读推广联盟，首批11家成员单位来自新区的各类学校、新区媒体单位、新区工会、社会机构及长期合作的阅读推广主、承办组织。嘉定区图书馆成立“我嘉书房”社会主体运营合作联盟等。

（四）品牌项目丰富多彩

为贯彻落实中央精神和市委市政府“上海文化”品牌三年行动计划战略部署，

上海市公共图书馆行业从读者需求多元的实际情况出发，为不同人群打造专属文化品牌。青浦区图书馆首次融入“儿童哲学”理念，设计开展“小鸡book”爱·智慧阅读成长计划，面向不同年龄段的未成年人推出阅读探究课和启蒙绘本故事会。宝山区图书馆引入社会资源，与区内四位儿童文学作家的工作室展开合作，推出亲子阅读指导讲座、创意写作营等活动，将资源下沉至基层服务点，实现公共资源的增值赋能和精准供给。徐汇区图书馆聚焦未成年人兴趣热点，推出“仲夏之梦”英文原版读物交流分享会、编码初体验、机器人编程系列活动，开展少儿书友会绘本悦读活动。长宁区少年儿童图书馆创新长耳兔阅读俱乐部项目活动形式，推出“阅兔长跑”阅读打卡活动。静安区图书馆与自然力研究院－阅读派文化交流中心及各国驻沪领馆合作，策划举办跨文化活动及亲子工作坊。杨浦区图书馆少儿分馆联合上海市儿童文学研究推广学会等机构，深度合作“我的小书房”品牌活动项目。

浦东图书馆打造“一空间一品牌”，以报告厅为空间载体打造“阅见东方”、“浦图公开课”和“主题悦读厅”三大品牌。徐汇区图书馆面向白领群体推出“汇悦读·美罗大厦”读书月活动、面向人文历史爱好者推出行走中的文化讲座“走读徐汇”系列活动；联合各街镇分馆及汇悦读书香联盟成员单位，在上海书展期间推出“建筑可阅读”“书香汇讲坛”“建国70周年”“智汇少年行”“白领读书月”五大板块的特色活动，满足不同群体的阅读需求。嘉定区图书馆设立“嘉定作家专架”，邀请本土作家走进书房，与读者对话。

（五）文化创意产品开发

根据《“十三五”时期全国公共图书馆事业发展规划》规定，各级公共图书馆应把文化创意产品开发纳入公共图书馆评估定级标准，推动利用古籍善本、图书报刊和数字文化资源等开发文化创意产品，挖掘地方传统文献资源，开发一批弘扬中华优秀传统文化、反映时代精神、符合群众实际需求的文化创意产品。

基于文化传承保护、打响文化品牌、壮大文创产业的需要，上海图书馆于2019年推出“上图文创”系列，配合上海图书馆藏古籍善本特展，从馆藏古籍善本中遴选出10种国宝级古籍精品，开发“文房玄览、寄南山之兴”“逆旅随行、我亦是行人”“足吾所好、赏玩而老焉”等三大品类十余件文创产品。“上图文创”在整理、修复、保护优秀文献的同时，让馆藏资源“活起来”，更好地传承历史、弘扬中华传统文化，促进文化的创造性转化与创新性发展，真正担当起文化传播的使命。

（六）加强地方文献与特色馆藏建设

2019年，上海市公共图书馆加大馆藏资源的揭示和开放力度，深化数字人文研究，提升以特色历史文献为基础的人文学科研究能力。

继续深耕于挖掘与保护地方文献、完善地方文献数字化建设、建设特色馆藏等领域，弘扬海派文化，传承中华经典。浦东图书馆启动地方文献中心筹建工作，成立馆长负责的地方文献领导工作小组，出台《浦东地方出版物呈缴制度》《浦东图书馆地方文献建设三年行动计划》，确定了浦东名人、浦东医药、浦东文史志、浦东开发开放、浦东教育、浦东非遗艺术六个文献建设重点方向，《浦东历史人物数据库》基本建成。松江区图书馆的《松江史志文库数字资源文库》通过验收，还联合松江区博物馆，有序推进松江地方特色馆藏资源专题库建设。奉贤区图书馆基本建设完成包括地方文献数据库、地方新闻数据库、言子讲坛数据库、非遗专题库等四个子数据库的“地方文献自建库平台”。嘉定区图书馆不断完善《嘉定地方文献

宝山图书馆

数据库》《嘉定民间文学数据库》等自建数据库资源。闵行区图书馆与上海新闻出版博物馆开展合作，共同致力于地方文献收集、整理与收藏工作。

搜集保存文献信息，持续促进社会的包容性发展是图书馆的使命。上海图书馆与阅文集团达成网络文学与专藏战略合作，设立全国首个“中国网络文学专藏库”，通过永久保存的方式收藏阅文集团旗下享有相应著作权的网络文学作品电子版，以实现文献信息资料的战略保存。虹口区图书馆曲阳分馆（上海影视文献图书馆）联合专家团队，考证各电影院遗址的具体位置信息，精心制作“虹口电影文化地图”。普陀区图书馆完成《上海近现代作家影像访谈录》（二期）7位作家的拍摄。

（七）增进长三角地区合作联动

为贯彻“长三角一体化高质量发展”国家战略，落实《长江三角洲区域一体化发展规划纲要》指导精神，全面提升区域公共文化服务水平，上海市公共图书馆行业持续深化长三角公共图书馆之间的合作互动。2019年，在首届长三角地区公共图书馆信用服务年会上，上海图书馆与南京图书馆、浙江图书馆、安徽省图书馆共同签署了长三角公共图书馆信用服务联盟协议。上海少年儿童图书馆联合嘉兴市图书馆、南通图书馆、合肥少儿图书馆等单位发起“长三角少儿阅读联盟”，共同研讨当代少儿多样化的阅读需求，用好“上海童话节”等区域品牌活动平台，从顶层设计、机制完善、平台建构、资源调配、组织方式等方面，整合三地少儿阅读资源优势，提升区域文化服务合力。宝山区图书馆联合江苏、浙江、安徽等长三角地区的7家公共图书馆，组建“诵读经典 点亮童心”长三角阅读联盟。青浦图书馆联合浙江省嘉兴市嘉善县、江苏省苏州市吴江区成立“长三角一体化阅读联盟”，开展三地青少年阅读马拉松活动。

三丨问题对策

需要看到的是，我们正处于一个信息技术形势、国内外产业形势均发生深刻变革的时期，面对新一代图书馆系统转型发展带来的时代挑战，上海市公共图书馆行业仍须砥砺前行。

（一）完善政策顶层设计，加强基本保障条件

2019年，全市公共图书馆财政拨款总额与2018年基本持平，在资金的具体流向上，已有意识地向街道（乡镇）级图书馆、居（村）图书室等基层服务点倾斜，但区域之间、各馆之间的发展并不均衡，同级别馆点之间服务能力落差较大，部分馆舍的空间布局、服务能力、经费保障、人力资源等方面仍存在不足。

为此有必要完善政策顶层设计，推动制修订相关服务标准、政策及规范性文件，如尽快出台上海市公共图书馆相关条例，修订《上海市公共图书馆管理办法》和《上海市公共图书馆行业服务标准》，明确公益性收费及相关制度流程，加强郊远地区流动服务、鼓励社会资本依法进入公共文化服务事业。

（二）加速应用生态建设，突破传统业务架构

2019年，上海市中心图书馆在服务规范、创新联动、管理效能等方面为上海市公共图书馆行业的发展奠定了坚实的基础；区级图书馆总分馆制建设实现全覆盖，居（村）图书室服务能级得以提升，多级管理架构初具规模。但公共图书馆系统架构与规模扩张之间的矛盾也日益显现，传统图书馆业务管理系统架构已无法满足成员馆服务网络规模的持续扩张，随着区级、街镇成员馆、城市书房数量增多，部分居（村）服务点提请加入“一卡通”，使得网络基础设施、系统稳定性、服务响应效率等诸多方面面临挑战。

徐汇区图书馆

随着第三代图书馆服务平台FOLIO在开发和实际应用中取得重要进展，具有开源性、模块化、灵活性、可扩展、能迭代的管理平台将加速智慧图书馆应用生态建设。推进基于FOLIO的第三代图书馆服务平台的本地化应用与开发，促进本市图书馆向下一代微服务架构的开放服务平台过渡，突破资源分散、孤岛系统多、升级维护难的瓶颈成为全市图书馆人的共同目标。

（三）提升平台枢纽功能，加速数字服务转型

近年来图书馆数字服务转型稳步推进，在资源建设方面，受制于版权、资源匮乏等客观条件，纸本文献与数字资源联动机制还有待完善；在线上服务、线上活动方面，读者群体的需求研究尚处于起步阶段，数字服务有效供给及推广不足；在传统阵地服务方面，无感认证、二维码技术、第三方支付平台等普及应用相对滞后于读者预期。

随着人工智能、物联网等新技术进入大规模应用期，图书馆数字服务转型亟需提速，需要从“场馆”“阵地”型服务功能逐步转向“平台枢纽”功能，发展模式

从“馆舍+员工”转向“平台+多元主体”，实现阵地服务与数字服务并进、“大文化”融合发展的态势。

（四）建立人才保障机制，完善人才队伍建设

近年来，上海市公共图书馆各级从业人员总数均保持增长。市、区两级图书馆硕士及以上学历、本科学历从业人员占比较2018年略有提升，但高级职称员工比例偏低，且大多集中在上海图书馆，人才分布不够均衡。同时，各区图书馆从业人员人均服务人口差距较大，部分区级图书馆仍存在人员不足、人员流动性大、人才激励不足的问题。合理规划人力资源、创新人才引进机制、改革人才评价制度、优化人才激励机制、健全人才培训体系是未来公共图书馆人力资源建设的重点。

（五）推动公共文化资源整合，提升专业服务能力

目前，上海市公共图书馆的专业研究服务主要由两家市级图书馆承担。上海图书馆作为国内唯一的图情合一、综合性、研究型公共图书馆，主要负责全市的专业研究服务和学术平台搭建；上海少年儿童图书馆则专注于少儿服务研究；区级图书馆在专业、信息服务领域的人员配置有限，可提供的深度决策、情报服务项目较少。未来市、区两级公共图书馆应提高专业化服务能力，依托总分馆制度，加强对各自区域内基层图书馆的业务指导；结合长三角地区优势，建设区域图书馆联盟，提供联合服务；推动公共图书馆与博物馆、文化馆等其他公共文化机构的互联互通，加强跨部门、跨行业、跨地域的公共文化资源整合。

撰稿人

练成圳子，《上海文化年鉴》编辑部，编辑。
研究方向：文化研究。

第二章
体系建设

为深入贯彻落实文化部等五部委联合印发的《关于推进县级文化馆图书馆总分馆制建设的指导意见》和上海市文化广播影视管理局等四局委联合印发的《关于推进上海市区级图书馆总分馆制建设的实施意见》文件精神，2019年，上海市公共图书馆服务体系以“上下联通、服务优质、有效覆盖”为目标，依托既有的上海市中心图书馆三级服务网络基础，发挥区域特色，进一步优化、整合和盘活区域内公共资源，深入推进并提前完成区级图书馆总分馆制建设。

一 | 总体情况

2019年，上海对标文化部“五个统一”要求，以“3+X”（“3级+多元”）为基础，盘活各方资源，全面推进多主体共建、服务模式多元并存、“一区域一特色”的区级图书馆总分馆制建设，取得显著成效：

（一）3+X架构提前完成

上海各区的“3+X”总分馆架构基于“上海市中心图书馆‘一卡通’服务体系”，是“一卡通”体系在区级层面，从制度上、技术上、服务上向更深层次的延伸。

“3+X”中的3是指各区按行政区划搭建的公共图书馆三级服务网络，即“区级总馆+街镇分馆+基层服务点”的架构。目前，上海共形成17个区级公共图书馆总分馆制体系框架（其中黄浦区在卢湾、黄浦两区合并后仍保留原卢湾区区划内的图书馆体系），初步统计，共涵盖区级总馆17个，街镇级分馆215个，居（村）级服务点和各类延伸服务点4 385个，各类社会力量参与的创新服务点307个。

黄浦区图书馆特色文献室

表2.1　2019年上海市各级公共图书馆服务规模

级别	类型	服务机构/服务点数量①（个）	各级区划数量②（个）
市	市级公共图书馆	2	—
区	区级公共图书馆	21	16
街道（乡镇）	街镇级公共图书馆（街镇级分馆）	215	215
居委	居委图书室[居（村）级基层服务点]	2 463	4 507
村委	农家书屋（村委图书室）[居（村）级基层服务点]	1 408	1 570
总计		4 109	6 308

数据说明：① 市级、区级、街道（乡镇）级为开设的图书馆数量；居（村）级为提供借阅服务的图书室数量。
② 街道（乡镇）以上行政级别已经实现100%全覆盖，居（村）基层服务点完成能级提升达到标准后纳入服务体系。

资料来源：《上海市行政区域情况统计表》、上海市图书馆行业协会。

“X”是指各区根据区域特点在整合优质资源基础上创新地构建除三级服务网络之外多元的补充架构。如以嘉定区“我嘉书房”、闵行区“城市书房”、浦东新区“融书房”、奉贤区“悦贤坊”等为代表的城市书房；静安区“灰引力”、杨浦区“睦邻中心”、虹口区“菜场书屋”、“小巷书屋”、“洄游书屋”和“市民驿站”等多元模式；以普陀区“邻聚”服务中心为代表的基层文化服务图书室；以杨浦区“书界”、浦东新区陆家嘴的“易悦读”为代表的图书馆网借服务；以徐汇区“书香驿站”、“书香坊”与“书香行者”构建的“汇悦读书香联盟”为代表的城市阅读联盟；以及普陀、长宁、金山等区的图书漂流点等。区级总分馆制建设中，不仅有直管型直属分馆，也有指导型街镇分馆、委托型区域分馆、联盟型共享平台、辐射型行业分馆、联办型居（村）服务点等形态，社会力量成为这些多元形态的生力军。

至2019年6月底，各区街镇分馆统一标识、签订协议、授牌挂牌等工作已全部完成，基层服务点、创新服务点的挂牌工作本着“成熟一个发展一个”的原则分批挂牌，陆续纳入到区级总分馆体系的统一管理体系中。

表2.2　2019年上海市各区级图书馆总分馆服务体系概览

区级总馆名称	分馆机构数[①]	城市书房	24小时自助设备服务点数	居委图书室	农家书屋（村图书室）	职工书屋	延伸服务点	其他创新型服务点
上海市黄浦区图书馆	6	0	1	0	0	0	52	0
上海市黄浦区明复图书馆	4	0	0	68	0	0	32	3
上海市徐汇区图书馆	13	0	0	91	0	0	48	221[②]
上海市长宁区图书馆	10	0	1	183	0	1	47	13
上海市静安区图书馆	16	0	9	192	0	0	55	38[③]
上海市普陀区图书馆	10	0	0	72	0	0	64	4
上海市虹口区图书馆	8	0	1	46	0	0	71	25
上海市杨浦区图书馆	12	0	34	28	0	0	13	22
上海市闵行区图书馆	14	11	1	393	85	0	11	0
上海市宝山区图书馆	13	0	1	9	65	1	20	8
上海市嘉定区图书馆	12	30	5	145	109	28	6	101[④]
上海市浦东新区图书馆	40	3	45	683[⑤]	312	222[⑤]	420	2
上海市金山区图书馆	11	0	1	116	124	0	0	0
上海市松江区图书馆	17	0	0	233	103	4	26	0
上海市青浦区图书馆	11	0	0	92	183	0	55	0
上海市奉贤区图书馆	9	4	0	109	158	0	260	1
上海市崇明区图书馆	18	0	2	3	269	1	42	11
合计	224	48	101	2 463	1 408	257	1 222	449

数据说明：① 分馆机构数是指与各区馆尚未形成人财物统一管理，但签有区级总分馆制分馆建设协议的街道（乡镇）分馆、专业分馆、主题特色分馆、学校分馆的机构数。

② 徐汇区图书馆创新型服务点指标填报数据为221个，包括“汇悦读书香联盟”体系内的书香驿站、书香坊服务点，其中91个书香坊为居委图书室，为减少重复统计，该指标数据调整为130个。

③ 静安区图书馆创新服务点指标填报数据80，其中都市书房38个；“灰引力”基层服务点42个，全部为居委图书馆升级版，为减少重复统计，该指标数据调整为38。

④ 嘉定区图书馆其他创新型服务点主要指“百姓书社”与“周末书房”，部分“百姓书社”与居（村）图书室重合，由于是双挂牌性质，数据未做调减。

⑤ 本年度由于统计指标调整未能获得浦东图书馆居委图书室与职工书屋数据准确数据，由于居委图书室与职工书屋客观存在，为确保数据可比性，居委图书室与职工书屋两个指标沿用了2018年度数据，分别为683和222个。

资料来源：上海市图书馆行业协会。

（二）政策资金充分保障

2018年，依据《中华人民共和国公共图书馆法》和《关于推进县级文化馆图书馆总分馆制建设的指导意见》的要求，上海市文化广播影视管理局联合上海市新闻出版局、上海市发展和改革委员会、上海市财政局印发了《关于推进上海市区级图书馆总分馆制建设的实施意见》，全面启动本市区级图书馆总分馆制建设。各区深入贯彻“政府主导，统筹实施”的基本原则，把总分馆制建设纳入各级政府工作的重要议事日程，细化落实方案，明确分工职责和推进节点，协调各方资源，创建了良好的政策环境。区文广局、发改委、财政局多部门联合印发“总分馆建设方案”指导相关工作。分管领导亲自挂帅，多地走访、实地调研，统筹协调分级财政下人、财、物的关系。长宁、奉贤、金山、宝山等区还将总分馆制建设考核指标纳入本地区政府评估体系。

市、区两级财政加大资金扶持力度，统筹专项资金，为区级总分馆制建设提供资金保障，初步统计，用于开展区级总分馆制建设的专项资金投入达到6 085.44万元左右。

表2.3　2019年上海市区级图书馆总分馆经费投入情况

内容		金额（万元）
区政府投入	软件、硬件专项资金（包括管理系统、数字阅读盒子、自助设备等）	1 314.18
	书刊资源专项投入	1 133.69
	图书馆阅读活动配送专项投入	239.54
街道（乡镇）配套投入	软件、硬件专项资金（包括管理系统、数字阅读盒子、自助设备等）	2 017.76
	书刊资源专项投入	1 380.27

资料来源：《2020年上海市区级总分馆制验收工作中的调研问卷》。

（三）“五个统一”逐级下沉

上海各区的总分馆制建设是在“上海市中心图书馆‘一卡通’服务体系”的基础上开展起来的。自2000年底“一卡通”正式启动运营以来，形成覆盖市、区、街道（乡镇）三级图书馆的服务网络，实现统一编目、通借通还以及人员的统一培训等运行机制。依托于“一卡通”的技术保障、平台支撑和业务指导，各区的总分馆制建设通过“五个统一”的区域化实践，采取“重心下沉、资源下沉、服务下沉、培训下沉、制度下沉、技术下沉”策略，引入新理念、新技术、新业态，整合区域内的优势资源，突破管理体制瓶颈，明确各级文化部门的职责分工，优化公共资源配置，实现“上下联通、服务优质、有效覆盖”，进一步完善了上海市公共图书馆服务体系的运行机制。

“五个统一”主要体现如下：

1.“统一采购”与资源建设和资源配置结构优化相结合，打破行政壁垒，创新采购模式和配置方式，形成上下畅通、通盘规划、整体运作的协调机制；

2.“统一编目”与服务规范和服务标准建设相结合，通过标准的制定和制度的建立，进一步体现出区域内图书馆系统整体运作的标准化、规范化和科学性；

3.“统一配送”与资源布局和资源开发利用相结合，通过精准供给，丰富基层服务内容，努力实现公共资源增值赋能；

4.“通借通还”与提升服务效能相结合，进一步强化区级总馆和街道（乡镇）分馆在不同层级上的枢纽和引擎作用，更好地实现对基层服务点的延伸、引领和带动作用；

5.“统一培训”与建设馆员队伍和志愿者团队相结合，把加强人员培训、促进队伍建设作为推进总分馆制建设的一个重要抓手，通过馆员互派、定点指导、集中辅导、分班带教、线上慕课、视频教学、技能竞赛、参观学习、专题培训等多种形式，从理论到实践全方位地对分馆及基层服务点从业人员进行业务培训和指导，有效提高了整支队伍的规范化服务水平。

（四）机制运行规范护航

总分馆制建设中，各区强调以标准化建设形成科学化管理、以制度化建设促进规范化运行的重要性，出台与总分馆制相适应的建设标准和服务规范，建立与总分馆制相匹配的各项规章制度，实现区域内相对分散的图书馆资源在制度安排和规范管理下向总分馆制体系的聚合，形成相对集中和整体统一运作的总分馆体系。

各区以“五个统一”为基本运行机制，结合区域特点，通过“推进方案”“实施细则”“合作协议”“建设标准”等手段，明确总馆、分馆、基层服务点等不同层级图书馆/室的功能、职责和具体任务；明确分馆和服务点的标识设计制作规范和要求；明确新加入总分馆制服务体系的服务点的建设和运营标准；明确文献采购招标、阅读推广活动配送评审、服务点开放管理、人员培训规划与安排等运行环节中的相应管理规定。在此基础上，各区又普遍制定了《分馆考核评估标准》《服务点建设标准和考核细则》等，形成一整套较为完备而规范的总分馆制建设与运行标准。

嘉定区图书馆在已获得ISO9001质量管理体系认证的基础上，进一步通过“服务质量目标化、服务方法规范化、服务过程程序化”的探索和实践，实现了公共文化服务管理从经验化向标准化的提升。在总分馆制建设中，该区将这一成果进行移植与转化，对延伸服务点的资源配置、服务内容和运行管理进行系统梳理，制定了《公共图书服务延伸点准入标准》《农家书屋运行管理规范》等标准/规范，并公布了400余个嘉定区公共图书馆服务空间的使用规则、服务内容、读者须知等，进一步提升了读者满意度和空间使用率。

嘉定区图书馆少儿馆

（五）服务效能持续提升

各区总分馆制建设通过打破壁垒、规范制度、“下沉”式输送资源，带动街镇图书馆尤其是居（村）图书室的建设，有力地提升了各级图书馆/室的服务效能。松江区通过大调研，走访了337家居（村）综合文化活动室，制定了“图书室文献配置指导表”及“文化服务下网格”的工作方案，促进了居（村）图书室的提质增效建设。长宁区在文化共建单位中建立了“长宁阅空间”，扩大了图书借阅和阅读活动的受众面和影响力。嘉定区在全国“盲人数字阅读推广工程”的支持下，配置500台智能听书机送至252个居（村）综合文化室，满足视障读者、老年人等群体便捷阅读需求，进一步丰富了居（村）综合文化室的服务形式。杨浦区的“书界O2O（线上到线下）图书网借平台”，以平台流量导入模式实现了线上借书线下送达功能，在为读者带来更为便捷的阅读服务新体验的同时，还与“你点书我买单”的传统读者点书服务相结合，设立了34个自助服务点，促进了图书借阅量和读者人次的提升。

以活动带动阅读，是丰富居（村）图书室服务内涵、激活城市阅读空间、提升服务能力的有效手段。通过向基层配送文化活动，有效地汇聚阅读人气，形成良好的带动效应，丰富基层文化生活、助推阅读影响力、引起文化共鸣、营造书香氛围。杨浦区通过文化资源菜单式配送平台，将“我的小书房”“阅读好声音”“欧洲之窗”“行走杨浦”等品牌项目活动输送到基层服务点，丰富了基层服务内容。徐汇区加大配送力度，2019年将140场阅读推广活动送到基层服务点，实现公共资源的增值赋能。浦东新区根据街镇文化特点下沉服务资源，与陆家嘴、洋泾、三林等街道共育品牌，合力打造金融、航运、民俗主题图书馆，并将浦东文化讲坛、故事妈妈讲故事、绘本创作大赛等活动面向各分馆配送，形成“一街/镇一特色”“一区域一主题”；嘉定区通过“政企合作”模式在社区、园区、景区、商圈等建立的30家“我嘉书房”，逐步形成文化、文旅、文教、文商、文创等五个主题系列。初步统计，2019年，各区级政府组织各类阅读活动配送约1 454场次，各街道（乡镇）公共图书馆举办的讲座、展览、培训及各类阅读活动达16 801场次，有效地推动了基层的阅读活动。

表2.4　2019年上海市区级图书馆总分馆活动配送情况

区级总馆名称	区政府配送阅读活动（场次）	区级总馆配送活动[①]	
		举办活动次数（场次）	参与情况（人次）
上海市黄浦区图书馆	10	150	5 000
上海市黄浦区明复图书馆	2	82	2 022
上海市徐汇区图书馆	175	175	5 000
上海市长宁区图书馆	40	24[②]	1 127[③]
上海市静安区图书馆	50	0	0
上海市普陀区图书馆	38	38	8 900
上海市虹口区图书馆	146	9	282
上海市杨浦区图书馆	36	26	21 450
上海市闵行区图书馆	0	0	0
上海市宝山区图书馆	98	102	10 550
上海市嘉定区图书馆	278	322	86 971
上海市浦东新区图书馆	6	14	39 000
上海市金山区图书馆	472	45	985
上海市松江区图书馆	0	36	184
上海市青浦区图书馆	47	47	1 410
上海市奉贤区图书馆	48	71	4 800
上海市崇明区图书馆	8	30	19 030
合计	1 454	1 171	206 711

数据说明：① 区级总馆配送活动指设有专项资金，由区级总馆组织统筹或参与组织统筹，为辖区内街道（乡镇）分馆及基层服务点提供的讲座、展览、培训及其他文化普及、阅读相关活动，举办活动的场次数和参加活动的人次。

② 长宁区图书馆配送的活动24场次，含长宁区少年儿童图书馆配送的18场次。

③ 长宁区图书馆配送活动的参加人次，含长宁区少年儿童图书馆配送的807人次。

④ 区政府配送活动场次与区级总馆配送活动场次会存在数据交叉。

资料来源：上海市图书馆行业协会、《2020年上海市区级总分馆制验收工作中的调研问卷》。

二丨亮点与成效

各区在总分馆建设中，对接本区书香社会建设总体要求，对接本区公共文化服务体系整体布局，对接上海市“提升4 500个标准化居（村）综合文化活动室（中心）服务功能”政府实事项目，结合自身特点与优势，形成了一些富有成效的做法和工作亮点：

（一）撬动社会资源，拓展阅读空间

近年来，国家相继出台的《全民阅读“十三五”时期发展规划》《国家“十三五”时期文化发展改革规划纲要》《关于在文化领域推广政府和社会资本合作模式的指导意见》，明确提出“坚持政府主导、社会参与、重心下移、共建共享”要求，积极鼓励社会组织和企业参与公共文化设施运营和产品服务。培育社会主体、动员社会力量参与图书馆建设，已成为推动总分馆制建设持续发展的重要抓手。总分馆制建设中，各区在阅读活动组织与阅读空间拓展和再造等方面，均有效地撬动了社会力量的参与，对阅读活动的持续开展和阅读空间的持续拓展进行了有益的探索。

“我嘉书房 · 洪德路”红色主题馆

“我嘉书房 · 名士居”连环画主题馆

嘉定区采用社会化合作模式，鼓励和引导社会力量深度参与“我嘉书房”的建设和服务。在已建成的30家“我嘉书房”中，50%以上由企业无偿提供建设场地或投资建设；70%以上采用社会主体全委托管理方式自主运行。

浦东新区在傅雷图书馆、林峰国际象棋图书馆、源深体育分馆运动主题馆、张江科学城书房等主题分馆的建设中，均接纳了社会主体的参与，并在建成开馆后委托第三方社会机构运营，达到了良好的社会效果和服务效益。

浦东新区源深体育分馆运动主题馆

闵行区在“闵行城市书房”建设中采取政府、图书馆与企事业单位等第三方社会力量合作共建的模式，选用了和无人值守、读者自我管理与志愿者自治管理相结合的运营模式，通过现代化、网络化、自助式的服务方式，为居民提供就近、高效、全天候图书借阅服务及多元化个性服务，提升了区域内公共文化服务效能。目前已在全区6个街镇开设了11家城市书房。

徐汇区组建的“汇悦读书香联盟”成员单位包括区域内的公益阅读组织、阅读推广人、出版社、实体书店等，拥有丰富的文化资源，这些社会主体积极参与总分馆制建设，成为该区2019年140场阅读推广活动的配送主体。其中荆棘鸟书会、老建筑文化志愿服务队、上海文化出版社等单位推出“走读徐汇”“亲子阅读行走”“城市美学走读”等走读活动和“上海七十周年”“上海石库门故事”“上海弄堂游”“上海美食文化”等相关文化讲座，依托配送渠道，输送到区内街道、居委及部分中小学校，得到市民读者的广泛认可。徐汇区还与中国电信上海公司联手，在公用电话亭原有外形和通话功能的基础上，注入形式多样的阅读元素，结合现代人的阅读习惯和徐汇区文化特色，把传统的电话亭改成“悦读亭”，探索城市微更新，提升徐汇“文化温度”，对接上海智慧城市建设。

（二）盘活各方资源，助力社区建设

加强基层图书室尤其是居（村）服务点建设是总分馆制建设的一个重要落脚点。但基层服务点缺钱、缺人、缺资源，是总分馆制建设中的一大难点。总分馆制建设中，各区注重借力行政、党群、统战，打破固有行政条块界限，结合上海城市精细化管理和创新社会治理工作要求，将阅读文化元素“植入”党群中心、邻里中心、市民驿站等综合性社会治理服务机构的建设中，推进跨界合作，打造复合型基层服务点，有效地实现阅读资源向基层倾斜和延伸。

普陀区打破区域内原有的行政界限，结合城区网格化综合管理的要求，打造一批跨居委，集聚党建、社会治理、养老、医疗、休闲和文化阅读复合功能的“片区”和“邻聚”服务中心。静安区聚焦老龄人群的养老综合服务，结合居委文化活动室升级改造的“灰引力”项目，将经过改造、条件成熟的42个基层服点吸纳到总分馆体系中，打造社区居民的文化客厅。杨浦区打造以15分钟步行路程为半径、以“居民家门口的会所”为定位的社区“睦邻中心”。闵行区在街道（乡镇）与居（村）之间的片区层面上，以1千米为半径、覆盖周边数个居委会搭建了综合性社区公共服务平台——“邻里中心”。虹口区在提升社区综合服务能力、为打造15分钟综合管理服务圈建立的“市民驿站”等新型服务空间中，融入“以书会友、以书睦邻”的阅读服务空间。崇明区则探索将睦邻点里的众多读书会，还有民宿、农场中的“读书坊”吸纳到总分馆体系建设中来。

（三）对接乡村振兴，彰显书香特色

总分馆制建设中，远郊各区针对相较市中心较为偏远、外来人口较多、现有资源不足的情况，借力党群、统战，盘活闲置资源，推动文化供给，对接美丽乡村建设，营造书香家园。

嘉定区马陆镇北管村原有的农家书屋因各种硬件问题，一直形同虚设。在总分馆制建设的推动下，北管村移址重建文化活动中心，农家书屋有了新“家”，并与该区“我嘉书房”项目无缝对接，通过增设数字阅读下载区、听书室等功能区域，为农家书屋的升级转型提供先行先试的成功示范。2018年7—12月，北管村农家书屋纳入“一卡通”服务系统后，接待读者7 742人次，实现文献借还共计4 149册次，举办各类阅读活动11场，参与读者近200名。

金山区亭林镇东新村以“党建+书屋”的一体化建设模式，盘活闲置库房，打造出“政治入埭、文化入埭”的群众服务新阵式“屋里厢房”。在这一新的服务空间中，涵盖了党建、综治、养老、健身、娱乐、阅读等多种服务功能。该村紧紧抓住这一优势，利用党群、法制、科教、卫生、统战、文旅、文明办、综治办等各条线向基层下沉所提供的资源，确保每月开展2场固定活动，以及3至4场非固定活动，极大地增强了这一综合服务空间的共享性和吸引力。其策划和举办的特色活动《今天谁来屋里厢》，专门邀请当地知名成功人士分享人生经验，激励青少年群体奋发有为精神，受到了当地群众的热情欢迎，成为金山区的网红打卡新地标。

宝山区将总分馆制建设与乡村振兴计划对接，针对乡村老旧活动房、闲置库房、闲置公共用地、居委活动室等公共空间实施了“文化空间梦想改造计划”，通过“众文空间”惠民实事项目，先后在庙行镇、月浦镇月狮村、罗泾镇塘湾村及高境镇新业坊打造了4个设计时尚、功能完备的“众文空间”，成为宝山百姓家门口的“文化客厅”。位于罗泾镇塘湾村西塘宅的“众文空间”，总面积200平方米，内含图书室、展览厅、多功能厅、露天小天井等活动场所，可供村民进行读书看报、艺术欣赏、电影放映、演出表演、手工劳作等体验活动。目前，图书室配有成人和少儿各类图书4 000余册、报纸10余种，另有数字资源盒、“馆员工作站”（图书借阅设备）等。2019年6月底正式开放以来，罗泾镇“众文空间”服务点文献借阅1 085册次；到馆5 400余人次；开展阅读讲座、非遗手工体验、展览、文化演出等各类活动50场（其中自办40场，市、区级配送10场），参与者超过了1 200余人次。

奉贤区柘林镇新寺居委把旧厂房改建为1 200平方米的“生活驿站”，并在驿站中建设了160平方米的“微图书馆”。该驿站自2019年7月开馆至12月底，共开展

各类文化活动176场，为“微图书馆”带来了超高的人气，营造了良好的阅读氛围，受到周边群众的欢迎。

（四）编织数字经纬，构建智慧通道

总分馆体系建设中，各区根据区域特点，引入无线射频识别（RFID）技术、网络通信技术、自动化控制技术，通过数字资源的下沉，弥补空间布局的不足，为身边的居民提供便捷、高效、多元化的阅读体验。

嘉定区、闵行区打造24小时无人值守的“我嘉书房”“城市书房”；浦东新区陆家嘴图书馆和杨浦区图书馆推动的图书馆网借O2O模式，以24小时自助借还设备、第三方智能快递柜、APP用户端、物流快递等，变革原有的借还流程，多元化、多端口推动区域联动，探寻突破阅读“最后一公里”壁垒。

长宁区北新泾街道新泾六村的AI智慧社区建设，用24小时智能书柜、电子书借阅机、朗读亭以及少儿智能书桌等产品重新打造居委智能图书室，并将“升级版”智能图书室“植入”社区居民活动中心，实现了24小时全天候开放，便捷、有效地对接百姓的需求，提高了百姓的满意度，为2019年世界人工智能大会的社区应用场景增添了文化底色。新泾六村的智能化服务示范效应带动了区内华阳、新

金山区屋里厢房

东新村综合服务中心

泾、天山等街道（镇）公共服务的智能化联动。华阳街道以网格化服务模式，在21个居民区设置了4个服务点，配备4台自助智能借还柜，使智能化的阅读方式惠及周边社区百姓。

静安区在馆外建设了6座24小时自助图书馆，通过智能移动阅读平台，把电子书刊、有声读物、视频节目等数字资源链接至50家分馆和基层服务点。

徐汇区完成了7家分馆“一机一盒一平台”的安装并投入使用，分批次为211家居委活动室配送“文化云盒”（内置4 600多个视频、约10万分钟视频资料），实现了数字资源向基层的流动。

奉贤区通过开发自建可外挂上海图书馆微服务系统平台的RFID智能图书管理系统，为区域内微图书馆、微书屋等基层服务点搭建起网络服务平台，为实现基层服务点的通借通还功能打下了基础。

青浦区自建了区域图书管理系统，并以“云+端”模式构建起移动阅读平台，为读者随时随地通过WIFI渠道在各类移动客户端上享受阅读服务创造了便利条件。

（五）激发社区潜力，共筑书香家园

在对社区阅读空间的打造中，各区为应对缺人的难题，推行由区级总馆业务指导、社区志愿者合作的公益模式，激发志愿者的创造性和活力，共同营造美丽家园。徐汇区长桥街道中海瀛台居委结合“标准化居（村）综合文化活动室”建设，发动和组织社区志愿者中的“能工巧匠”，自行设计“自助图书室”和“拾贝湾悦读馆”的空间布局，创制图书借还系统平台，举办亲子阅读活动，负责日常开放管理，打造出一个居民身边精致而温馨的书香家园。

虹口区凉城新村街道的“小巷书屋”是由街道与志愿者服务队共同合作的公益项目。该书屋在全街道内建有22个服务点，惠及24个居民区。书屋的场地由居委会提供，日常管理则交由志愿者组建的小巷书屋管理团队负责。该书屋除为居民提供借阅服务外，还建立小巷书屋微信群，设立《数据新闻》栏目，分享书屋最新动态，并通过读书班、恳谈会等形式，开展现场阅读和阅读辅导，开设系列时政讲座。

（六）升级服务联盟，夯实文化品牌

各区利用总分馆制建设的契机，整合各类资源，升级现有的服务联盟，夯实文化品牌。普陀区将“苏州河书房”与区级总分馆制建设相结合，将在苏州河两岸打造“一个河畔书房，若干个片区的社区书房，一批书柜式迷你书房”的人文格局，

并将现有“苏州河书房读书会”“苏州河书房·悦读乐园”“苏州河阅读沙龙”“苏州河作家联盟”等四大活动品牌注入这一新型的城市阅读空间，扩大公共文化服务辐射面，形成区级文化品牌项目。

徐汇区的“汇悦读书香联盟”联合区域内的公益阅读组织、阅读推广人、出版社、实体书店等社会力量，通过“走读徐汇”“亲子阅读行走”“城市美学走读”“上海七十周年”“上海石库门故事”“上海弄堂游”“上海美食文化”等品牌活动输送到区内街道、居委及部分中小学校。

浦东新区原陆家嘴图书馆二分部，将建筑空间改造与服务内容提升相结合，打造出全新的“陆家嘴融书房”。“融书房”建成后，不但以精巧、别致的建筑样式和空间设计引起了社会的关注，在2018“美好生活”上海公共文化空间创新大赛上获得“最美公共文化空间奖”，而且引进社会文创团队、创办“陆家嘴读书会”，成为文化新亮点。

奉贤区将“微图书馆”项目列入2019年区政府实事工程，划拨了专项资金，并已全面完成了钱桥、新乐生活驿站、火车头城市书屋等3家微图书馆的建设，还将在30个居（村）生活驿站内分别建立微书屋，并对10个阅读联盟点位进行服务功能升级。

（七）搭建跨域桥梁，实现资源共享

各区着力突破与区内高校、科研院所、文化团体之间的行政壁垒，将公共图书馆与高校图书馆之间的文献资源共建共享纳入总分馆体系建设的总体规划中，丰富了总分馆制建设的形式与内涵。浦东图书馆与上海海事大学、上海海洋大学、上海电机学院等高校图书馆之间开通了可供互查、互借的图书资源共享平台。闵行区图书馆在区政府与上海交大战略合作的总体框架下，积极与交大图书馆对接，开展共建共享和各类阅读活动。杨浦区图书馆与上海理工、电力学院、财经大学等高校合作，联合开展相关阅读活动。宝山区图书馆亦在九年制的华二宝山实验学校图书馆建立了分馆，并纳入到区总分馆制系统中。此外，长宁区图书馆在三甲专科医院光华医院建立的医学主题分馆，黄浦区明复总馆在黄浦区文化馆建立的白玉兰非遗书屋、在上海震旦职业学院图书馆设立的馆外服务点，静安区图书馆在上海民生现代美术馆建立的艺术分馆，也都通过纸质图书和数字资源的统一配送，实现了优质资源的横向延伸。

三 | 问题与思考

（一）配套法律标准需进一步完善

2018年实施的《中华人民共和国公共图书馆法》明确了总分馆制建设，特别是县级总分馆制的建设。在推进上海地区总分馆体系的建设过程中，各区根据区域特点都做了大胆的尝试和探索，形成了一定特色，积累了一定经验，也出现了一些问题，如队伍的稳定性、资金的保障、设施的标准化和多元化需求、社会资源的引入退出机制、文化品牌的夯实等。为推进上海公共图书馆体系的稳步发展，需要一套与时俱进、与总分馆体系发展相匹配的本土化的法律法规、标准、制度为支撑。而现有的行业标准和制度《上海市公共图书馆管理办法》（2015年修订）《上海市公共图书馆行业服务标准》（2012年）《上海市区县图书馆管理办法》（1997年）相对比较陈旧，针对本地公共图书馆服务体系建设的相关规定还不够完善，公共图书馆在地区公共文化服务体系构建中地位尚需进一步强化。

（二）行政体制条块需进一步理顺

根据上海总体发展目标，近年来上海各区对街道（乡镇）、居（村）从行政层面作了优化和调整，与之相配套的各级公共图书馆（图书室）的行政关系也亟需理顺。

居（村）级和各类延伸服务点是上海公共图书馆服务体系建设的细胞。它们密布于6 340.5平方千米的上海，服务于2 400万常住人口，是区级总分馆体系推进的重要组成部分。但是，居（村）级及各类延伸服务点存在着在行政上隶属于街镇，财政、人员归属于当地政府，业务上由区级总馆指导的现象，这种块面分割的现象不利于统一管理和基层阅读的可持续推进，需进一步打通、理顺统筹协调机制。

区级总分馆制推进过程中，一些区通过打造2.5级、3.5级跨行政区域的公共文化服务点，与复合型社区建设对接，推进公共文化服务的下沉。这一设施与行政区划的交叠建设模式，更需要回头审视，理顺这部分新兴服务点的条块关系，明确相关职责。

（三）部分时滞资源需进一步活化

上海从2004年开始推进社区公共电子阅览室、文化共享工程服务点、社区信息苑“三位一体”的建设。经过十余年的发展，实现内容整合化、绿色普及化、公众共享化、便民先进化的社区全覆盖服务，为市民消除数字鸿沟起了积极作用。但是近年来随着移动互联网的发展，公众阅读方式的改变、阅读需求的多元，公共电子阅览室的服务需求日渐缩减，服务效能开始弱化，面临着转型与升级。如何将这部分资源更好地与各公共图书馆基层服务点对接，整合各方资源，借力信息技术的创新应用，以市民需求为导向实现两种服务效能的互补等问题值得进一步思考。

（四）基层服务建设需进一步夯实

区级总分馆制的架构已经完成。但居（村）基层服务点的可持续运营，基层服务功能的进一步夯实，需从纵深剖析，如基层服务点的打造如何与城区建设精准对接；如何强化基层服务点的建设特别是具有复合功能的基层服务点建设中的阅读功能；如何借助技术特别是数字的力量来让书香遍布申城的一角一落；如何培育扶持优质社会主体，引导优质资源向基层服务点的下沉和联通。同时，也需要政府强化主体角色，保障持续稳定的支持和投入。

撰稿人

张晓文，上海图书馆（上海科学技术情报研究所）协调辅导处，馆员。
研究方向：上海市图书馆行业发展。

第三章
资源建设

上海市公共图书馆行业在文献资源建设中秉持“科学、合理、规范”的原则，在传承和夯实馆藏特色的基础上，对接新技术新载体，力求以多维的服务模式满足用户多元的阅读需求。2019年，全市文献馆藏总计9 035.72万册/件，当年新增文献馆藏293.16万册/件，市、区两级图书馆拥有数字资源馆藏达2 684.88TB。

依托于“服务目标均等化、供给主体多元化、运行机制专业化、公共服务效能化、管理体系制度化”的现代公共文化体系的构建，为有效解决公共图书馆服务的“最后一公里”，最大限度地实现城市阅读的普惠化、均等化，街道（乡镇）级图书馆的财政投入力度大幅攀升。2019年，本市215家街道（乡镇）级图书馆购书专项经费达3 323.63万元，馆均15.46万元，同比增长35.61%。

一 | 购置经费

（一）购书专项经费总体情况

2019年，上海市、区、街道（乡镇）公共图书馆购书专项经费总额达26 478.85万元，同比增长2.2%。其中，上海图书馆和上海少年儿童图书馆由市级财政支持；区级财政支持的区级图书馆共计21家，馆均购书专项经费为376.48万元；街道（乡镇）图书馆215家，馆均购书专项经费为15.46万元，同比增长35.61%。

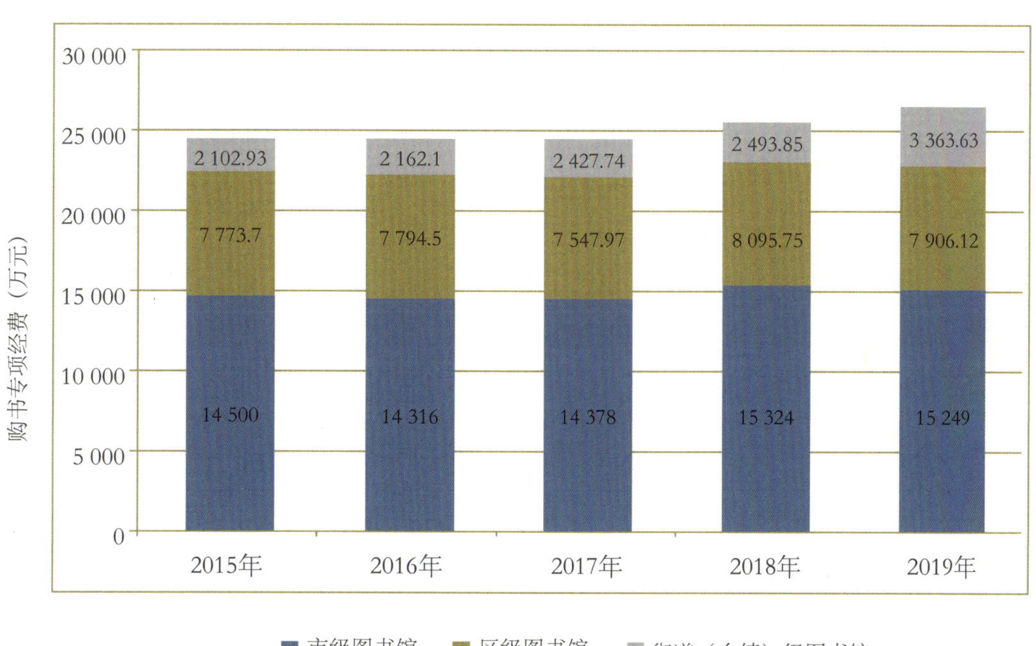

图3.1　2014—2018年上海市公共图书馆购书专项经费变动情况

资料来源：上海市图书馆行业协会。

（二）市级图书馆购书专项经费情况

2019年市级图书馆购书专项经费合计15 249.1万元，同比下降0.05 %。其中上海图书馆专项经费下降2.9%，而上海少年儿童图书馆购书专项经费增幅明显，同比增长77.20%。

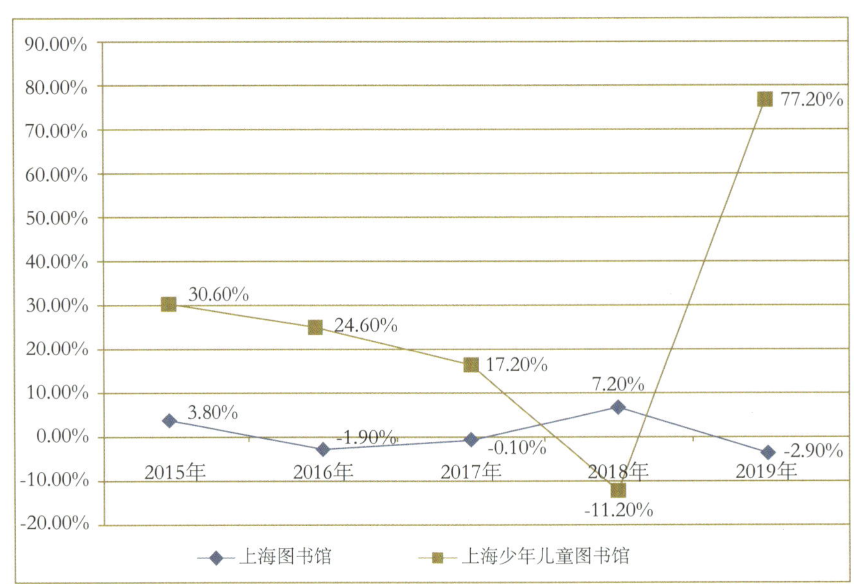

图3.2　2015—2019年上海市市级公共图书馆购书专项经费同比变化幅度

资料来源：上海市图书馆行业协会。

表3.1　2019年上海市市级公共图书馆购置经费情况

单位名称	单位数	购书专项经费①（万元）	新增藏量购置费②（万元）	新增数字资源②购置费（万元）
上海图书馆（上海科学技术情报研究所）	1	14 444.7	8 113.6	530
上海少年儿童图书馆	1	804.4	714.4	90
市级图书馆合计	2	15 249.1	8 828.0	620

数据说明：① 购书专项经费属于本年度经费收入范畴，指本馆本年财政拨款中专门用于购置文献的经费。

② 新增藏量购置费与新增数字资源购置费属于本年度经费支出范畴，新增藏量购置费指本馆本年购进图书、报刊、缩微制品和视听文献等藏品所用经费之和，不包括新增数字资源；新增数字资源购置费指本馆本年度专门用于自建、购买和获得授权的数字资源的经费。

资料来源：上海市图书馆行业协会。

（三）区级图书馆购书专项经费情况

2019年，上海市区级图书馆购书专项经费合计达7 906.12万元，同比下降2.3%。其中浦东图书馆最高，年购书专项经费达1 561万元，最低为上海市静安区闸北少年儿童图书馆，经费为35万元。区级图书馆新增藏量购置费合计达5 914.41万元，新增数字资源购置费达1 643.07万元。

表3.2　2019年上海市区级公共图书馆购置经费情况

单位名称	单位数	购书专项经费①（万元）	新增藏量购置费②（万元）	新增数字资源购置费②（万元）
上海市黄浦区图书馆	1	228.1	110.1	118
上海市黄浦区明复图书馆	1	230	142.2	87.8
上海市徐汇区图书馆	1	322.4	237.6	84.6
上海市长宁区图书馆	1	298	230.3	99
上海市长宁区少年儿童图书馆	1	95	59.18	32.1
上海市静安区图书馆	1	776.6	500	218.9
上海市静安区闸北少年儿童图书馆	1	35	35	0
上海市普陀区图书馆	1	230	128	70
上海市普陀区少年儿童图书馆	1	37.6	26	7.35
上海市虹口区图书馆	1	280	184	40
上海市杨浦区图书馆	1	552	395.4	41.3
上海市闵行区图书馆	1	506	295.8	210.2
上海市宝山区图书馆	1	609.2	304.6	152.3
上海市嘉定区图书馆	1	556.66	331.8	130
上海市浦东新区图书馆	1	1 561	1 561	15
上海市浦东新区新川沙图书馆	1	90	54.48	45
上海市金山区图书馆	1	160.3	74.8	16.5
上海市松江区图书馆	1	450	464.95	49.9
上海市青浦区图书馆	1	329.96	235	143.12

（续表）

单位名称	单位数	购书专项经费[①]（万元）	新增藏量购置费[②]（万元）	新增数字资源购置费[②]（万元）
上海市奉贤区图书馆	1	250	235.9	80
上海市崇明区图书馆	1	308.3	308.3	2
区级图书馆合计	21	7 906.12	5 914.41	1 643.07

数据说明：① 购书专项经费属于本年度经费收入范畴，指本馆本年财政拨款中专门用于购置文献的经费。

② 新增藏量购置费与新增数字资源购置费属于本年度经费支出范畴，新增藏量购置费指本馆本年购进图书、报刊、缩微制品和视听文献等藏品所用经费之和，不包括新增数字资源；新增数字资源购置费指本馆本年度专门用于自建、购买和获得授权的数字资源的经费。

资料来源：上海市图书馆行业协会。

2019年度年文献购置经费小于50万元的皆为独立建制区级少儿馆，只有2家；在50万至200万之间的有3家；在200万至500万之间的有10家，合计占总经费的47.6%；在500至1 000万之间的有5家；超过1 000万元的区级图书馆只有浦东图书馆。

表3.3　2019年上海市区级公共图书馆文献购置经费分布

年度文献购置经费[①]（万元）	单位数	百分比（%）	向上累积百分比（%）
＜50	2	9.5	9.5
50～100	2	9.5	19
100～150	0	0	19
150～200	1	4.8	23.8
200～500	10	47.6	71.4
500～1 000	5	23.8	95.2
⩾1 000	1	4.8	100

数据说明：① 下限包含，上限不包含。

（四）街道（乡镇）级图书馆购书专项经费情况

2019年度各区街道（乡镇）级图书馆购书专项经费合计3 323.63万元，同比增长33.3%。街道（乡镇）馆图书购置经费位居前五的分别是浦东新区、嘉定区、闵行区、静安区和徐汇区。

表3.4　2019年上海市街道（乡镇）级公共图书馆购书专项经费情况

所属区名	街道（乡镇）级图书馆数（个）	购置经费总额（万元）	馆均购置经费（万元）
黄浦区1	6	72.12	12.02
黄浦区2（原卢湾）	4	40.02	10.01
徐汇区	13	166.57	12.81
长宁区	10	135.68	13.57
静安区	14	188.96	13.50
普陀区	10	102.34	10.23
虹口区	8	77.55	9.69
杨浦区	12	163.54	13.63
闵行区	13	337.10	25.93
宝山区	12	163.69	13.64
嘉定区	12	364.33	30.36
浦东新区	36	940.98	26.14
金山区	11	64.52	5.87
松江区	17	108.00	6.35
青浦区	11	164.98	15.00
奉贤区	8	137.98	17.25
崇明区	18	95.26	5.29
合计	215	3 323.63	15.46

资料来源：上海市图书馆行业协会。

二丨新增藏量

2019年，全市新增文献馆藏293.16万册/件。其中，市级图书馆年新增藏量54.47万册/件，同比增长5.7%；区级图书馆年新增藏量129.85万册/件，同比减少2.6%；街道（乡镇）级图书馆新增藏量108.84万册/件，馆均5 062.1册/件，同比增长40%。

表3.5　2019年上海市公共图书馆新增藏量情况

单位名称	单位数	本年度新增藏量[①]（册/件）	当年购买报刊种类（种）
上海市合计	238	2 931 596	73 976
市级图书馆合计	2	544 695	13 729
上海图书馆（上海科学技术情报研究所）	1	405 847	12 916
上海少年儿童图书馆	1	138 848	813
区级图书馆合计	21	1 298 541	31 236
上海市黄浦区图书馆	1	47 675	696
上海市黄浦区明复图书馆	1	12 013	580
上海市徐汇区图书馆	1	51 406	806
上海市长宁区图书馆	1	48 752	1 128
上海市长宁区少年儿童图书馆	1	16 644	310
上海市静安区图书馆	1	78 662	2 239
上海市静安区闸北少年儿童图书馆	1	11 338	232
上海市普陀区图书馆	1	27 363	1 168
上海市普陀区少年儿童图书馆	1	10 727	278
上海市虹口区图书馆	1	45 402	2 416

（续表）

单位名称	单位数	本年度新增藏量[①]（册/件）	当年购买报刊种类（种）
上海市杨浦区图书馆	1	91 685	1 051
上海市闵行区图书馆	1	87 734	1 422
上海市宝山区图书馆	1	91 290	2 674
上海市嘉定区图书馆	1	72 783	2 417
上海市浦东新区图书馆	1	278 257	6 972
上海市浦东新区新川沙图书馆	1	16 076	556
上海市金山区图书馆	1	20 878	875
上海市松江区图书馆	1	132 424	1 076
上海市青浦区图书馆	1	60 111	1 475
上海市奉贤区图书馆	1	65 531	1 623
上海市崇明区图书馆	1	31 790	1 242
街镇级图书馆合计	215	1 088 360	29 011

数据说明：① 本节中提到的新增藏量仅指2019年度各馆新增的文献藏量。

资料来源：上海市图书馆行业协会。

三丨馆藏情况

本年度报告中馆藏情况统计分为文献馆藏和数字资源馆藏，文献馆藏指数字资源之外的传统馆藏，主要包括图书、期刊、报纸、缩微制品、录像录音光盘等视听资料、手稿等载体形式的文献，不含电子文献。

（一）文献馆藏情况

1. 图书馆文献总藏量

2019年，上海市各级公共图书馆文献馆藏总计达9 035.72万册/件，根据常住人口计算，人均馆藏拥有量达3.72册/件，其中图书人均拥有量达1.93册。

表3.6　2019年上海市公共图书馆文献馆藏总体情况

单位名称	单位数	总藏量（万册/件）	按馆藏类型分				按服务对象分	
			图书（万册）	古籍（万册）	报刊（万件）	视听文献（万件/套）	盲文图书（万册）	少儿文献（万册）
上海市合计	238	9 035.72	4 689.96	199.94	426.63	121.10	1.88	626.59
市级图书馆合计	2	5 788.70	1 648.60	192.23	364.27	39.85	0.63	99.63
区级图书馆合计	21	2 193.88	2 061.29	7.71	26.12	81.25	1.25	322.94
街镇图书馆合计	215	1 053.14	980.07	—	36.23	—	—	204.02

资料来源：上海市图书馆行业协会。

2019年市级馆总藏量为5 788.7万册/件；其中，上海图书馆的名人手稿、家谱、会议录文献资源、地图资源、专利文献资源、年鉴名录文献资源等各类馆藏占主导地位。

表3.7　2019年上海市市级公共图书馆文献馆藏情况

单位名称	总藏量（万册/件）	按馆藏类型分				按服务对象分	
		图书（万册）	古籍（万册）	报刊（万件）	视听文献（万件/套）	盲文图书（万册）	少儿文献（万册）
上海图书馆（上海科学技术情报研究所）	5 678.03	1 552.56	192.23	362.50	27.00	0.58	3.64
上海少年儿童图书馆	110.66	96.04	0.00	1.77	12.85	0.05	95.99
合计	5 788.69	1 648.60	192.23	364.27	39.85	0.63	99.63

资料来源：上海市图书馆行业协会。

2019年，21家区级图书馆总藏量为2 193.88万册/件，其中图书藏量超过100万册的有7家，80万至100万册的有4家，60万至80万册的有5家，低于60万册的有5家，平均每家区级图书馆拥有104.5万册/件馆藏。

上海市区级图书馆中有10家区馆拥有古籍，占47.6%；其中崇明区图书馆、黄浦区明复图书馆、闵行区图书馆、金山区图书馆古籍藏量位居前列。拥有盲文图书馆藏的区级馆共有17家，其中浦东图书馆盲文图书馆藏量仅次于上海图书馆，居区馆首位；徐汇图书馆盲文图书馆藏超过2 000册，具备较强的视障服务能力。区级图书馆少儿文献馆藏总量占图书总藏量的14.72%。

表3.8　2019年上海市区级公共图书馆文献馆藏情况

单位名称	总藏量（万册/件）	按馆藏类型分				按服务对象分	
		图书（万册）	古籍（万册）	报刊[①]（万件）	视听文献（万件/套）	盲文图书（万册）	少儿文献（万册）
上海市黄浦区图书馆	143.28	126.84	0	0.04	16.41	0.01	7.39
上海市黄浦区明复图书馆	63.38	52.44	1.26	0.62	9.05	0	0.28
上海市徐汇区图书馆	91.84	90.84	0	0.29	0.71	0.21	1.79
上海市长宁区图书馆	77.01	75.57	0.03	0	1.41	0.02	6.21
上海市长宁区少年儿童图书馆	47.65	38.10	0	0	1.11	0.06	47.59
上海市静安区图书馆	108.63	95.79	0	1.25	4.25	0.07	13.59

（续表）

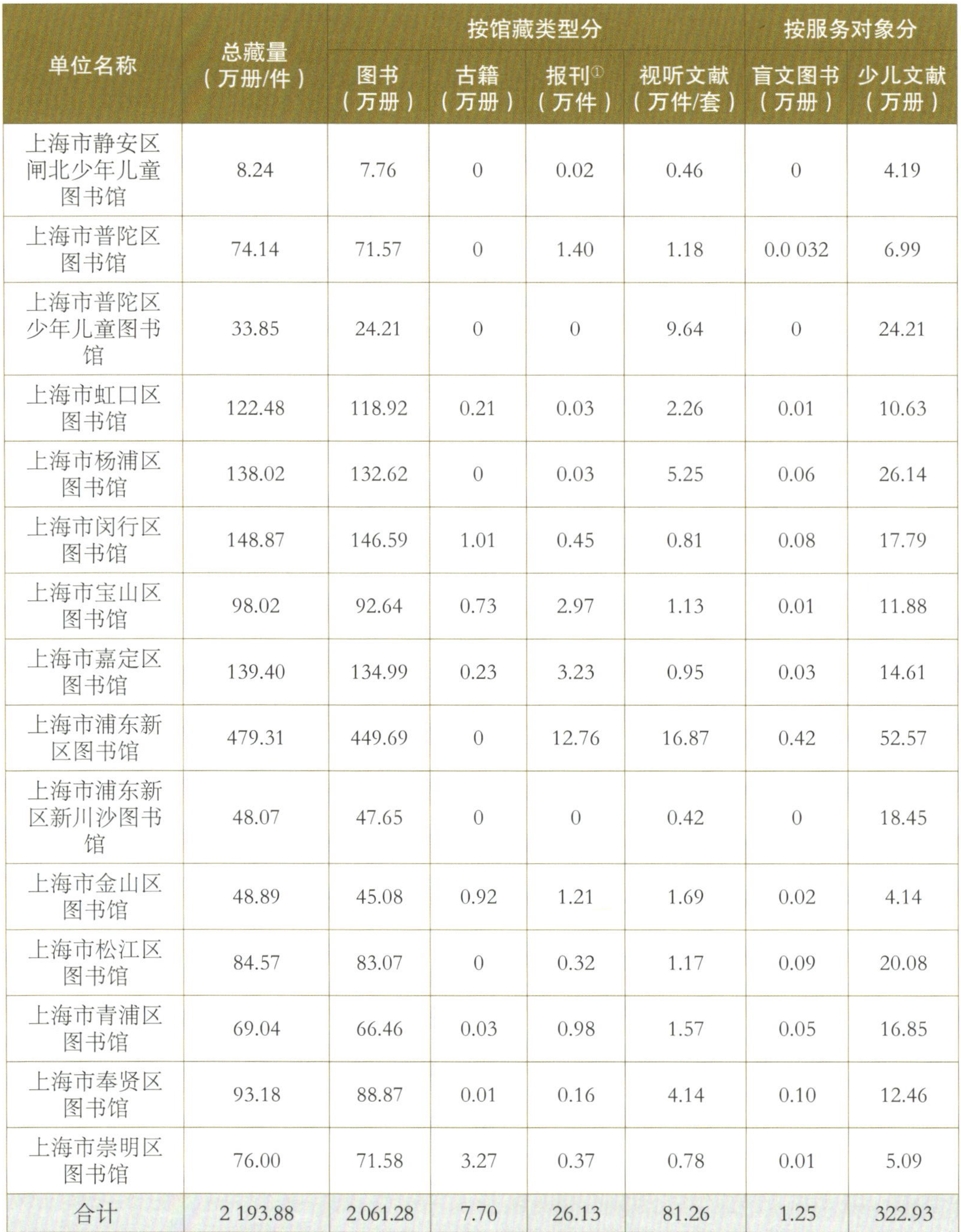

单位名称	总藏量（万册/件）	按馆藏类型分				按服务对象分	
		图书（万册）	古籍（万册）	报刊[①]（万件）	视听文献（万件/套）	盲文图书（万册）	少儿文献（万册）
上海市静安区闸北少年儿童图书馆	8.24	7.76	0	0.02	0.46	0	4.19
上海市普陀区图书馆	74.14	71.57	0	1.40	1.18	0.0 032	6.99
上海市普陀区少年儿童图书馆	33.85	24.21	0	0	9.64	0	24.21
上海市虹口区图书馆	122.48	118.92	0.21	0.03	2.26	0.01	10.63
上海市杨浦区图书馆	138.02	132.62	0	0.03	5.25	0.06	26.14
上海市闵行区图书馆	148.87	146.59	1.01	0.45	0.81	0.08	17.79
上海市宝山区图书馆	98.02	92.64	0.73	2.97	1.13	0.01	11.88
上海市嘉定区图书馆	139.40	134.99	0.23	3.23	0.95	0.03	14.61
上海市浦东新区图书馆	479.31	449.69	0	12.76	16.87	0.42	52.57
上海市浦东新区新川沙图书馆	48.07	47.65	0	0	0.42	0	18.45
上海市金山区图书馆	48.89	45.08	0.92	1.21	1.69	0.02	4.14
上海市松江区图书馆	84.57	83.07	0	0.32	1.17	0.09	20.08
上海市青浦区图书馆	69.04	66.46	0.03	0.98	1.57	0.05	16.85
上海市奉贤区图书馆	93.18	88.87	0.01	0.16	4.14	0.10	12.46
上海市崇明区图书馆	76.00	71.58	3.27	0.37	0.78	0.01	5.09
合计	2 193.88	2 061.28	7.70	26.13	81.26	1.25	322.93

数据说明：① 按馆藏类型划分的报刊，指刊登当前事件的专题或综合新闻，每周至少出版一张并按年、月、日顺序或按编号排列的连续出版物；或指同一刊名下，按顺序号或按年、月、日出版的定期或不定期的连续出版物。包括报纸和期刊，按合订本计算，一个合订本为一件。报纸（日报、周报等）统一按月统计为册，如一种报纸一年计12件。由于部分区级图书馆不具备报刊典藏的条件和功能，因此各馆填报的报刊馆藏数量普遍较少，该数据并未体现各馆采购的、用于阅览或外借服务的报刊数量。报刊订购的种类数计划在下一年度的报告中予以揭示。

资料来源：上海市图书馆行业协会。

2019年度，上海市街道（乡镇）级图书馆总藏量为1 053.14万册/件，平均每个街道（乡镇）馆拥有4.9万册/件文献馆藏。各区街道（乡镇）馆馆藏总量排名前五的分别是浦东新区、嘉定区、宝山区、徐汇区和杨浦区。

表3.9　2019年上海市街道（乡镇）公共图书馆文献馆藏情况

所属区名	下属街道（乡镇）馆数量	总藏量（万册/件）	按馆藏类型分	按服务对象分
			图书（万册）	少儿文献（万册）
黄浦区1	6	30.34	28.41	4.27
黄浦区2（原卢湾）	4	15.21	14.71	2.37
徐汇区	13	64.92	61.97	11.11
长宁区	10	53.43	50.09	9.68
静安区	14	62.37	59.10	10.20
普陀区	10	54.50	44.48	11.17
虹口区	8	30.05	26.36	5.15
杨浦区	12	64.24	56.79	11.69
闵行区	13	50.23	48.60	13.65
宝山区	12	74.80	72.41	20.31
嘉定区	12	101.12	93.02	22.05
浦东新区	36	222.39	219.01	42.41
金山区	11	48.98	38.88	5.50
松江区	17	48.43	44.09	8.12
青浦区	11	58.99	57.37	14.75
奉贤区	8	43.91	35.53	7.10
崇明区	18	29.23	29.23	4.51
合计	215	1 053.14	980.05	204.04

资料来源：上海市图书馆行业协会。

2．“一卡通”文献馆藏

上海市中心图书馆“一卡通”体系内的馆藏资源（以下简称“一卡通”文献），此类文献的所有权分属于上海市中心图书馆各成员馆，但可以在全市范围内实现通阅或通借通还。

本节中提及的“一卡通”文献馆藏是按条码数量进行统计的馆藏，包含可外借中外文图书、期刊、电子阅读器及音像制品。

表3.10　2019年上海市“一卡通”文献馆藏情况

单位名称	单位数	总藏量（万册）	“一卡通”文献藏量（万册）	“一卡通”占总藏量比重（%）
上海市合计	238	9 035.72	3 290.36	36.42
市级图书馆合计	2	5 788.70	1 006.23	17.38
上海图书馆（上海科学技术情报研究所）	1	5 678.03	930.55	16.39
上海少年儿童图书馆	1	110.66	75.68	68.39
区级图书馆合计	21	2 193.88	1 333.07	60.76
上海市黄浦区图书馆	1	143.28	26.22	18.30
上海市黄浦区明复图书馆	1	63.38	22.34	35.25
上海市徐汇区图书馆	1	91.84	65.94	71.80
上海市长宁区图书馆	1	77.01	43.29	56.21
上海市长宁区少年儿童图书馆	1	47.65	30.85	64.74%
上海市静安区图书馆	1	108.63	78.66	72.41
上海市静安区闸北少年儿童图书馆	1	8.24	7.24	87.87
上海市普陀区图书馆	1	74.14	54.56	73.59
上海市普陀区少年儿童图书馆	1	33.85	7.97	23.54
上海市虹口区图书馆	1	122.48	97.00	79.20
上海市杨浦区图书馆	1	138.02	77.55	56.19
上海市闵行区图书馆	1	148.87	135.62	91.10
上海市宝山区图书馆	1	98.02	4.41	4.50
上海市嘉定区图书馆	1	139.40	139.40	100
上海市浦东新区图书馆	1	479.31	226.37	47.23
上海市浦东新区新川沙图书馆	1	48.07	19.24	40.03
上海市金山区图书馆	1	48.89	26.25	53.69
上海市松江区图书馆	1	84.57	79.23	93.69
上海市青浦区图书馆	1	69.04	65.53	94.92
上海市奉贤区图书馆	1	93.18	71.69	76.95
上海市崇明区图书馆	1	76.00	53.71	70.67
街镇级图书馆合计	215	1 053.14	951.06	90.31

资料来源：上海市中心图书馆知识管理与服务系统、上海市图书馆行业协会。

（二）数字资源馆藏情况

2019年，市、区两级公共图书馆数字资源馆藏总量达到2 684.88TB，购置数据库692个，自建数据库123个。根据各馆提交的数字资源馆藏建设数据，区级馆数字资源馆均101.76TB，数字资源馆藏最多的达到712.3TB，最少的2.8TB。位居前五位的区馆依次为嘉定区图书馆、闵行区图书馆、浦东图书馆、青浦区图书馆和宝山区图书馆。

近年来，各区都致力于发展数字资源建设，并开始探索具有地方特色的数字资源馆藏。如松江区图书馆的"松江史志文库数字资源文库"已通过验收，奉贤区图书馆基本完成地方文献自建库平台建设，崇明区图书馆完成了《政府信息公开》和《崇明报》两个地方特色资源库的构建。

表3.11　2019年上海市市、区两级公共图书馆数字资源馆藏情况

单位名称	单位数	数字资源总量（TB）	其中	
			购置数据库（个）	自建数字资源库（个）
市级图书馆合计	2	547.93	144	52
上海图书馆（上海科学技术情报研究所）	1	541.9①	135	51
上海少年儿童图书馆	1	6.03	9	1
区级图书馆合计	21	2 136.95	548	71
上海市黄浦区图书馆	1	18.5	17	2
上海市黄浦区明复图书馆	1	36.35	12	3
上海市徐汇区图书馆	1	35.77	21	3
上海市长宁区图书馆	1	33.8	51	4
上海市长宁区少年儿童图书馆	1	6.37	19	4
上海市静安区图书馆	1	45	60	5
上海市静安区闸北少年儿童图书馆	1	15.32	9	1
上海市普陀区图书馆	1	44	31	1
上海市普陀区少年儿童图书馆	1	2.8	5	
上海市虹口区图书馆	1	32	12	2
上海市杨浦区图书馆	1	38.1	45	4

（续表）

单位名称	单位数	数字资源总量（TB）	其中	
			购置数据库（个）	自建数字资源库（个）
上海市闵行区图书馆	1	469.43	35	4
上海市宝山区图书馆	1	150	47	5
上海市嘉定区图书馆	1	712.3	27	5
上海市浦东新区图书馆	1	204.12	27	11
上海市浦东新区新川沙图书馆	1	6.5	23	2
上海市金山区图书馆	1	31.5	28	1
上海市松江区图书馆	1	6.6	10	4
上海市青浦区图书馆	1	163.73	29	4
上海市奉贤区图书馆	1	31.36	12	4
上海市崇明区图书馆	1	53.4	28	2

数据说明：① 上海图书馆资源总量仅指自建数字资源库资源量，不包括自建书目文摘型数据库资源量。

资料来源：上海市图书馆行业协会。

近年来，本市各级公共图书馆在尊重版权的前提下，推进数字资源的便捷使用，为了让读者足不出户就可以获得数字文献服务，公共图书馆通过读者证验证等方式，向读者提供了大量可远程访问的数字资源，把“在馆”的图书馆资源变成“在线、在手、在家”的资源，以实现数字资源利用最大化，让读者可以随时随地享受图书馆的远程数字服务，使图书馆“无处不在”。2019年，市、区两级公共图书馆可远程访问数据库达到881个。

表3.12　2019年上海市市、区两级公共图书馆可远程访问数据库情况

单位名称	可远程访问数据库（个）
市级图书馆合计	324
上海图书馆（上海科学技术情报研究所）	315
上海少年儿童图书馆	9
区级图书馆合计	557
上海市黄浦区图书馆	19
上海市黄浦区明复图书馆	15
上海市徐汇区图书馆	24

（续表）

单位名称	可远程访问数据库（个）
上海市长宁区图书馆	40
上海市长宁区少年儿童图书馆	23
上海市静安区图书馆	63
上海市静安区闸北少年儿童图书馆	6
上海市普陀区图书馆	21
上海市普陀区少年儿童图书馆	5
上海市虹口区图书馆	14
上海市杨浦区图书馆	43
上海市闵行区图书馆	26
上海市宝山区图书馆	78
上海市嘉定区图书馆	13
上海市浦东新区图书馆	51
上海市浦东新区新川沙图书馆	25
上海市金山区图书馆	33
上海市松江区图书馆	7
上海市青浦区图书馆	16
上海市奉贤区图书馆	16
上海市崇明区图书馆	19

资料来源：上海市图书馆行业协会。

（三）特色馆藏情况

图书馆不仅是文献信息的集散地，也是一个拥有历史积淀的文化场所。特色馆藏是公共图书馆事业发展新时代的产物。发展多元化特色收藏，建立完备的专业藏书领域，实现资源的共建共享，无疑是未来公共图书馆发展的必然趋势。除独立建制的少年儿童图书馆外，市、区两级的综合性图书馆都有相关地方文献的收藏。其中，拥有主题特色文献的公共图书馆有17家，占市、区两级公共图书馆数量的73.9%。

在加强基础文献资源建设的基础上，市、区两级综合性图书馆都积极探索开发具有地方特色的文献资源，提升馆藏质量。如上海图书馆携手上海广播电视台共同

打造新时代文化普及新体验，从馆藏近3万种19万册古籍善本中精心遴选出10种古籍精品，于东方卫视“诗书画”栏目推出“古籍今读”特别节目。静安区图书馆致力于打造商务印书馆版本主题馆及海关主题馆。虹口区图书馆利用自身的文献资源优势，精心制作了“虹口电影文化地图”。青浦区图书馆将2011年从上海图书馆复制的青浦地方古籍文献进行梳理、整理，并加以增补，按照原书原貌，基本保持原稿尺寸，印刷成95种115册，为公众提供有价值的参考资料。金山区图书馆与嘉兴市图书馆联手，编著了具有地域传统文化特色的读本《吴越韵痕——金山、嘉兴风土诗词精读》，提升了长三角地区古籍文献收藏价值。

表3.13　2019年上海市区级公共图书馆地方文献及主题特色馆藏情况

单位名称	单位数	按特色类型分		
		地方文献[①]（册）	主题特色馆藏（册）[②]	
区级图书馆合计	21	160 885	594 455	—
上海市黄浦区图书馆	1	3 317	8 956	—
上海市黄浦区明复图书馆	1	4 022	23 786	—
上海市徐汇区图书馆	1	42 328	2 439	徐汇风貌、上海风情、人物传记、民国期刊等相关文献
上海市长宁区图书馆	1	3 143	31 919	—
上海市长宁区少年儿童图书馆	1	0	62 805	中国五代儿童文学作家作品专库、英文图书、教育教学类图书
上海市静安区图书馆	1	628	1 395	海关主题文献、商务印书馆版本主题文献
上海市静安区闸北少年儿童图书馆	1	0	210	—
上海市普陀区图书馆	1	6 576	6 576	普陀区本地文献、当代作家馆手稿、作家签名本、非签名本、寄语、书画、作家访谈录
上海市普陀区少年儿童图书馆	1	0	0	—
上海市虹口区图书馆	1	12 114	11 918	影视相关文献收藏
上海市杨浦区图书馆	1	436	199	—
上海市闵行区图书馆	1	11 474	2 980	非遗、艺术特藏

（续表）

单位名称	单位数	按特色类型分		
		地方文献[①]（册）	主题特色馆藏（册）[②]	
上海市宝山区图书馆	1	2 383	708	著名儿童文学家陈伯吹先生手稿、书信、著作等
上海市嘉定区图书馆	1	10 745	0	—
上海市浦东新区图书馆	1	17 392	424 809	艺术、干部教育、法律、金融、教育、科技、港澳台、航运、金融专题文献
上海市浦东新区新川沙图书馆	1	2 013	0	—
上海市金山区图书馆	1	363	1 198	民国文化名人主题；江南藏书文化主题
上海市松江区图书馆	1	38 474	242	松江人文献，松江名人著作或松江相关文献
上海市青浦区图书馆	1	1 245	14 315	吴越文化文献
上海市奉贤区图书馆	1	1 017	0	—
上海市崇明区图书馆	1	3 215	0	—

资料来源：上海市图书馆行业协会。

撰稿人

袁文岚，上海图书馆（上海科学技术情报研究所）协调辅导处，馆员。
研究方向：长三角图情发展、文献资源建设。

第四章
服务效能

“内容优化”和“技术升级”成为2019年上海市各级公共图书馆服务工作的关键词。想要提高公共图书馆的服务效能，就意味着要在整合、优化社会资源的同时，有效提升服务质量。在全面建设上海市公共图书馆总分馆制的背景下，“一卡通”服务系统的通借通还使得上海市市民享受到普遍均等、高效便捷的读者服务，服务价值得到最大程度的彰显。2019年，上海市各级公共图书馆的服务范围进一步延展，线上、线下多渠道的阅读推广活动助力公共图书馆与社会各界形成创新、协调、联动的合作新格局，服务质量呈现品牌化、聚合化的优良效应。

一 | 服务读者

（一）持证读者规模

2019年上海市公共图书馆的各类读者证累计达到583.1万张，同比增长10.32%；新发证数约为25.9万张，同比降低7.3%。其中，市级馆持证读者数占总读者证数的59.1%，区级馆次之，为31.3%，最后是街道（乡镇）级图书馆；在新办证数方面，市级馆的办证数量约达11.3万张，超过区级馆约1.4万张。

2017年至今，上海市公共图书馆的读者证数每年以10%左右的速率持续增长。截至2019年底，上海市市民持证率达24.06%，同比增长2.25个百分点，表明每四至五个上海市民中，就有一人持有图书馆读者证，可以尽享图书馆提供的各类服务。

表4.1　2019年上海市公共图书馆读者证数

单位名称	读者证数（张）	当年发证数（张）
上海市合计	5 831 172	259 413
市级图书馆合计	3 449 010	112 924
上海图书馆（上海科学技术情报研究所）①	3 410 530	110 468
上海少年儿童图书馆	38 480	2 456
区级图书馆合计	1 826 069	98 556
上海市黄浦区图书馆	32 251	688
上海市黄浦区明复图书馆	6 587	29
上海市徐汇区图书馆	30 113	1 829
上海市长宁区图书馆	44 361	2 403
上海市长宁区少年儿童图书馆	8 836	1 282

（续表）

单位名称	读者证数（张）	当年发证数（张）
上海市静安区图书馆	59 460	4 121
上海市静安区闸北少年儿童图书馆	1 708	20
上海市普陀区图书馆	75 823	3 197
上海市普陀区少年儿童图书馆	2 263	178
上海市虹口区图书馆	67 812	2 297
上海市杨浦区图书馆	66 981	9 740
上海市闵行区图书馆	136 690	7 337
上海市宝山区图书馆	159 027	10 845
上海市嘉定区图书馆	109 602	7 580
上海市浦东新区图书馆	712 238	34 368
上海市浦东新区新川沙图书馆	18 477	1 158
上海市金山区图书馆	51 618	3 118
上海市松江区图书馆	93 755	5 086
上海市青浦区图书馆	48 276	1 089
上海市奉贤区图书馆	77 175	1 426
上海市崇明区图书馆	23 016	765
街道（乡镇）级图书馆合计	556 093	47 933

数据说明：①《上海图书馆年报》公布的2019年底累计读者证523.1 386万、当年新增读者证23.5 192万，年报中的数据包括了上海市中心图书馆所有“一卡通”外借读者证，为避免重复统计，本表中上海图书馆的数据经过调整，扣除了上海少年儿童图书馆、区级图书馆和街道（乡镇）级图书馆“一卡通”外借读者证。

资料来源：上海市图书馆行业协会。

上海市大多数区域的持证率保持在5%~10%之间（不包括区内市级图书馆），其中持证率最高的是嘉定区，其次是浦东新区和宝山区，地广人稀的崇明区和辖区内上海图书馆持证读者未计入的徐汇区持证率较低。结合各区近三年的持证率进行比较，可以发现上海市各区持证率总体呈现上升趋势（徐汇区和宝山区除外），增长幅度最大、变化最明显的是浦东新区，同比增长约4个百分点。2019年，浦东新区的读者证数仍保持领先地位，超过80万张，同比增长36%。嘉定区街道（乡镇）级图书馆的读者证数超过区级图书馆的读者证数，其余区域的区级馆读者证数均高于街道（乡镇）级图书馆。

表4.2　2019年上海市各区公共图书馆读者证市民持证率情况

区域	区级图书馆读者证数（张）	街道（乡镇）级图书馆读者证数（张）	各区读者证数（张）①	常住人口数（万人）	持证率②
黄浦区	38 838	8 496	47 334	65.38	7.24
徐汇区	30 113	24 059	54 172	108.44	5.00
长宁区	53 197	15 133	68 330	69.40	9.85
静安区	61 168	20 913	82 081	106.28	7.72
普陀区	78 086	17 411	95 497	128.19	7.45
虹口区	67 812	6 562	74 374	79.70	9.33
杨浦区	66 981	31 027	98 008	131.27	7.47
闵行区	136 690	48 292	184 982	254.35	7.27
宝山区	159 027	48 533	207 560	204.23	10.16
嘉定区	109 602	140 763	250 365	158.89	15.76
浦东新区	730 715	108 147	838 862	555.02	15.11
金山区	51 618	14 641	66 259	80.50	8.23
松江区	93 755	17 787	111 542	176.22	6.33
青浦区	48 276	36 122	84 398	121.90	6.92
奉贤区	77 175	11 204	88 379	115.20	7.67
崇明区	23 016	7 003	30 019	68.81	4.36

数据说明：① 各区读者证数为本区级、街道（乡镇）级公共图书馆发行或办理的读者证数合计值，不包括各区内市级图书馆。

② 持证率 = 各区读者证数（张）/ 常住人口数（人）。

资料来源：上海市图书馆行业协会；上海市统计局、国家统计局上海调查总队《2019上海统计年鉴》。

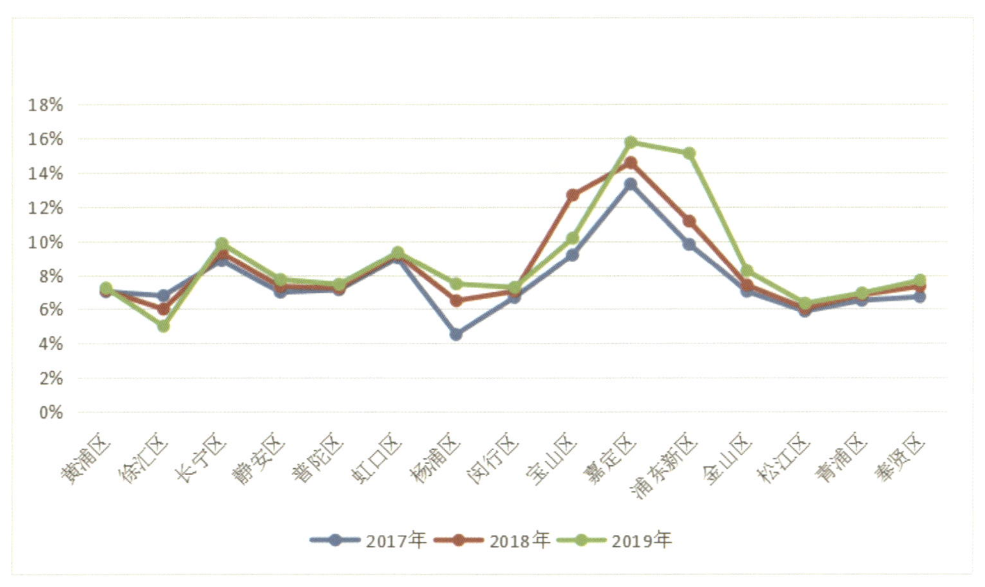

图4.1　2017—2019年上海市各区公共图书馆读者证市民持证率

（二）持证类型分布

近年来，上海市公共图书馆“一卡通”读者证数量总体呈上升趋势，其中少儿证的占比保持在44%左右，成人证的占比在56%上下波动。由于上海图书馆与市教委于2014年4月21日合作签署了“中小学生电子学生证作为上图读者证”协议，确保了每年超过10万人以上的新入学学生可以成为读者。成人证的增速呈逐年下降趋势，2019年成人证增长率为7.94%，同比降低了2个百分点。

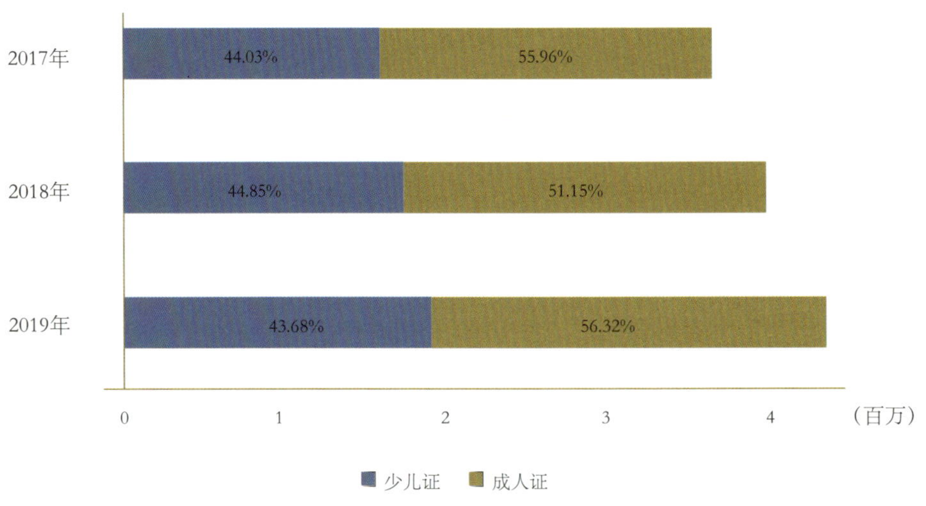

图4.2　2017—2019年上海市公共图书馆“一卡通”读者证成人/少儿证分布

（三）读者年龄分布

“一卡通”读者在年龄分布上，不同的年龄段表现特征明显。一是少儿和青年群体是上海市公共图书馆的主要读者；二是处于24岁左右的读者数量形成一个低谷；三是老年群体的“一卡通”读者数量随年龄的增长表现递减趋势。从读者性别来看，总体呈对称分布。在青年读者群中，女性读者相对较多，而老年读者群中，以男性读者占多数。

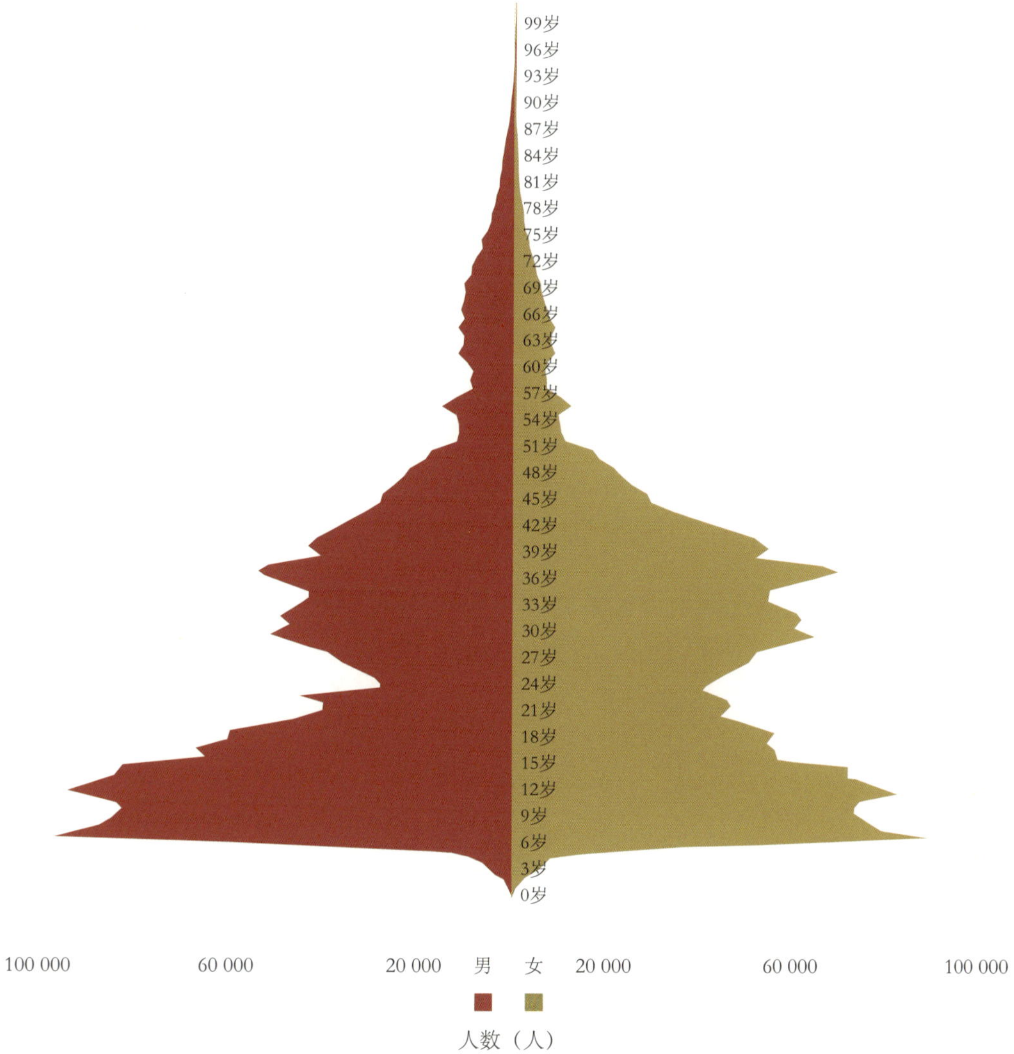

99岁
96岁
93岁
90岁
87岁
84岁
81岁
78岁
75岁
72岁
69岁
66岁
63岁
60岁
57岁
54岁
51岁
48岁
45岁
42岁
39岁
36岁
33岁
30岁
27岁
24岁
21岁
18岁
15岁
12岁
9岁
6岁
3岁
0岁

100 000　60 000　20 000　男　女　20 000　60 000　100 000

人数（人）

图4.3　2019年上海市公共图书馆“一卡通”读者性别年龄分布

二 | 书刊流通

文献借阅作为公共图书馆的一项基本服务，在保障广大读者的图书馆权利方面发挥着重要作用。上海市中心图书馆的“通借通还”极大地扩展了图书借阅范围，提高了图书的流通量。以往对全市书刊流通量的统计包括借书量与还书量，每年稳定在7 000万册次左右，并且呈现出稳步增长的趋势。自2018年起，出于数据能否反映实际情况的准确性考量，仅采用图书外借量作为全市书刊流通的统计指标，造成了数据出现整体略有下调的态势。

（一）书刊流通概况

1. 分类型流通情况

自2014年，“一卡通”外借最大册数进行“6+4”扩容，文献流通量（包括借书量与还书量）涨幅明显，不过少儿流通量总体上低于成人流通。2018—2019年，“一卡通”流通量年度增长趋于平缓，维持在6 300万册次上下浮动。其中，少儿流通量在文献流通总量中的占比呈逐年上升趋势，平均每年约增长1个百分点，2019年少儿流通量约占文献流通总量的35.76%，少儿流通量同比增长3.73%；成人流通量连续三年出现负增长，2019年成人流通量同比下降0.33%。

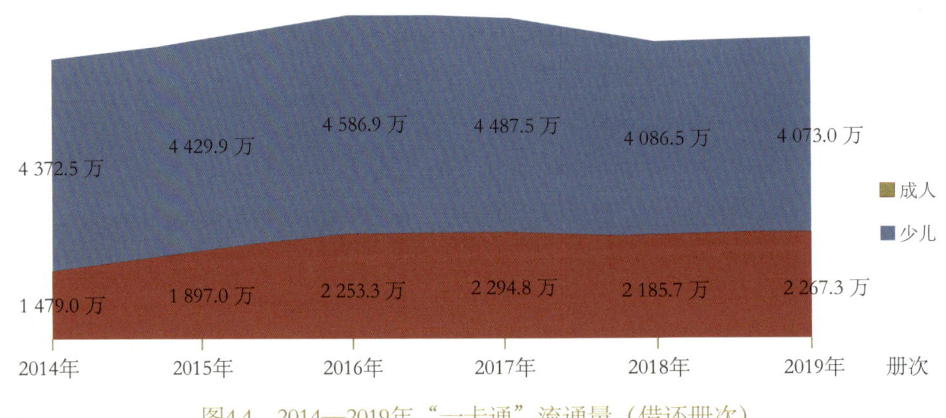

图4.4　2014—2019年“一卡通”流通量（借还册次）

闵行区图书馆图书借阅室

2. 分层级流通情况

2019年图书外借总量约为3 594万册次，其中215家街道（乡镇）级图书馆的外借总量最大，约为1 769万册次，占外借总量的49.21%；21个区级图书馆的外借总量次之，约为1 494万册次，占比41.55%；2家市级馆外借量约为332万册次，占比9.25%。其中，上海图书馆、浦东图书馆、闵行区图书馆、嘉定区图书馆及杨浦区图书馆的外借总册次均达到百万级。在外借总人次方面，2019年上海市公共图书馆外借总人次约达717万，区级馆中，浦东新区图书馆外借人次最多，为84万人次，杨浦区图书馆、闵行区图书馆、嘉定区图书馆及虹口区图书馆的外借人次均超过20万。

相较于外借人次对各类型文献（不包括数字资源）的外借业务统计，总流通人次扩大了其概念范围，将读者到馆接受各类型服务的人次纳入该指标之中。2019年总流通人次同比降低4.56%，约为4 948万人次，各层级总流通人次均出现不同程度的下降。其中，区级馆总流通人次最多，占总流通人次的49%，比街道（乡镇）级图书馆约多出453万人次，排名前五的区级图书馆由高到低依次是浦东图书馆、嘉定区图书馆、宝山区图书馆、长宁区图书馆和普陀区图书馆。

表4.3　2019年上海市公共图书馆总流通人次及书刊外借总体情况

单位名称	总流通人次（人次）	外借总量（册次）	外借总人数（人次）
上海市合计	49 476 800	35 949 372	7 167 265
市级图书馆合计	5 422 720	3 323 629	830 090
上海图书馆（上海科学技术情报研究所）	3 187 629	2 324 680	645 155
上海少年儿童图书馆	2 235 091	998 949	184 935
区级图书馆合计	24 292 590	14 935 351	3 262 721
上海市黄浦区图书馆	899 196	175 279	47 785
上海市黄浦区明复图书馆	32 722	10 661	3 064
上海市徐汇区图书馆	906 800	476 797	145 830
上海市长宁区图书馆	1 671 397	483 540	113 960
上海市长宁区少年儿童图书馆	343 970	424 878	80 400
上海市静安区图书馆	1 066 927	827 217	192 509
上海市静安区闸北少年儿童图书馆	46 923	28 454	6 196
上海市普陀区图书馆	1 621 312	641 060	134 949
上海市普陀区少年儿童图书馆	109 594	96 370	14 953
上海市虹口区图书馆	1 557 941	834 447	212 394
上海市杨浦区图书馆	1 477 519	1 043 787	328 709
上海市闵行区图书馆	1 436 259	1 348 401	287 408
上海市宝山区图书馆	1 983 424	734 207	152 142
上海市嘉定区图书馆	2 026 733	1 022 908	215 579
上海市浦东新区图书馆	5 803 196	4 595 532	840 552
上海市浦东新区新川沙图书馆	383 684	326 888	126 864
上海市金山区图书馆	838 376	442 896	96 413
上海市松江区图书馆	1 216 000	771 893	142 610
上海市青浦区图书馆	147 959	88 942	23 608
上海市奉贤区图书馆	617 348	280 714	45 241
上海市崇明区图书馆	105 310	280 480	51 555
街道（乡镇）级图书馆合计	19 761 490	17 690 392	3 074 454

资料来源：上海市图书馆行业协会。

3.分区域流通情况

2019年，各区、街道（乡镇）图书外借总量（不包括市级图书馆）中排名前三的区域为浦东新区、嘉定区、杨浦区，大部分区域的图书外借总量保持在100万至300万册次。人均外借册次较高的区域依次为嘉定区、长宁区、杨浦区，平均每人借阅2至3本图书。由于2019年上海市各区域常住人口数增长率基本在±1%上下波动，变动不大，因此主要是各区、街道（乡镇）图书外借总量的变化对人均外借量造成的影响；2019年奉贤区、街道（乡镇）图书外借总量同比增长明显，人均外借量约提高了0.5册/人，普陀区受区馆改建、闭馆等影响，人均外借量有所下降。

表4.4　2019年上海市各区公共图书馆图书外借情况

区域①	常住人口数（万人）	区、街道（乡镇）图书外借总量（万册次）	人均外借量（册/人）②	平均每册藏书年流通次数（图书外借率、图书借阅率）（次）③
黄浦区	65.38	57.61	0.88	0.26
徐汇区	108.44	105.97	0.98	0.69
长宁区	69.40	210.87	3.04	1.29
静安区	106.28	146.73	1.38	0.90
普陀区	128.19	168.77	1.32	1.20
虹口区	79.70	102.30	1.28	0.70
杨浦区	131.27	333.89	2.54	1.76
闵行区	254.35	225.00	0.88	1.15
宝山区	204.23	179.03	0.88	1.08
嘉定区	158.89	492.37	3.10	2.16
浦东新区	555.02	745.77	1.34	1.04
金山区	80.50	105.74	1.31	1.26
松江区	176.22	100.81	0.57	0.79
青浦区	121.90	66.83	0.55	0.54
奉贤区	115.20	166.77	1.45	1.34
崇明区	68.81	54.10	0.79	0.54

数据说明：① 区、街道（乡镇）图书外借总量为区级、街道（乡镇）级图书馆借阅流通量合计值，不包括区内市级图书馆。

② 人均外借量（册/人）=该区区级馆、街道（乡镇）馆外借量之和（万册次）/常住人口数（万人）。

③ 平均每册藏书年流通次数=该区、街道（乡镇）图书外借总量（万册次）/该区图书藏量（万册）。

资料来源：上海市图书馆行业协会；上海市统计局、国家统计局上海调查总队《2019上海统计年鉴》。

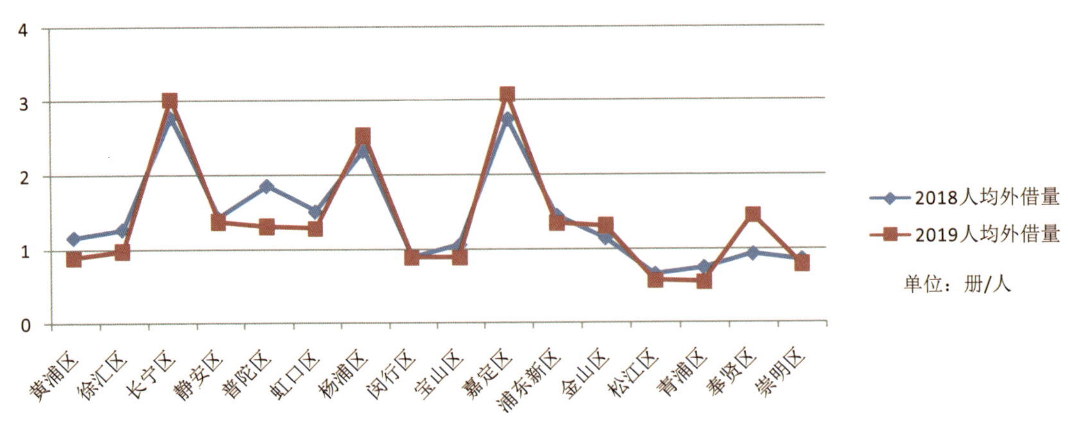

图4.5　2018—2019年各区域人均外借册次情况

从各区域的图书外借类型来看，2019年少儿外借量较多的区域分别是浦东新区、嘉定区、宝山区、闵行区、长宁区，松江区少儿图书外借量占该区、街镇图书外借总量的60%，同比上升7个百分点。集体外借量分布不均衡，其中嘉定区的集体外借量达到百万级，其次是杨浦区和奉贤区，均超过40万册次。集体外借占比方面，16个区域中有10个区的集体外借占比低于10%（包括10%），这说明约60%的区域集体外借量占比较低。松江区的集体外借量极低，不足5 000册，这是因为松江区通过单独设立资金项目的方式将图书送往基层。集体外借量占比排名前三的区域分别是奉贤区、嘉定区和普陀区，均超过20%。（见表4.5）

表4.5　2019年上海市各区公共图书馆外借类型情况

区域①	区、街道（乡镇）图书外借总量（万册次）	其中少儿外借量（万册次）	少儿外借占比（%）	其中集体外借量（万册次）	集体外借占比（%）
黄浦区	57.61	14.53	25%	9.19	16
徐汇区	105.97	23.98	23%	15.93	15
长宁区	210.87	94.49	45%	9.92	5
静安区	146.73	55.22	38%	6.45	4
普陀区	168.77	56.02	33%	36.96	22
虹口区	102.30	24.05	24%	3.87	4
杨浦区	333.89	83.79	25%	44.31	13
闵行区	225.00	98.89	44%	10.62	5

（续表）

区域①	区、街道（乡镇）图书外借总量（万册次）	其中少儿外借量（万册次）	少儿外借占比（%）	其中集体外借量（万册次）	集体外借占比（%）
宝山区	179.03	79.64	44	1.47	1
嘉定区	492.37	90.27	18	116.99	24
浦东新区	745.77	264.83	36	37.54	5
金山区	105.74	40.20	38	1.38	1
松江区	100.81	60.27	60	0.29	0.2
青浦区	66.83	17.50	26	6.36	10
奉贤区	166.77	47.06	28	40.88	25
崇明区	54.10	17.03	31	4.68	9
合计	3 262.57	1 067.78	33	346.84	11

数据说明：① 区、街道（乡镇）图书外借总量为区级、街道（乡镇）级图书馆借阅流通量合计值，不包括区内市级图书馆。
资料来源：上海市图书馆行业协会；上海市统计局、国家统计局上海调查总队《2019上海统计年鉴》。

（二）读者借阅偏好

通过上海市中心图书馆知识管理与服务系统中已有的读者年龄、区域、图书大类等项目进行细分统计项目，对“一卡通”流通情况进行详细分析。

1. 成人读者

成人外借读者中，日本推理小说作家——东野圭吾连续三年成为最受欢迎的热门读者，此外，金庸、唐家三少、天蚕土豆、古龙、梁羽生等作者也广受读者欢迎。从热门作者中可以发现，推理、武侠及网络玄幻题材的小说普遍受到成人读者的青睐。

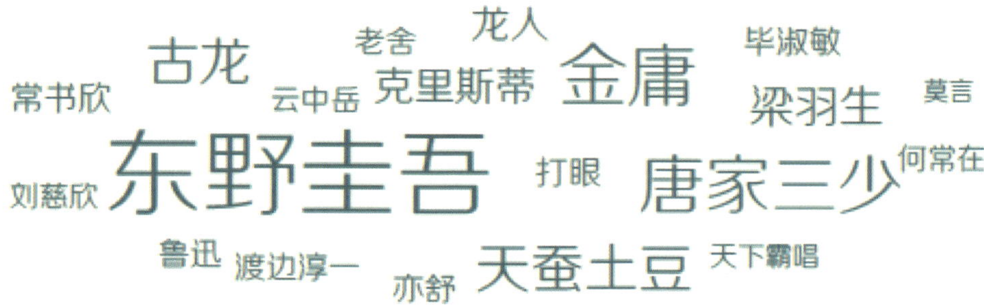

图4.6　2019年“一卡通”成人外借热门作者

成人读者中，青年读者的外借量普遍高于中老年读者。文学、历史地理、医药卫生类图书受到了各年龄段读者的普遍欢迎。青年读者阅读经济类、语言文字类、生物科学类和工业技术类图书的比例远高于中老年读者；各类型外借图书中，中年读者群体占比较为均衡，在30%左右波动；老年读者在各类型外借图书中的占比相对较少，更偏向于阅读马列毛邓、医药卫生和政治、法律等类型的图书。细分到具体图书类型，老年读者阅读红色经典读物、人物传记图书的比例高于中青年读者；而成人读者借阅最多的书籍类型为长篇小说，另外散文集、儿童文学、旅游指南、中篇小说、言情小说等类型的书籍借阅量也稳居前列。

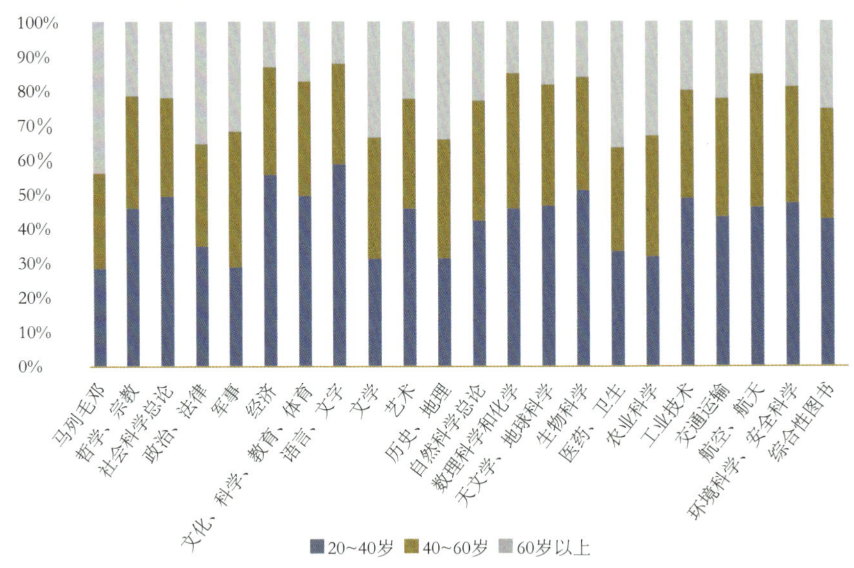

图4.7　2019年“一卡通”成人外借借大类与读者年龄段分布

2. 少儿读者

2019年“一卡通”少儿外借读者中，杨红樱、伍美珍、沈石溪等儿童文学作家连续三年排在最受欢迎的作者前列。

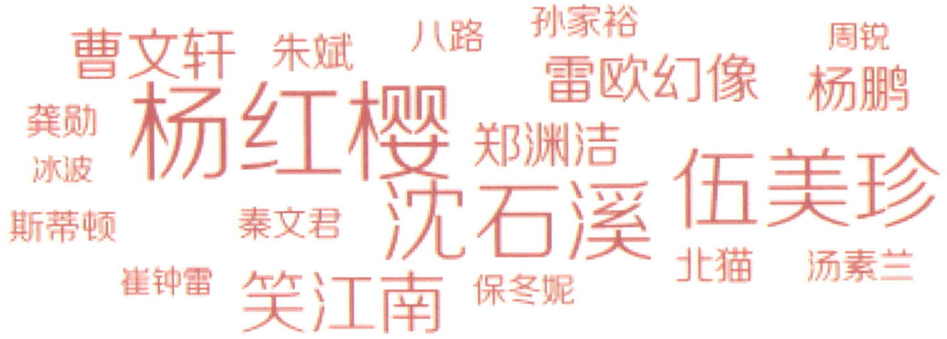

图4.8　2019年“一卡通”少儿外借热门作者

少儿读者中，小学学龄段的外借量远远大于初高中学龄段。低幼学龄段的读者在交通运输类图书中的阅读占比最高；小学学龄段的读者在各类型图书中广泛占有相当高的比例，各学科门类均有较大范围的涉及，在军事、艺术、自然科学方面的图书借阅量较多；初高中生阅读哲学、社科、政治等类型图书的比例较高。此外，在少儿读者外借的热门关键词中，儿童文学最为热门，其次是儿童故事、拼音读物、漫画、儿童小说、科学知识等。

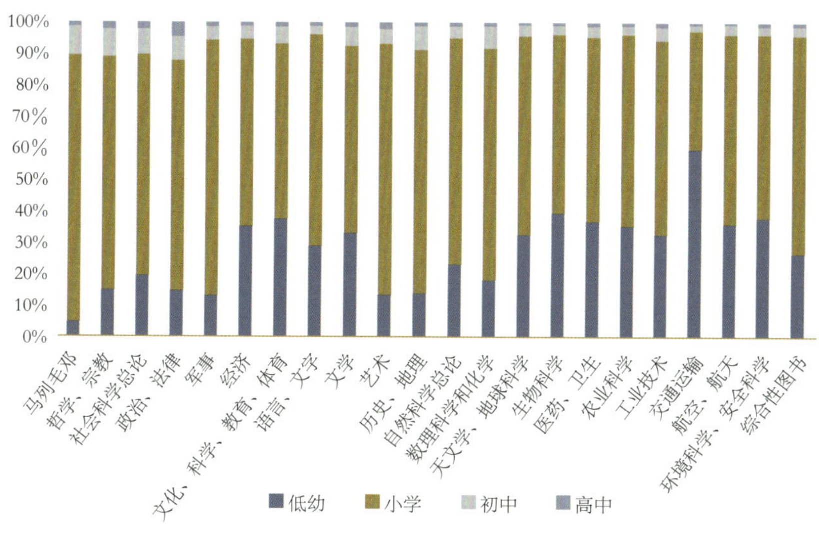

图4.9　2019年“一卡通”少儿外借大类与读者年龄段分布

三 | 数字服务

（一）网站访问

公共图书馆的官方网站是为广大市民提供数字服务的基础平台，读者可以通过访问网站获取基本的线上服务及扩展服务，具体包括个人图书馆的功能服务、通过互联网公共目录检索系统（ipac，internet public access catalog）检索书目、数字阅读、获取参考咨询、知识导航、活动展出及预告服务等。上海市市、区两级公共图书馆运用网站技术、门户（Portal）技术、统一身份认证等技术，普遍建立起图书馆官方网站。与此同时，为读者提供相适配的移动端web页面，满足来自线上不同端口的读者，使得网站服务更具浏览的舒适度和便捷的可操作性。

2019年，上海市市、区两级公共图书馆网站访问量合计约5 613万页人次，同比增加17.5%。其中，市级馆网站的年访问量超过4 000万页人次，同比增加31.4%，上海图书馆和上海少年儿童图书馆网站的访问量均有不同程度的上涨；区级馆网站的年访问量约为1 447万页人次，同比减少了约169万页人次。网站访问量排名前三的区级馆有虹口区图书馆、黄浦区明复图书馆和嘉定图书馆，均超过百万级。

（二）数字资源

2018年1月开始施行的《中华人民共和国公共图书馆法》第四十条规定："政府设立的公共图书馆应当加强数字资源建设、配备相应的设施设备，建立线上线下相结合的文献信息共享平台，为社会公众提供优质服务。"民众数字阅读需求不断上涨的现实，对数字资源的开发、建设及利用都提出了更高层次的要求。上海市公共图书馆不断丰富馆藏数字资源，在大力购置商业数据库的同时，依据自身馆藏特色建设特色文献数据库，促进数字资源的开放共享。从数字服务的角度出发，主要是针对读者的数字资源利用方式进行考量。读者可以通过访问数字资源开放平台，使用检索、浏览、下载等功能，获取所需的电子文献。

表4.6　2019年上海市市、区两级公共图书馆网站访问量

单位名称	网站访问地址	2019年访问量（页人次）
市级图书馆合计	—	41 562 710
上海图书馆（上海科学技术情报研究所）	www.library.sh.cn	41 238 855
上海少年儿童图书馆	www.sst.cn	323 855
区级图书馆合计	—	14 468 752
上海市黄浦区图书馆	www.shhpl.com	77 745
上海市黄浦区明复图书馆	www.mflib.net	3 237 137
上海市徐汇区图书馆	www.xhlib.net	13 391
上海市长宁区图书馆	www.cnqlib.sh.cn	43 981
上海市长宁区少年儿童图书馆	www.seszlib.com	822 496
上海市静安区图书馆	www.shjinganlib.net	913 247
上海市普陀区图书馆	www.ptlib.com.cn	163 102
上海市普陀区少年儿童图书馆	www.shpst.com	56 038
上海市虹口区图书馆	www.hqlib.cn	4 548 935
上海市杨浦区图书馆	www.yplib.org.cn	215 244
上海市闵行区图书馆	www.mhlib.sh.cn	29 961
上海市宝山区图书馆	www.bslib.org	552 442
上海市嘉定区图书馆	www.jdlib.cn	1 365 281
上海市浦东新区图书馆	www.pdlib.com	583 909
上海市浦东新区新川沙图书馆	www.xcslib.com	1 086 743
上海市金山区图书馆	www.jslib.sh.cn	462 917
上海市松江区图书馆	www.sjlib.com.cn	47 832
上海市青浦区图书馆	www.qplib.sh.cn	19 608
上海市奉贤区图书馆	www.fxlib.cn	150 000
上海市崇明区图书馆	www.cmlib.com.cn	78 743

资料来源：上海市图书馆行业协会、《上海图书馆年报》。

市级图书馆中，上海图书馆的数字资源下载量和在线使用量均上涨趋势明显。2019年，上海图书馆数字资源下载量超过1 000万篇次，其中包括外购数字资源、自建数字资源和二次文献共建共享平台的下载量。数字资源在线使用量的指标包括外购数字资源的浏览量、检索量，自建数字资源的浏览量，讲座音视频浏览量以及市民数字阅读平台阅读量，约达7 068万次。.

2019年，区级馆数字资源检索量约达1 562万次，浏览量超过1 900万次，下载量约计486万篇次。其中，闵行区图书馆数字资源检索量和数字资源浏览量均排名第一，分别约为970万次和402万次。数字资源浏览量超过100万次的区级馆有6个，由高到低依次是闵行区图书馆、浦东图书馆、嘉定区图书馆、徐汇区图书馆、崇明区图书馆和松江区图书馆。嘉定区图书馆的数字资源下载量高达226万篇次，其检索量和浏览量也位居前列，数据表现优异。

表4.7　2019年上海市区级公共图书馆数字资源服务情况

馆名	数字资源检索量（次）	数字资源浏览量（次）	数字资源下载量（篇次）
上海市黄浦区图书馆	89 394	107 270	8 760
上海市黄浦区明复图书馆	1 348	25 318	0
上海市徐汇区图书馆	247 148	1 636 014	119 353
上海市长宁区图书馆	540 367	360 245	53 209
上海市长宁区少年儿童图书馆	0	32 888	0
上海市静安区图书馆	57 576	87 401	82 981
上海市静安区闸北少年儿童图书馆	3 357	9 430	1 305
上海市普陀区图书馆	160 116	189 256	11 232
上海市普陀区少年儿童图书馆	—	—	—
上海市虹口区图书馆	100 229	425 722	93 469
上海市杨浦区图书馆	438 579	288 999	22 609
上海市闵行区图书馆	9 701 282	4 024 953	734 462

（续表）

馆名	数字资源检索量（次）	数字资源浏览量（次）	数字资源下载量（篇次）
上海市宝山区图书馆	489 874	372 108	372 108
上海市嘉定区图书馆	2 795 234	3 049 347	2 256 849
上海市浦东新区图书馆	168 227	3 937 055	530 898
上海市浦东新区新川沙图书馆	238 450	496 834	14 965
上海市金山区图书馆	13 421	338 964	36v002
上海市松江区图书馆	367 631	1 035 103	80 425
上海市青浦区图书馆	80 000	853 476	187 132
上海市奉贤区图书馆	7 261	552 156	188 185
上海市崇明区图书馆	118 768	1 210 969	65 462
区级图书馆合计	15 618 262	19 033 508	4 859 406

资料来源：上海市图书馆行业协会。

（三）新媒体服务

公共图书馆将新媒体平台作为图书馆创新服务方式的重要渠道，社交媒体逐渐成为连接读者需求和公共图书馆线上服务的主要媒介。新媒体平台拥有便捷的信息发布、极具创意的流媒体推广、有效的读者沟通等优势，使得读者不再受时间或空间的束缚，即可享受到公共图书馆优质且高效的线上服务。相较于2018年，2019年上海市公共图书馆新媒体服务平台的构成变动不大，主要是围绕微博、微信和公共图书馆独立搭建的移动应用来展开的，但在具体的功能板块上，还存在一定程度的差异。

1. 微博

结合微博的发展进程可以发现，大多数市、区级公共图书馆开通微博的时间都集中在2011—2013年，当时的微博处于新兴时期，发展势头正劲。但从2014年开始，微博平台的活跃度开始下降，一些前期尚未开通微博的公共图书馆跳过这一环节，直接选择开通微信公众号，如静安区图书馆、宝山区图书馆、奉贤区图书馆等。2018年，有3家区级馆选择退出微博平台，停止更新微博内容，如金山区图书馆、松江区图书馆和静安区闸北少年儿童图书馆。2019年，使用微博平台发布信息的市、区级公共图书馆共计16家。所有的公共图书馆均进行了加V认证，便于读者识别账号的权威性与安全性，将其作为官方发布消息和服务的途径之一。

2019年，微博粉丝数量增加最多的依次是徐汇区图书馆、虹口区图书馆以及长宁区图书馆，新增粉丝数均超出600人。大多数公共图书馆的粉丝数量出现了小幅度的增加，较上一年度总体区别不大。目前有微博账号的图书馆基本都在持续更新微博内容，少数图书馆保持着偶尔更新的频率；具体到原创博文量，在各馆的分布较为不均衡，总体呈下降趋势。在区级馆中，原创博文发布数量最高的是长宁区图书馆，有1 602条，日均更新4条，同比下降了12.5%；嘉定区图书馆日均更新2条，普陀区图书馆日均更新1条，其余馆的日均更新量均处于0至1条之间；微博使用量方面，排名前三的是浦东图书馆、长宁区图书馆和嘉定区图书馆，均达到了百万级别。

发布内容方面，区级公共图书馆主要以发布读者预告、馆情资讯和书目推荐为主；市级馆中，以上海图书馆为例，在此基础上增加了视频直播、抽奖赠书活动，加强与读者之间的互动与交流。近年来，微博已经实现了从单一的信息网络到内容社交的转型，拓宽了自身运营的局限，朝着兴趣社区的方向吸引用户流量。但公共图书馆的总体参与度普遍不高，更加注重微信的信息发布功能，与读者的社交互联相对较少。

表4.9 上海市市、区两级公共图书馆微博服务情况

馆名	微博服务名称	是否加V认证	开博时间	微博粉丝数[①]（人）	原创博文量（条）	微博使用量（次）	更新情况	发布内容
上海图书馆（上海科学技术情报研究所）	上海图书馆信使	是	2010.7	185 281	1 976	8 275 747	持续更新	书摘、服务预告、馆情资讯、新书推荐
上海少年儿童图书馆	上海少年儿童图书馆	是	2012.5	8 373	11	99 000	偶尔更新	读者活动预告、馆情资讯、好书推荐
上海市黄浦区图书馆	黄浦区图书馆	是	2018.3	37	3	3 672	偶尔更新	读者活动预告、馆情资讯
上海市黄浦区明复图书馆	黄浦区明复图书馆	是	2012.5	1 312	120	500	持续更新	读者活动预告、新书推荐
上海市徐汇区图书馆	徐汇区图书馆	是	2011.4	5 307	299	929 612	持续更新	读者活动预告、好书推荐
上海市长宁区图书馆	长宁区图书馆	是	2012.6	5 503	1 602	4 005 000	持续更新	读者活动预告、文化日历、转载荐书
上海市长宁区少年儿童图书馆	长宁区少年儿童图书馆	是	2011.6	1 008	124	126	持续更新	读者活动预告、馆情资讯
上海市普陀区图书馆	上海市普陀区图书馆	是	2018.5	127	396	198 000	持续更新	读者活动预告、展览预告
上海市虹口区图书馆	上海市虹口区图书馆	是	2011.6	3 913	171	455 474	持续更新	读者活动预告、馆情资讯

（续表）

馆名	微博服务名称	是否加V认证	开博时间	微博粉丝数[①]（人）	原创博文量（条）	微博使用量（次）	更新情况	发布内容
上海市杨浦区图书馆	杨浦区图书馆	是	2012.2	3 221	35	249 519	持续更新	读者活动预告、新书推荐
上海市闵行区图书馆	闵行区图书馆	是	2011.3	13 400	129	130 000	持续更新	读者活动预告、书摘、资讯
上海市嘉定区图书馆	嘉定区图书馆	是	2011.8	54 891	779	1 950 000	持续更新	读者活动预告、新书推荐
上海市浦东新区图书馆	浦东图书馆读者服务、陆家嘴图书馆	是	2011.9、2011.5	53 703	241	501 139	持续更新	读者活动预告、馆情资讯
上海市浦东新区新川沙图书馆	浦东新区新川沙图书馆	是	2013.4	433	4	8 580	偶尔更新	读者活动预告、馆情资讯
上海市青浦区图书馆	清阅朴读	是	2011.6	13 900	62	627 200	持续更新	读者活动预告、阅读报告
上海市崇明区图书馆	上海市崇明区图书馆	是	2012.5	445	51	190 782	持续更新	读者活动预告、活动视频、馆情资讯

数据说明：① 微博粉丝数大部分为截止到2019年底的数据。

资料来源：上海市图书馆行业协会、新浪微博。

2. 微信

相较于开放性更强的微博平台，微信公众号的运营使得公共图书馆的线上功能大大增强，半封闭的使用环境有助于读者精准获取所需服务。微信作为新媒体运营的重要发布平台，为公共图书馆的读者提供了信息传播高效化、业务操作简易化、选择内容自由化的多元服务。微信平台可自由设置业务模块并链接到第三方网站或微信小程序辅助运行，具备强大的灵活性和实用性。

目前，市、区两级公共图书馆大多开通了微信公众号。其中，各馆微信公众号订阅号占多数，仅有5个市级或区级公共图书馆开通少量的服务号。上海图书馆既有注重服务功能的“上海图书馆”服务号，又有注重图书馆服务宣传、阅读推广内容的“上海图书馆信使”订阅号，还有垂直做讲座服务内容呈现的订阅号“讲座图书馆”。长宁区图书馆除了原有的订阅号“上海市长宁区图书馆”之外，在2019年推出以资源为主要功能的“长宁微图”服务号，致力于将它打造成为读者的“掌上图书馆”。从总量上观察这三个指标数据，2019年上海市公共图书馆微信粉丝量、推送信息量及微信使用量都有着不同程度的上涨。市、区两级公共图书馆的微信粉丝总量达到126.98万人，同比增长51.5%；推送信息总量超过1万条，同比增长51.4%；微信使用总量约高达1 772万次，上涨52.3%。其中，主要是上海图书馆增长量所占比重较大。上海图书馆充分发挥微信的功能优势，于2019年推出微信端手机借书公测，关注“上海图书馆”微信公众号绑定读者证，即可实现手机自助借书服务。

微信粉丝数是公共图书馆线上用户关注度的直接反映，市、区两级公共图书馆的微信粉丝量均保持上升趋势。其中粉丝数新增速度最快的是上海图书馆和金山区图书馆，同比增长82.34%和82.05%。从粉丝增长数量上来看，最多的是上海图书馆，增加约28.6万，达到63.3万，其次是浦东图书馆，增加约4.4万，粉丝数量为21万。通过对2019年22所公共图书馆的微信公众号粉丝量进行统计，可以发现粉丝数在1万至10万的图书馆个数占总个数的68%，粉丝数在20万以上的图书馆个数只有2家，分别是上海图书馆和浦东图书馆；推送信息量是公共图书馆开展新媒体服务的重要表现，侧面反映其对微信平台发布活动及资讯的重视程度。推送信息量排名前五的图书馆分别是杨浦区图书馆、上海图书馆、浦东图书馆、长宁区少年儿童图书馆、普陀区图书馆，月均推送信息量超过50条。市、区两级公共图书馆中，约60%的图书馆推送信息量出现负增长，除杨浦区图书馆新增2 529条推送信息之外，其余公共图书馆均变化不大；微信使用量这一后台统计指标代表着微信服务效果的量化，包括推送信息阅读量、微信互动次数（点赞量与留言量之和）、微信服务功能使用次数、微信咨询服务次数等。其中上海图书馆和浦东图书馆的微信服务最为活跃，使用量达百万级，分别超过1 000万和300万，有13所市、区两级公共图书馆微信使用量在10万至50万之间。2019年微信使用量增长量最高的区级图书馆是杨浦区图书馆，增长48.8万次，其次是松江区图书馆，增长35.5万次，静安区图书馆，增长11.4万次。

处于上升期的数据表现说明公共图书馆打造的微信服务品牌在读者心中的地位正不断提高，这主要体现在三个方面：一是能够提供便捷的服务。公共图书馆提供高效的基础服务是区别于微博新闻发布功能的竞争力所在，读者通过菜单栏链接网站（或H5微站、微信小程序等）的形式跳转至服务页面，读者只要绑定读者证就能享受各项馆藏检索、图书借阅及续借等基础服务；二是能够提供一对多的专属服务。从读者的角度参与到微信公众号的服务体验中，形成一个兴趣多样的阅读社交圈，巩固了图书馆与读者之间的双向联系，加深了固定读者对图书馆的支持度；三是能够提供优质的内容输出。高质量的阅读推广活动在微信平台上可以实现宣传、报名、线上参与等互动功能，通过粉丝的“评论”“在看”“转发”等具体用户行为，打造出受到读者认可的阅读品牌。

2019年，共有5家图书馆开发使用数字阅读的微信小程序，方便读者使用微信平台展开线上阅读。分别是黄浦区图书馆的“黄浦区图书馆在线阅读”、明复图书馆的“明复图书馆数字智慧读”、徐汇区图书馆的“徐汇区图书馆数字汇”、静安区图书馆的“上海静安区图书馆”以及杨浦区图书馆的“N · 书界”。

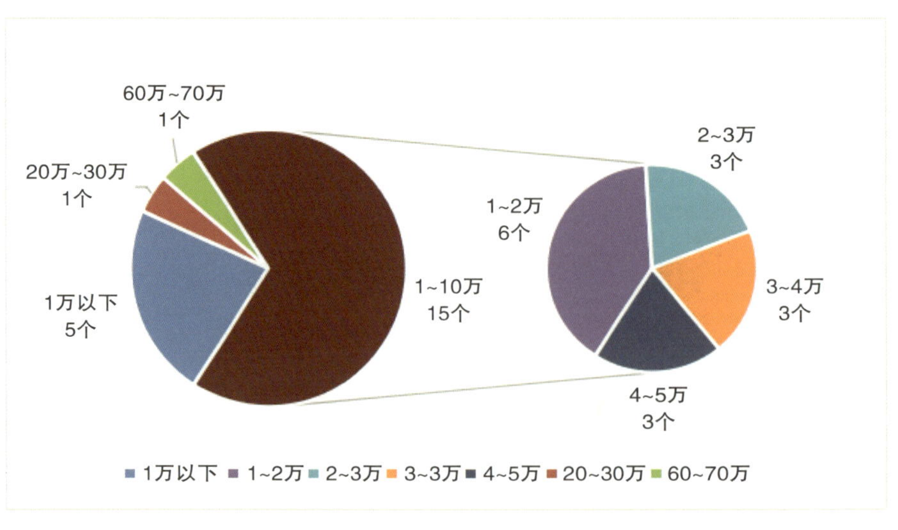

图4.10　2019年上海市、区两级公共图书馆微信粉丝数量分布的图书馆个数占比

表4.9　2019年上海市、区两级公共图书馆微信服务情况

馆名	微信公众平台名称	微信粉丝量（人）	推送信息量（条）	微信使用量（次）	公众号类型	服务内容
上海图书馆（上海科学技术情报研究所）	上海图书馆、上海图书馆信使、讲座图书馆等	632 509	2 880	10 520 843	服务号、订阅号	图书馆基础服务、数字阅读、活动、个人中心；电子资源、功能导航；讲座活动信息、讲座在线等
上海少年儿童图书馆	上海少年儿童图书馆	30 147	129	190 000	服务号	数字阅读、我的活动、资源推荐等
上海市黄浦区图书馆	上海市黄浦区图书馆	5 081	257	65 613	订阅号	提供书目检索、图书续借、新书推荐、公告信息、预约报名等微服务，并提供19个免费资源接口
上海市黄浦区明复图书馆	上海市黄浦区明复图书馆	2 483	25	3 199	订阅号	数字资源、活动资讯、预约服务、线上互动等
上海市徐汇区图书馆	上海市徐汇区图书馆	18 534	383	246 698	订阅号	服务大厅、微阅读、书香联盟（联盟活动、汇讲坛）等
上海市长宁区图书馆	上海市长宁区图书馆、长宁微图	16 784	468	154 899	订阅号 服务号	长图指南、阅读推广、分馆动态等；书目检索、读者借阅和续借、数字阅读
上海市长宁区少年儿童图书馆	上海市长宁区少年儿童图书馆	13 158	866	186	订阅号	我的图书、读者服务、数字阅读等
上海市静安区图书馆	静安区图书馆、静安文旅	22 804	483	156 161	订阅号	我的图书馆、云悦读、常用服务（知识竞答、活动报名、最新新闻、公益活动、常见问题）等
上海市普陀区图书馆	上海市普陀区图书馆、普图讲座	23 863	609	190 000	订阅号	个人中心、图书续借，发布活动预告、通知，预约活动，发布活动成果等
上海市普陀区少年儿童图书馆	上海市普陀区少年儿童图书馆	1 707	10	—	订阅号	提供读者指南、图书查询、续借以及活动报名、云阅读、普陀印迹等

（续表）

馆名	微信公众平台名称	微信粉丝量（人）	推送信息量（条）	微信使用量（次）	公众号类型	服务内容
上海市虹口区图书馆	上海市虹口区图书馆	15 620	419	213 942	订阅号	我的图书馆、微阅读、服务指南、活动预告等
上海市杨浦区图书馆	上海市杨浦区图书馆	42 929	2 934	920 000	订阅号	服务指南、活动报名等
上海市闵行区图书馆	上海市闵行区图书馆	37 750	317	158 622	订阅号	本馆信息、预约及续借功能、数字闵图等
上海市宝山区图书馆	上海市宝山区图书馆	32 241	141	193 216	服务号	读者指南、书目检索、文献续借、数字资源、活动发布及预约等
上海市嘉定区图书馆	上海市嘉定区图书馆	45 183	527	219 000	订阅号	我的图书馆、云阅读、预约入馆等
上海市浦东新区图书馆	浦东图书馆、浦东新区陆家嘴图书馆	210 581	1 390	3 177 155	订阅号、服务号	基础服务、活动发布、个人中心、服务公告、微服务大厅、易悦读等
上海市浦东新区新川沙图书馆	新川沙图书馆	3 182	130	28 578	订阅号	借阅服务、数字资源、活动预告等
上海市金山区图书馆	上海市金山区图书馆	41 441	365	411 960	订阅号	数字阅读、活动资讯、金图分馆等
上海市松江区图书馆	上海市松江区图书馆	28 320	188	571 396	订阅号	图书检索、绑卡 / 续借、图书推荐、开放时间、活动天地、常用服务等
上海市青浦区图书馆	清阅朴读	18 982	162	124 248	订阅号	微服务、微资源、活动讲座等
上海市奉贤区图书馆	上海市奉贤区图书馆	18 914	223	127 176	订阅号	我的图书馆、微阅读、预约及二维码读者证等
上海市崇明区图书馆	上海市崇明区图书馆	7 541	79	48 917	订阅号	活动发布、基本服务、微阅读、个人检索续借等

资料来源：上海市图书馆行业协会及微信。

3. *移动* APP

许多公共图书馆通过移动版网站，与超星移动图书馆、中文在线等资源厂商合作，进行移动设备上的数字阅读服务；部分图书馆结合自身资源特色，研发自己的移动应用。伴随着读者需求的多元化发展，移动应用也正在做出模块调整和技术更新。以下为部分图书馆移动应用简介：

- 上海图书馆（上海科学技术情报研究所）

自2005年起，上海图书馆就以短信起步推出移动服务，之后通过电子书阅读器、手机二维码、手机网站以及手机阅读等多种方式为用户提供服务。随着智能手机移动客户端的发展，上海图书馆针对不同类型的服务发布了一系列移动应用，“上海图书馆”iOS（苹果公司的移动操作系统）/Android（基于Linux平台的开源手机操作系统）移动客户端应用，提供包括书目检索、读者服务、公共信息服务、社交媒体分享等多种类型的服务。“市民数字阅读”iPad/iPhone/Android 移动客户端应用提供了电子图书及期刊的在线阅读及下载服务。“上海市中心图书馆活动查询”iOS移动客户端应用提供上海市中心图书馆的讲座、展览等各类公众活动的信息。“海上风华”系列应用包括了城市足迹、老上海滑稽戏、老上海文化地标展、民国时期海上女作家作品展、西洋音乐、左联80周年展、上海年华等共计7个iPad移动应用。

- 徐汇区图书馆

2015年初，徐汇区图书馆“徐汇风貌”主题APP的iOS版本正式上线，该APP是以搜集徐汇历史风貌资料为主，涉及徐汇相关历史、建筑、人物等领域。通过徐汇历史风貌主题APP，可以浏览到徐汇区域内孔家花园、中唱小红楼等老房子的相关照片与简介，以及徐光启、巴金、张爱玲等与徐汇区有着深刻历史渊源的文人名士的相关资料简介。本数据库还提供了海派剪纸艺术、龙华庙会、海派黄杨木雕等徐汇区非物质文化遗产的相关视频资料。

- 静安区图书馆

静安区图书馆移动APP在2019年5月重新升级，除了与超星合作的数字阅读之外，还提供馆藏查询与阅读、直播讲座及视频，个人中心包括收藏、小组、笔记及云盘等功能。升级上线结合21天名师讲坛打卡活动，通过奖品激励机制增强读者与应用软件之间的互动。

- 金山区图书馆

金山区图书馆结合读者需求，于2018年4月推出“金山区图书馆”APP，提供馆藏图书的查询、续借，以及电子资源、视频资料的共享和观看等服务。

- 宝山区图书馆

2018年3月，宝山区与企业合作研发的“宝图UP”APP正式上线。通过宝图APP，读者可自助完成馆内文献资料的查询和借阅、数字资源的搜索和下载、活动预约、研修室预订等服务，具有近距离无线通信技术（near field communication，NFC）功能的手机还能进行移动借书。

- 嘉定区图书馆

嘉定图书馆为方便读者对嘉定移动图书馆“嘉定数字阅读”的安装及使用，特别针对现在手机市场的主流系统iOS和Android提供了两款与平台对应的APP下载。

- 浦东图书馆

浦东图书馆于2018年4月发布新版APP——“浦东数字阅读”，提供iOS和Android两种移动客户端的下载。读者可在APP上自助完成图书馆信息查询与借阅、数字资源移动阅读、浦图直播等，其中个人中心包括收藏、小组、笔记及云盘等功能。

表4.10　2019年上海市市、区两级公共图书馆移动应用开发情况

馆名	APP名称	操作系统
上海图书馆（上海科学技术情报研究所）	上海图书馆	iOS/Android
	市民数字阅读	iOS（iPhone/iPad）/Android
	上海市中心图书馆活动查询	iOS / Android
	“海上风华”系列	iOS（iPad）
上海市徐汇区图书馆	徐汇风貌	iOS
上海市静安区图书馆	静安区图书馆	iOS/Android
上海市杨浦区图书馆	杨浦书界	iOS/Android
上海市宝山区图书馆	宝图UP	iOS/Android
上海市嘉定区图书馆	嘉定数字阅读	iOS/Android
上海市浦东新区图书馆	浦东数字阅读	iOS/Android
上海市金山区图书馆	金山区图书馆	iOS/Android
上海市奉贤区图书馆	奉贤图书馆	iOS/Android

4. 其他

2019年，新媒体服务的类型表现出“调整升级、稳中有进”的特点，主要是在上一年新媒体服务平台和服务模式的基础上进行技术升级、内容改版以及扩大读者群体的覆盖范围。同时，在新媒体资源平台的开拓上，以读者需求为导向，结合线上、线下做出了新的尝试，为未来的新媒体服务模式创新开启了新思路。在市、区两级公共图书馆的带动下，新媒体平台将会为读者提供更加方便快捷、移动互联的优质服务。

• 上海图书馆（上海科学技术情报研究所）

在新媒体运营平台的探索与实践方面，上海图书馆一直走在上海市公共图书馆的前列，于2016年4月开通“今日头条”的自媒体账号“上海图书馆”，2019年累计发布头条新闻132条，向读者发布馆所动态、推送阅读与知识分享、结合时政发布最新的热点资讯等。此外，上海图书馆于2019年4月在短视频社交平台“抖音”上发布创意短视频，全年累计发布57条，特效生动、剪辑明快的内容输出受到读者的关注，视频内容包括但不限于阅读推广的活动现场、馆内读者动态、业务办理演示、书目推荐等。

上海图书馆于2019年4月创新推出馆内手机扫码借书服务，读者可在微信端进入“手机借书公测”服务，使用自己携带的手机扫描馆藏条码完成借书。此项服务新举措提供了流通自助服务的多样选择，免去了读者的排队环节，有效节约了图书馆流通服务成本、设备成本以及读者的时间成本，受到读者的广泛认可。

• 上海少年儿童图书馆

上海少年儿童图书馆于2019年完成官方网站的优化调整。新版的官方网站与官方微信账号实现功能联通，共同组成上海少年儿童图书馆一站式网络服务系统。读者可在网上完成活动报名、信息咨询、在线活动、网上续借、馆藏检索、借阅记录查询、远程访问数据资源等功能。

• 静安区图书馆

静安区24小时自助图书馆项目始建于2016年，自助图书馆分布在静安区文化需求旺盛的园区、商圈和营区，为读者提供自助办证、查询、借书、续借、还书等服务。2019年首次进驻社区中心，新增1座，已建成7座自助图书馆。每个自助图书馆可容纳400多本纸质图书，与上海图书馆联网，可以自助办理实体证或直接用二维码电子读者证借书。选择数字阅读的读者还可在自助图书馆扫码阅读电子图书。此外，静安区图书馆还推出了每周的“蓝色书巴”和“读者一号”流动图书车

定时定点外出服务。

- 杨浦区图书馆

杨浦“书界”O2O网借信用平台联合支付宝，为读者提供“免办证、免押金、线上借、送上门”的24小时泛在化自助借阅服务。同时，依托第三方物流为读者提供图书快递服务，让读者能足不出户体验“线上预订，线下取书”的便捷。现可通过“书界”APP、支付宝小程序、支付宝生活号、微信小程序等多端口实现读者借阅服务。2019年底，杨浦“书界”的24小时自助图书馆已新增12处，共布点34处，进一步扩大了自助服务点在全区的覆盖范围，推进公共文化服务最后一公里建设。据杨浦区图书馆发布的年度阅读报告显示，2019年的“书界”读者总用户比上年增长2.6%，读者群体以80后和90后为主，71%的用户使用“书界”APP进行借阅。其纸本图书的外借总量同比增长约140%，外借人次同比增长约156%，信用读者数同比增长9.4%。

- 浦东图书馆

浦东图书馆与“书享”智能书柜的运营公司合作，将12台智能书柜带入浦东的商场、办公大楼、居民区、消防支队等地作为延伸服务点，定期配送图书馆。市民可通过下载“书享悦读”APP或关注微信公众号免费扫码借书，借书期限为28天，并可在任一智能书柜中还书，简单易操作的推广方式极大地便利了读者的阅读需求。

陆家嘴图书馆开发的O2O网借项目“易悦读”于2017年4月23日世界读书日在该馆微信公众号上线试运行，6月，通过与支付宝合作，芝麻信用分超过600分的“高分人士”，通过支付宝平台也可实现“线上一键借书，线下投递到家”。

- 嘉定区图书馆

“文化嘉定云”是嘉定区创建国家公共文化服务体系示范区的重点项目之一，其以移动通信技术和网络信息技术为支撑，将全区公共文化资源和服务信息聚合于云共享平台之上，为市民提供一站式的公共数字文化服务。2019年，嘉定区图书馆进一步完善“文化嘉定云”服务模块，建立总分馆直馆模式。嘉定区图书馆打造的“文化嘉定云”网上书房板块，市民只需绑定嘉定地区办理的“一卡通”读者证，即可远程查阅主流商业数据库及嘉定区图书馆的自建数据库等，同时将总分馆和延伸服务点的阅读推广活动进行及时发布，为市民提供网上预约服务。

四 | 读者活动

（一）形式多样的读者活动

1. 讲座

一直以来，具备公益性质的讲座受到不同读者群体的欢迎。讲座作为图书馆基本服务形式，题材内容不限，涉及领域众多，通常以现场演讲，学者对谈，与观众互动等形式使得读者的体验感更加丰富，激发读者的阅读兴趣。2017—2019年，上海市公共图书馆举办讲座数量持续增长。2019年讲座数量达到5 600次以上，同比增加15.5%，比上一年多出11个百分比。其中，组织讲座场次排名较高的有浦东图书馆、上海图书馆、徐汇区图书馆、嘉定区图书馆和杨浦区图书馆，均达到110场以上；区级馆组织讲座次数增加了11.1%，街道（乡镇）级图书馆组织讲座次数减少了17.8%；讲座参与人数较2018年进一步下降，减少了3万余人次。讲座参与人数中排名前三的依次是浦东图书馆、上海图书馆和宝山区图书馆，前两家图书馆均超过6万人次，浦东图书馆跃居第一位。

讲座品牌的打造有助于公共图书馆每年持续输出优质讲座服务，吸引相对固定的读者群体。2019年上海图书馆持续扩大“上图讲座”的品牌影响力，策划了22场与时事政策相关的系列宏观信息讲座，聚焦市民关心的社会热点；文艺类讲座在读者群体中有着深厚的听众基础，也是区级馆着力打造的主题讲座，如静安区图书馆的“文化讲坛”、金山区图书馆的“金文讲坛”、闵行区图书馆的“敏读会”等，邀请知名学者及艺术家，带领读者共同徜徉在文艺知识的海洋中，广受好评。浦东新区新川沙图书馆与浦东新区人民医院、中医医院合作开展的健康科普知识系列讲座受到市民的欢迎，较好地推广了健康知识，帮助市民树立正确的健康观念；长三角一体化发展的背景下，青浦区图书馆的“青溪讲坛”以“打造长三角江南文化示范区和一体化的文化发展体系”为目标，融入本土文化，开展了以青浦地方文化、江南文化、中华传统经典文化等为主题的精品讲座，加深读者地域认同感的同时，促进了长三角地区的文化交流。

表4.11　2019年上海市公共图书馆组织讲座情况

单位名称	组织讲座（场次）	参与人数（人次）
上海市合计	5 613	429 748
市级图书馆合计	226	63 838
上海图书馆（上海科学技术情报研究所）	214	62 894
上海少年儿童图书馆	12	944
区级图书馆合计	1 821	187 438
上海市黄浦区图书馆	81	1 836
上海市黄浦区明复图书馆	16	708
上海市徐汇区图书馆	133	10 081
上海市长宁区图书馆	65	4 521
上海市长宁区少年儿童图书馆	36	1 600
上海市静安区图书馆	58	3 681
上海市静安区闸北少年儿童图书馆	47	2 690
上海市普陀区图书馆	88	9 929
上海市普陀区少年儿童图书馆	6	600
上海市虹口区图书馆	73	10 252
上海市杨浦区图书馆	110	11 094
上海市闵行区图书馆	25	2 960
上海市宝山区图书馆	53	35 312
上海市嘉定区图书馆	125	7 500
上海市浦东新区图书馆	621	63 821
上海市浦东新区新川沙图书馆	26	1 026
上海市金山区图书馆	68	4 996
上海市松江区图书馆	61	3 890
上海市青浦区图书馆	55	3 241
上海市奉贤区图书馆	39	4 510
上海市崇明区图书馆	35	3 190
街道（乡镇）级图书馆合计	3 566	178 472

资料来源：上海市图书馆行业协会。

随着新媒体技术的迅速发展，公共图书馆的讲座开始告别传统的、单一的线下举办模式，融合新兴网络技术，向着线上讲座的趋势发展，让讲座资源惠及更多读者。讲座资源的数字化存储也成为图书馆馆藏资源的重要内容，满足了读者后续不定期的阅读需求。此外，讲座线上与线下一体化的趋势使得读者足不出户、随时随地可以获取讲座资源。

线上公开的讲座资源主要有两个渠道：一是通过微信公众号面向公众开放。如上海图书馆专门开设“讲座图书馆”微信公众号，垂直运营讲座内容，可以通过微信预定讲座、使用讲座资源、阅读新闻报道，其中开放的讲座资源以录音、视频、文本等形式呈现。宝山区图书馆举办的“魔法大师班”系列讲座品牌，邀请著名绘画作者和儿童文学作家为读者们奉上精彩的儿童文学大咖讲座，并通过微信平台对讲座现场进行全程实时直播，直播时还提供读者线上评论交流的功能，线上线下参与人数达到3万人。二是与电视台合作直播模式。如浦东图书馆充分发挥电视直播的媒体优势，与浦东电视台、浦东工人文化宫合作，举办“阅见浦东”系列讲座活动，在东方财经·浦东频道“东方艺术长廊”栏目播出，实现线上线下、多屏互动的传播。此外，其“浦图公开课”系列讲座以“××与人生”系列为主题，每周开展一次APP现场直播活动。

2. 展览

公共图书馆的展览同样朝着线上和线下相结合发展的方向发展，线下展览的主题丰富多样，有时会配合本馆的阅读推广项目定制主题展览活动；线上以微信公众号的微展览为主，发布与展览主题相关的图片、文字讲解。2019年，全市公共图书馆共举办了1 750场展览，同比增长3.5%，到馆参观展览的人数也相应有所上升，较2018年度增加约29万人次，同比增长约10%。

各馆的展览内容紧跟馆内特色资源、主题馆藏的建设，与其他文化单位同步联动展出。浦东图书馆举办的“《傅雷家书》图片展”以“展讲合一”的形式传承傅雷文化，弘扬傅雷精神，展示了《傅雷家书》中的手稿原件、图书等实体资料，受到广大市民的欢迎；松江区图书馆依托辖区内与其他机构组织的书画活动，推出中小学生书法作品展、仓城写生画展、松江牡丹画院作品展等，展现了充满人文魅力的地方文化符号；长宁区图书馆的苏俄造型艺术馆品牌影响力持续提升，展出中俄国际学术交流会暨俄罗斯油画展，带来丝绸之路的文化与艺术，吸引了大批读者前去参观。

表4.12　2019年上海市公共图书馆举办展览情况

单位名称	举办展览（场次）	参与人数（人次）
上海市合计	1 750	3 168 722
市级图书馆合计	55	213 018
上海图书馆（上海科学技术情报研究所）	54	211 018
上海少年儿童图书馆	1	2 000
区级图书馆合计	305	1 615 037
上海市黄浦区图书馆	15	41 054
上海市黄浦区明复图书馆	2	452
上海市徐汇区图书馆	2	58 960
上海市长宁区图书馆	26	21 368
上海市长宁区少年儿童图书馆	3	8 091
上海市静安区图书馆	21	9 435
上海市静安区闸北少年儿童图书馆	2	1 402
上海市普陀区图书馆	14	44 892
上海市普陀区少年儿童图书馆	2	12 000
上海市虹口区图书馆	17	13 762
上海市杨浦区图书馆	22	171 500
上海市闵行区图书馆	0	0
上海市宝山区图书馆	19	73 352
上海市嘉定区图书馆	20	40 000
上海市浦东新区图书馆	42	108 165
上海市浦东新区新川沙图书馆	11	33 165
上海市金山区图书馆	12	677 889
上海市松江区图书馆	15	200 000
上海市青浦区图书馆	6	10 650
上海市奉贤区图书馆	11	34 000
上海市崇明区图书馆	43	54 900
街道（乡镇）级图书馆合计	1 390	1 340 667

资料来源：上海市图书馆行业协会。

市、区两级公共图书馆中，市级图书馆的展览举办次数最多，有55次，崇明区和浦东图书馆紧随其后，分别为43次和42次；参与人数方面，由于将线上观展人数计入统计数据中，存在一些公共图书馆平均每场展览参观人数以万计的情况，也存在个别公共图书馆不计入线上展览或没有开展线上展览的数据，因而造成了参与人次及平均每场展览参与人次上的数据差异。线上展览是线下展览的延伸，面向的读者群体更加广泛。上海市多家公共图书馆通过精心挑选，将线下的展览在网上或微博、微信等新媒体平台呈现，让更多市民足不出户就能欣赏到展览。这些展览线上呈现的主要渠道包括微信、官方网站。如上海图书馆通过“上图展览”微信订阅号来呈现线上微展览，浦东图书馆、杨浦区图书馆、宝山区图书馆等官网上均开辟专门的线上展览板块免费开放展板内容；嘉定区图书馆将其主办的线下展览上传到“文化嘉定云”平台，让市民便捷地享受文化成果、获取文化资源。

3. 各类读书活动

形式多样的读书活动有助于公共图书馆在阅读推广的运作模式方面进行创新，激发读者的参与热情。传统的讲座和展览活动正在变革，其他类型的读书活动也正在悄然发生着变化：读者活动范围从原先的馆内活动延伸至馆外互动，阅读渠道从纸媒、web网站转向移动端的新媒体平台，阅读对象从实体图书、数字资源发展至立体式的知识分享。上述维度的扩展可供读者充分体验到丰富多彩的读书活动，并根据自身需求进行自由选择。2019年，上海市各级公共图书馆共举办12 331场各类读书活动，同比上升了16.7%，参与人数达到约365万人次，同比上升了47.6%。各种类型的读书活动的参与人数增加显著，主要是由于区级图书馆参与人数的增加，同比上升172%，增加约85万人次。

创新读书活动使得活动范围不再局限于馆舍本身，读者生活周围的文化旅游区域、社区中心、电视台演播室等都可以成为图书馆员进行阅读推广的活动空间。阅读行走活动就是以图书馆员的讲解及导览为中心，带领读者亲身体会阅读背景所在地，产生沉浸式新体验。如上海市民文化节“老建筑的故事”创意创作系列活动，上海图书馆、静安区图书馆、杨浦区图书馆等积极组织策划阅读行走活动，将上海老建筑文化与读者实地走访相结合，令读者切身体会到老上海的优秀历史文化遗存，传播背后的历史文化故事。通过多渠道的推广模式，新型阅读推广活动能够有效下沉并覆盖到更多的读者群体。上海图书馆在视频媒体推广方面不断突破：2019年度的“世界读书日”阅读推广活动中，上海图书馆联合上海知名文化沙龙“克勒门”，邀请到深受大众喜爱的戏曲演员演绎中国古典诗词，且与“央视新闻+”、哔哩哔哩视频网站合作推出网络直播，总点击率达到78.1万，推广效果显著；同年5月，上海图书馆携手上海广播电视台共同打造新时代文化普及新体验，从馆藏近3万种19万册古籍善本中精心遴选出10种古籍精品，于东方卫视“诗书画”栏目推出“古籍今读”特别节目。松江区图书馆打造的“文明修身·文化寻根”家庭阅读活动中，划分了在线闯关、场馆寻宝、街镇风采、书画大赛等板块，其场馆寻宝功能集结了区域内24所文旅场地，利用微信公众号的功能，激励读者参与到文化共建共享中去。阅读推广活动的多渠道优质合作使得推广内容更加丰富多元，如徐汇区图书馆锁定白领群体，将活动地点搬到美罗大厦中，举办第五届“汇悦读·美罗大厦读书月活动”，策划了水饺DIY、汉服体验、茶艺品鉴、团扇制作等4场技艺学习或体验活动，通过系列活动让大家品味传统文化穿越时空之美、阅读中国崛起都市腾飞之路、感受家国情怀人文温暖之爱。

表4.13　2019年上海市公共图书馆开展各类读书活动情况

单位名称	读书活动（场次）	参与人数（人次）①
上海市合计	12 331	3 653 856
市级图书馆合计	566	1 880 959
上海图书馆（上海科学技术情报研究所）	257	20 909
上海少年儿童图书馆	309	1 860 050
区级图书馆合计	3 365	1 343 384
上海市黄浦区图书馆	107	1 430
上海市黄浦区明复图书馆	88	2 555
上海市徐汇区图书馆	207	18 564
上海市长宁区图书馆	3	600
上海市长宁区少年儿童图书馆	117	6 202
上海市静安区图书馆	650	31 441
上海市静安区闸北少年儿童图书馆	28	1 400
上海市普陀区图书馆	14	62 326
上海市普陀区少年儿童图书馆	79	13 899
上海市虹口区图书馆	265	6 705
上海市杨浦区图书馆	153	6 498

（续表）

单位名称	读书活动（场次）	参与人数（人次）①
上海市闵行区图书馆	21	4 500
上海市宝山区图书馆	95	91 225
上海市嘉定区图书馆	551	96 007
上海市浦东新区图书馆	447	18 298
上海市浦东新区新川沙图书馆	59	10 212
上海市金山区图书馆	266	33 679
上海市松江区图书馆	9	911 345
上海市青浦区图书馆	117	5 957
上海市奉贤区图书馆	68	17 390
上海市崇明区图书馆	21	3 151
街道（乡镇）级图书馆合计	8 400	429 513

数据说明：① 部分图书馆将线上读书活动一并统计，部分只统计了线下的读书活动。其中，上海少年儿童图书馆读书活动统计范围包括“2019上海童话节”联动全市各区（少儿）图书馆、学校图书馆及社会主体参与的活动人次数量；上海市松江区图书馆读书活动统计范围包括文化寻根家庭阅读系列“线上答题+线下寻宝”活动中90万线上页面浏览量。

资料来源：上海市图书馆行业协会。

（二）特殊群体的读者活动

公共图书馆充分保障普遍均等、惠及全民的公共文化服务，以阅读之光，传递世界美好的温度。2019年中国图书馆学会和国家图书馆联合发表的全民阅读活动倡议书中提到，“积极关注少年儿童、老年人、残疾人等特殊群体需求，丰富面向革命老区、民族地区、边疆地区和贫困地区的服务供给”。2019年，上海公共图书馆举办的少儿群体活动达到9 393场次，少儿群体参与人次约为244.7万。市级馆中，上海图书馆举办少儿群体活动42场次，参与人数为1 157人；上海市少年儿童图书馆举办少儿群体活动322场次，少儿活动参与人数达到186.5万人。区级公共图书馆中，崇明区图书馆、宝山区图书馆和普陀区少年儿童图书馆的少儿群体平均每场次参与人数超过300人次。

上海市各级公共图书馆积极参与到全国少儿阅读建设工作中去，从图书室建设基层入手，积极创造条件，让农村学生共享优质图书资源，为乡村学校的学生营造学习园地与心灵港湾。如奉贤区图书馆主动融入区委区政府“千百十”精准扶贫行动，开展爱心书屋项目，为贵州务川、余庆、凤冈的孩子们和读者送去精神食粮，圆他们的读书成才之梦。浦东图书馆开展“飞翔计划”，针对目前城乡教育发展不均衡、农村学生享受优质图书资源的比例相对偏低的现状，从浦东新区教育局乡村学校名单中首批招募20家学校，与新区教育局共建第一批“飞鸟书屋”20家。静安区闸北少年儿童图书馆发挥少儿馆的读者群体优势，2019年度开展了“向日葵网上行老少关爱博客秀”共计24场次，参与人数达到358人。该馆每周四坚持进行活动，通过“老少结对共建”的形式加强队员们尊敬老人的观念，同时离退休老干部充分发挥自身的特长和优势，教育引导年轻人。

上海市区级、街道（乡镇）级公共图书馆中，面向残障群体的活动场次为816场，残障群体参与人次近3.2万，其中街道（乡镇）级图书馆作为基层服务点，在面向残障群体服务时具有天然的地理优势，参与人次超过区级图书馆4 000余人次。区级馆中，浦东图书馆开展面向残障群体的活动最活跃，组织活动多达223次，总参与者超过3 800人次。其次虹口区图书馆、静安区图书馆和徐汇区图书馆均有展开针对残障群体的系列活动，组织活动超过20场次。

在均等化服务理念指导下，公共图书馆帮助视障读者共同享受阅读之美是义不容辞的社会责任。上海图书馆持续开展上海市残疾人读书系列活动、无障碍数字图书馆等服务；浦东图书馆定期举办盲友会读书活动、无障碍电影、盲人沙龙、盲人电脑培训等；虹口区图书馆举办“闻音识影”视障听影活动，大学生志愿者团队为视障读者们现场配音解说旁白，受到读者一致的肯定。

徐汇区图书馆于2008年成立上海第一家视障读者的读书组织——星光书社读书会，积极组织视障读者参与读书征文活动，并将视障读者群体的优秀作品集结成册，向社会分享。同时联合区残联向徐汇区视障读者开展智能听书机借阅服务，在街道（乡镇）级设立“盲人智能听书机借阅服务点”，并向星光书社读书会成员发放首批盲人智能听书机，并进行应用培训。2019年3至7月，徐汇区图书馆与徐汇区盲协共同举办16场历史文化系列讲座活动，吸引586人次听讲。

表4.14　2019年上海市区级、街道（乡镇）级公共图书馆特殊群体读者活动情况

单位名称	少儿群体活动（场次）	少儿群体参与人数（人次）	残障群体活动（场次）	残障群体参与人数（人次）
区级图书馆合计	3 132	359 498	304	13 894
上海市黄浦区图书馆	100	2 275	0	0
上海市黄浦区明复图书馆	30	567	0	0
上海市徐汇区图书馆	125	3 961	21	880
上海市长宁区图书馆	18	1 355	0	0
上海市长宁区少年儿童图书馆	294	20 254	2	15
上海市静安区图书馆	219	7 841	21	910
上海市静安区闸北少年儿童图书馆	35	1 600	0	0
上海市普陀区图书馆	113	9 057	1	352
上海市普陀区少年儿童图书馆	88	26 859	0	0
上海市虹口区图书馆	194	4 301	26	479
上海市杨浦区图书馆	110	3 374	0	0
上海市闵行区图书馆	53	3 410	0	0
上海市宝山区图书馆	114	39 000	1	10
上海市嘉定区图书馆	467	97 049	1	50
上海市浦东新区图书馆	478	83 869	223	3 892
上海市浦东新区新川沙图书馆	94	13 659	0	0
上海市金山区图书馆	361	13 479	5	156
上海市松江区图书馆	36	3 298	2	7 100
上海市青浦区图书馆	65	1 792	1	50
上海市奉贤区图书馆	126	15 040	0	0
上海市崇明区图书馆	12	7 458	0	0
街道（乡镇）级图书馆合计	5 897	222 959	512	18 497

资料来源：上海市图书馆行业协会。

五 | 参考咨询

（一）普通参考咨询服务

普通参考咨询服务主要是基于读者的个人需求，为其提供图书馆服务的介绍与指向性咨询，以及帮助读者进行文献检索、文献传递等信息服务的指导性咨询。在公共图书馆数字化服务的大趋势下，参考咨询内容正逐渐从信息服务转向知识服务，不再仅限于传统的查找文献资料，而是向着文献资源整合、情报分析、知识加工等方向延伸。除了传统的参考咨询方式（到馆咨询，电话、传真、电子邮箱等），还开始朝着线上多渠道咨询与线下专属咨询相结合的结构演变。

目前，上海图书馆线上普通参考咨询服务平台主要有：2001年推出的基于个人电脑（PC）端的网上联合知识导航站、2010年开通的基于微博平台的“上海图书馆信使”和2013年底在微信服务号“上海图书馆”上线的参考咨询服务。2019年，上海图书馆线上普通参考咨询总量达到26.5万次，其中微信端的咨询数量共计25.8万次，网上联合知识导航站的参考咨询数量为6 251次，读者使用微博进行参考咨询为438次。近年来，微信端一直占据着线上参考咨询服务的主要流量。2018年1月，上海图书馆微信服务号开通了“图小二”虚拟机器人智能回复服务，以问题列表的形式自动回复一些读者的常规性咨询问题，同时提供转接人工咨询的通道。智能回复系统有效提高了应答读者咨询的效率，降低了重复性、高频次对话，但新系统线上调试的不稳定等因素也使得咨询数量有所减少。2019年，智能回复系统的运行趋于稳定，微信端咨询数量增长明显，增加了约2万次。此外，网上联合知识导航站的咨询数量保持在6 000次上下波动，比上年增加了317次；微博的咨询数量连续三年呈递减趋势，2019年同比下降10.6%。

上海市市、区两级公共图书馆均有开展参考咨询工作。相较于上海图书馆多元化的服务渠道，各区级馆普遍采取到馆咨询、电话、电子邮箱和网站咨询问答的方式，部分区级馆使用微博、微信和网上联合知识导航站提供参考咨询服务，帮助读者解决其提出的问题，获取所需的信息及服务。

表4.15　2016—2019年上海图书馆线上普通参考咨询数量

服务平台	2016年咨询数量（次）	2017年咨询数量（次）	2018年咨询数量[①]（次）	2019年咨询数量（次）
网上联合知识导航站	5 757	6 960	5 934	6 251
微博	519	538	490	438
微信	95 177	161 773	58 630	258 469

数据说明：① 2018年至今，上海图书馆微信端引进智能机器人提供智能回复服务，咨询数量包括机器人回复和人工回复。
资料来源：上海图书馆（上海科学技术情报研究所）。

（二）专题咨询与情报分析服务

专题咨询以用户需求为导向，聚焦某一领域的专题信息，提供事实型查询、信息查证、定题服务、文献信息开发等服务内容。[①]知识经济时代对公共图书馆信息服务提出了更高的要求，提供知识参考、知识产品等成为各馆扩充参考咨询业务的主要发力点。其中，情报分析类型的服务既能够对标企业创新的科技需求，又能够分析和监测行业发展动态，市场前景广阔。上海市公共图书馆积极践行面向读者、科研人员及区内企事业单位的创新信息服务，提供但不限于科技查新、专题咨询、情报分析、大数据分析等咨询服务。

在专题咨询方面，上海图书馆提供社会科学和自然科学各领域的文献资料的查找、新文献产品的开发服务，提供撰写产品研究报告、行业市场研究报告等各类研究报告所需的国内外资料的检索、定位服务。各区馆基于自身丰富的馆藏资源、专业化的人才队伍，对各类文献信息进行收集、整理、开发、提供和利用。静安区图书馆的海关主题馆根据自身特色，收集、整理了一批文献，出版了《天津海关档案》36册、《海上丝绸之路文献汇编》44册；金山区图书馆与嘉兴市图书馆联合编著地域传统文化特色读本《吴越韵痕——金山、嘉兴风土诗词精读》，该项目精选金嘉两地历代风土、风物诗词120首，反映吴越地方文化，具有很高学

① 中华人民共和国文化部.图书馆参考咨询服务规范：WH/T 71–2015[S].北京：国家图书馆出版社，2015：3.

术价值；青浦区图书馆对馆藏的2011年从上海图书馆复制的85种300余册的青浦地方古籍文献进行梳理、整理，并加以增补，按照原书原貌，印刷成95种115册，以展示本区丰富的文化资源和悠久的文脉传统，以及在文化保护和文献挖掘方面的努力与成果，为公众提供有价值的参考资料。

此外，各区馆将编研专题参考资料作为日常工作重点。2019年，嘉定区图书馆与嘉定区委区政府各部委办局联合编发《参考信息》24期共计96份，刊发报道96条；发布《嘉定人和事》23期共计4 600余份；发布《嘉乡文献》12期，完成62本嘉定地方文献的推荐等；线上线下制作发布《热点追踪》6期，发行840余份。长宁区图书馆发布《媒体视野中的长宁》共计16期;《虹桥风》群文简讯共计5期；顺利完成《长图文撷》改版工作。青浦区图书馆制作了2018年4季度《青浦媒体报道剪报》和2019年第1—3季度《青浦媒体报道剪报》，供馆、局领导参阅。崇明区图书馆编印《信息资料摘编》共计12期,《崇图书苑》4期。虹口区图书馆完成各类代检索课题服务109次，检索课题服务量同比增长4.7%。嘉定区图书馆在定题跟踪服务方面，全年制作《媒体看嘉定》搜集信息1 531条，编发《嘉定日讯》搜集信息877篇，其中头版75篇，完成《聚焦嘉定》11期，搜集信息1 531条，提供示范区媒体报道665篇；在课题检索服务中，撰写综述报告4篇；完成信息类参考咨询20多次，提供各类文献70多种。

上海图书馆充分发挥情报服务优势，建设上海情报服务平台和上海行业情报服务网，开展“创之源”中小企业信息服务，开创行业情报服务新模式。同时通过《上图专递》、《竞争情报》、“第i情报”和媒体测评等高层次研究性情报服务项目，为城市发展等领域提供多种决策参考信息。浦东图书馆依托区域内高新技术产业的强劲实力及市场需求，积极开展定题跟踪服务，可根据用户所在学科、行业领域或企业的需求确定跟踪信息源，围绕其领域关注热点、难点问题及同行业竞争情况进行信息跟踪，提供推送服务。具体包括两个方面：一是舆情监测，根据用户需求定制媒体，进行媒体信息追踪服务，包括对行业信息、新闻通稿、新闻发布会、公关活动、危机信息等的监测，并对信息进行筛选、整合与分析。二是剪报服务，主要提供国内外平面媒体和网络媒体信息的采集、加工、开发与定制，包括实时跟踪和回溯性检索。根据用户的信息需求，广泛收集与用户需求相关的各类媒体信息，进行编辑、加工、整理并定期发送给用户，提供个性化服务。

公共图书馆每年产生了大量的流通数据，数据分析后发布的年度阅读报告以图文并茂的形式生动揭示读者的阅读趋势、阅读行为偏好、阅读素养等，成为广大读

奉贤区图书馆公共电子阅览室

者及行业内外人士重点关注的对象。自2012年开始，上海图书馆每年都会发布上海市公共图书馆年度阅读报告，以全市区域内的读者与图书馆借阅和互动的数据为基础，通过数据分析对读者的阅读足迹进行信息挖掘、聚合，形成的阅读账单项目受到了读者的广泛欢迎。此外，上海图书馆还面向读者提供个人年度阅读报告的生成，绑定读者证即可回顾个人的阅读行为；上海少年儿童图书馆联合上海市图书馆学会少年儿童图书馆委员会、中文在线发布《2019上海市少年儿童阅读报告》，采集上海市中心图书馆“少儿一卡通”数据、上海中小学“数字阅读”平台的数据，增采了少儿图书销售数据，总结出上海市少儿阅读的变化特点。区级图书馆中，虹口区图书馆根据上海市中心图书馆知识管理与服务系统和日常工作统计的数据，分别发布成人和青少年的2019年阅读报告。杨浦区图书馆除了公布年度阅读账单之外，还单独提取出“书界”平台发布阅读报告，从服务点概况、数据分析、推广活动和年度小结等四个方面分析读者的阅读行为，总结“书界”的合作推广情况。此外，浦东新区新川沙图书馆2019年陆续发布了1—3季度的阅读报告。

（三）公共政策与决策咨询服务

为响应国家“加强中国特色新型智库建设，建立健全决策咨询制度”的战略部署，上海图书馆2018年成立新型公共科技智库建设专项调研组，对国内外类似的科技智库组织架构、运行机制和馆所智库存在的瓶颈问题进行调研。2019年上海图书馆深入推进新型公共科技智库建设，积极参与到公共政策的研究课题工作中去，充分发挥公共图书馆为党和政府提供政策咨询的机构优势，构建公共图书馆科技智库服务体系，建设成果显著。

首先是夯实公共科技智库的基础，加强知识产权的平台建设。上海图书馆研究制定相关绩效和人才引进实质性举措，更好地落实本市发布科改“25条”新政对馆所智库建设的推动作用。同时启动专利元数据检索分析平台建设，并建立了边缘技术、机器智能等新兴技术专利专题数据库，完成医疗器械数据库建设，启动“社区治理专题知识库”二期建设。上海图书馆成为世界知识产权组织技术与创新支撑中心等建设机构之一，全年收录国际大都市数据研究报告100篇，完成“前沿技术发展研究中心”软科学研究基地报告20份。

其次是拓展决策咨询服务的内容，探索技术情报的深度合作。上海图书馆主要围绕前沿技术、科技创新趋势、国际大都市等馆所智库核心研究方向，积极对接本市重点软科学研究项目。全年承接37项决策咨询项目，完成发达国家科技政策解读6篇，新兴技术领域研究报告7篇。《上图专递》系列内参紧紧围绕上海建设世界级城市的发展战略，对标分析纽约、伦敦、柏林等发达国家国际大都市发展的先进经验及最新举措，完成《上图专递》83期、《科技与产业》114期、《上海科技简报》9期、《专递人大》19期，取得了广泛的好评，内参报告共获得市委、市政府领导批示7次。2019年是上海图书馆为人大会议现场提供信息服务的第15个年头，专设“上海图书馆信息服务点”，精心编辑参考资料汇编，进一步展现了馆所内参和信息服务工作的专业形象。另外，上海图书馆推进技术情报传统业务向社会影响力大、附加值高、服务大型企业、服务本市重点科技产业项目的深度咨询拓展，技术情报转型初见成效，2019年深度咨询业务相关项目明显增多。承担了上海机场集团、上海国际汽车域、中船重工704所、708所等单位重点技术领域专利信息分析研究项目，助力本市重点企业科技创新。全年共完成科技查新1 570项、知识产权信息服务20项，知识产权评议项目7项。

最后是扩大舆情监测服务的范围，促进信息资源的社会共享。2019年，上海图书馆累计完成简报4 119期，撰写舆情简报609篇，完成各类分析性专报34篇，内容涉及进博会、垃圾分类、人工智能大会等沪上热点话题。地方民情与实时舆论相结合，发挥出良好的资源效益和智力支持的同时，促进了与合作单位信息资源的共建共享。

撰稿人

魏云，上海大学图书情报档案系，图书情报专业硕士研究生。
研究方向：文献学。

第五章
人力资源

知识经济时代，随着信息技术与公共图书馆事业的高度融合，公共图书馆原有组织结构、服务内容、工作方式发生重大变化，图书馆已经成为社会信息网络的重要枢纽。随着现代公共图书馆的管理理念、管理重心由物向人转变，建立一支高信息素养、务实创新的复合型从业人员队伍，成为培养公共图书馆竞争力的核心。2019年，各级公共图书馆在推进新馆建设和旧馆改造的同时，聚焦人才队伍软实力建设。2019年本市市、区、街道（乡镇）三级公共图书馆从业人员达3 863人，同比增长3.4%。随着区级总分馆体系建设向纵深推进，人力资源建设不仅是单个图书馆的职责，还带有区域性特征，资源下沉和专业联动将成为公共图书馆人才队伍建设的新动能。

一 | 馆员数量

（一）从业人员总体数量

2019年，市、区和街道（乡镇）三级公共图书馆总计从业人员数达3 863人，较2018年同比增长3.4%，近年来全市公共图书馆从业人员保持3%以上的稳定增长。

本年度两个市级图书馆从业人员总体数量比2018年增长2.6%；区级图书馆增加47人，同比增长3.0%；街道（乡镇）级图书馆增加57人，同比增长4.4%。

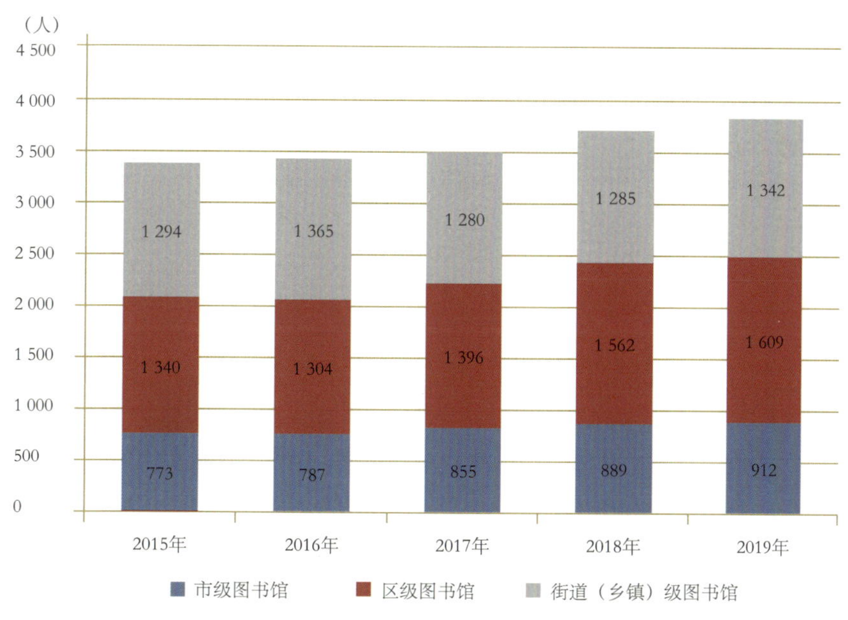

图5.1　2015—2019年上海市公共图书馆从业人数变动情况

表5.1　2018—2019年上海市公共图书馆从业人数

单位名称	2018年		2019年	
	单位数（个）	从业人员数（个）	单位数（个）	从业人员数（个）
上海市合计	241	3 736	238	3 863
市级图书馆合计	2	889	2	912
上海图书馆（上海科学技术情报研究所）	1	825	1	860
上海少年儿童图书馆	1	64	1	52
区级图书馆合计	21	1 562	21	1 609
上海市黄浦区图书馆	1	49	1	52
上海市黄浦区明复图书馆	1	25	1	30
上海市徐汇区图书馆	1	72	1	69
上海市长宁区图书馆	1	52	1	49
上海市长宁区少年儿童图书馆	1	28	1	28
上海市静安区图书馆	1	142	1	136
上海市静安区闸北少年儿童图书馆	1	10	1	10
上海市普陀区图书馆	1	119	1	124
上海市普陀区少年儿童图书馆	1	16	1	17
上海市虹口区图书馆	1	102	1	127
上海市杨浦区图书馆	1	143	1	174
上海市闵行区图书馆	1	63	1	60
上海市宝山区图书馆	1	71	1	74
上海市嘉定区图书馆	1	89	1	89
上海市浦东新区图书馆	1	261	1	259
上海市浦东新区新川沙图书馆	1	28	1	28
上海市金山区图书馆	1	53	1	51

（续表）

单位名称	2018年		2019年	
	单位数（个）	从业人员数（个）	单位数（个）	从业人员数（个）
上海市松江区图书馆	1	57	1	58
上海市青浦区图书馆	1	64	1	58
上海市奉贤区图书馆	1	60	1	56
上海市崇明区图书馆	1	58	1	60
街镇（乡镇）级图书馆合计	218	1 285	215	1 342

资料来源：上海市图书馆行业协会。

（二）从业人员编制构成

2019年，上海市公共图书馆实际在编人员数量为2 769人，占从业人员总数的71.7%，比2018年提高1.6%，主要原因是市级图书馆在编人员数量增加。

各级公共图书馆从业人员中，市级图书馆在编人员数量占比为91.2%，比例最高；区级图书馆在编人员占比为73.3%；街道（乡镇）级图书馆在编人员占比为56.5%。

市级图书馆中，上海图书馆在编人员增加35人，随着上海少年儿童图书馆新馆建设完成，工作岗位也相应有所调整，2019年减少派遣人员10人。区级图书馆中，在编人员占从业人员比例与2018年持平。街道（乡镇）级图书馆馆均从业人员6.2人，其中在编人员占比为56.5%，较2018年增长6.0%。

表5.2　2019年上海市公共图书馆馆均从业人数

单位名称/类型	单位数（个）	从业人员（人）	在编人数（人）	派遣人数（人）
上海市总体均值	238	16.0	11.4	4.5
市级图书馆均值	2	456	416	40
上海图书馆（上海科学技术情报研究所）	1	860	795	65
上海少年儿童图书馆	1	52	37	15
区级图书馆均值	21	76.6	56.2	20.4
街镇级图书馆均值	215	6.2	3.5	2.7

资料来源：上海市图书馆行业协会。

（三）区域服务人口

2019年，全市每位公共图书馆从业人员人均服务人口数为6 275人，同比有所下降。从区域服务人口来看，从业人员人均服务人口数量排前三位的依次是闵行区、松江区和奉贤区，闵行区从业人员数量相较2018年减少12人，该区内的从业人员人均服务人口数有所增长，仍然处于人均服务人口数量第一位，从业人员不足问题并未得到缓解。

表5.3　2019年上海市各区公共图书馆从业人员人均服务人口

区域	常住人口（万人）	从业人员（人）	每位从业人员人均服务人口（人）
黄浦区	65.38	143	4 572
徐汇区	108.44	144	7 531
长宁区	69.40	123	5 642
静安区	106.28	233	4 561
普陀区	128.19	198	6 474
虹口区	79.70	174	4 580
杨浦区	131.27	255	5 148
闵行区	254.35	170	14 962
宝山区	204.23	190	10 749
嘉定区	158.89	175	9 079
浦东新区	555.02	557	9 964
金山区	80.50	101	7 970
松江区	176.22	135	13 053
青浦区	121.90	134	9 097
奉贤区	115.20	97	11 876
崇明区	68.81	116	5 932

数据说明：各区统计数据中包括区级和街道（乡镇）图书馆，不包括市级图书馆员工数。

资料来源：上海市图书馆行业协会；上海市统计局、国家统计局上海调查总队《2018上海统计年鉴》。

二 | 学历结构

当前上海市各级图书馆的从业人员以本科及以上学历为主。市级馆中，本科学历占在编人员总数的比例为59.01%，硕士及以上学历占比27.04%；区级馆中，硕士学历占比为10.59%，本科占比为68.81%。

上海市市级图书馆的馆员中，96.75%的从业人员为大专及以上学历，其中硕士学历本年度增加了20人。而区级图书馆中，85.68%的馆员学历为本科及大专学历，硕士及以上学历馆员平均值为5.95人，较去年的5.05人有略微增长。

街道（乡镇）级图书馆中，所有从业人员中硕士及以上学历的馆员均值为0.042人，占比极低，人数极少且分布零散；而本科和大专学历的从业人数较多，均占街道级图书馆从业人员总数的35.57%；值得注意的是，高中及以下学历，占比人员数量达到28.19%，显示街道（乡镇）图书馆从业人员的学历层次仍需要提高。

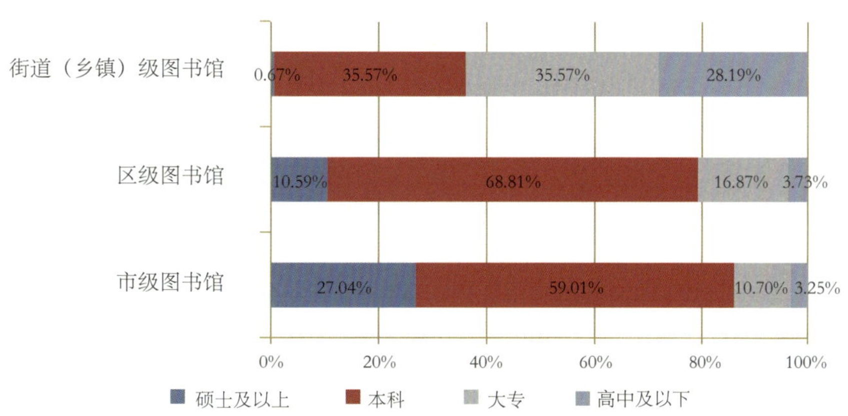

图5.2　2019年上海市公共图书馆从业人员学历结构

数据说明：学历指国家承认的正式学历，不含相当学历。市、区两级公共图书馆针对在编人员统计，街道（乡镇）级公共图书馆针对从业人员统计。

资料来源：上海市图书馆行业协会。

注：由于计算时的四舍五入，加总后的百分比可能不为100%。

表5.4　2019年上海市公共图书馆从业人员馆均学历情况

单位：人

单位名称/类型	硕士及以上	本科	大专	高中及以下
市级图书馆均值	112.5	245.5	44.5	13.5
上海图书馆（上海科学技术情报研究所）	215	471	82	27
上海少年儿童图书馆	10	20	7	0
区级图书馆均值	5.95	38.67	9.48	2.10
街镇级图书馆均值	0.042	2.22	2.22	1.76

数据说明：市、区两级公共图书馆针对在编人员统计，街道（乡镇）级公共图书馆针对从业人员统计。

资料来源：上海市图书馆行业协会。

三 | 职称结构

《上海市图书馆行业协会年报（2019年）》显示高级职称（包括副高级）主要集中在市级图书馆，少量分布在区级图书馆，其中54名正高级职称全部在上海图书馆。市级公共图书馆中，高级职称173人，其中上海图书馆有169名，上海少年儿童图书馆4名，具有中高级职称占比为70.63%，这也完全符合上海图书馆是图书馆服务和情报研究合一，综合性研究型公共图书馆的发展和定位。

区级公共图书馆中，初级或无职称的人数最多，约占区级馆在编人员总数的61.31%，中级职称位居第二，占比34.59%，高级职称仅为4.01%，馆均人数为2.29人。街道（乡镇）级公共图书馆从业人员中，初级以及无职称人员占比高达97.60%，职称最高的仅为中级职称，占比也仅为2.46%，馆均中级职称人数为0.15人，与2018年相比大致持平。这也提示相关部门为这部分工作人员提供业务培训和职业规划，以提高他们为广大市民服务的水平。

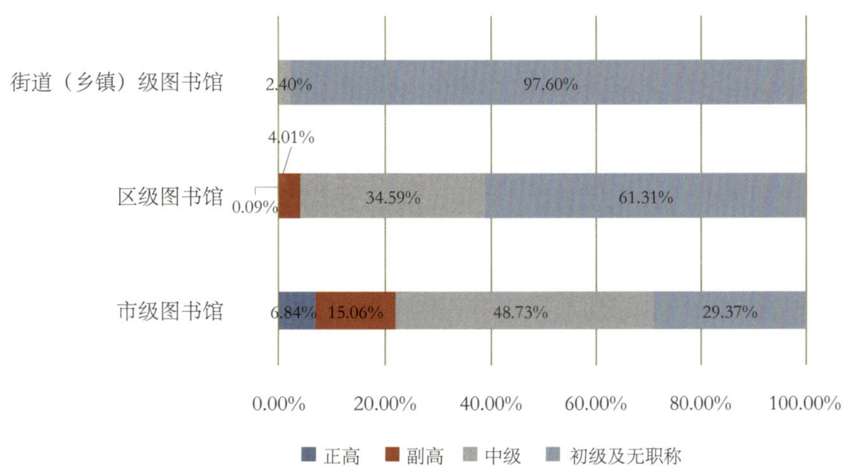

图5.3　2019年上海市公共图书馆从业人员职称结构

数据说明：市、区两级公共图书馆针对在编人员统计，街道（乡镇）级公共图书馆针对从业人员统计。

资料来源：上海市图书馆行业协会。

表5.5 2019年上海市公共图书馆从业人员馆均职称情况

单位：人

单位名称/类型	正高	副高	中级	初级及无职称
市级图书馆均值	27	59.5	192.5	116
上海图书馆（上海科学技术情报研究所）	54	115	365	219
上海少年儿童图书馆	0	4	20	13
区级图书馆均值	0.05	2.24	19.29	34.19
街镇级图书馆均值	0	0	0.15	6.09

数据说明：市、区两级公共图书馆针对在编人员统计，街道（乡镇）级公共图书馆针对从业人员统计。

资料来源：上海市图书馆行业协会。

四 | 学术研究

2019年上海市公共图书馆共发表学术期刊论文229篇，其中上海市图书馆发表论文133篇，上海少年儿童图书馆发表论文5篇，13个区级图书馆发表论文91篇，论文总数与上年相比减少了15篇。就统计数据而言，已经发表论文的图书馆，馆均发表论文数为15.2篇，相比2018年馆均发表论文数量是13.5篇略有提高。发表论文最多的区级馆是浦东图书馆，共发表24篇论文；列第二位的是嘉定区图书馆，发表论文13篇；静安区图书馆和宝山区图书馆并列第三位，分别发表9篇论文。

表5.6　2019年上海市市、区两级公共图书馆员工学术期刊发表论文情况

单位名称	单位数	员工发表论文（篇）
上海市合计	15	229
市级图书馆合计	2	138
上海图书馆（上海科学技术情报研究所）	1	133
上海少年儿童图书馆	1	5
区级图书馆合计	13	91
上海市黄浦区图书馆	1	3
上海市徐汇区图书馆	1	6
上海市长宁区图书馆	1	5
上海市静安区图书馆	1	9
上海市静安区闸北少年儿童图书馆	1	1
上海市普陀区图书馆	1	1
上海市虹口区图书馆	1	2
上海市宝山区图书馆	1	9
上海市嘉定区图书馆	1	13
上海市浦东新区图书馆	1	24
上海市金山区图书馆	1	8
上海市青浦区图书馆	1	8
上海市奉贤区图书馆	1	2

资料来源：上海市图书馆行业协会。

五丨队伍建设

上海市市级图书馆及区级图书馆，利用自身的优势，积极开展不同类型和形式多样的学术研讨、国内外同行学术交流以及业务技能培训等活动，提高整体图书馆的理论研究水平以及街道（乡镇）级图书馆从业人员的业务能力。

（一）提高理论水平

由上海市图书馆和几个大型的区级图书馆举办图书馆服务理念及新技术等相关研讨会，整体促进上海市各级公共图书馆的理论水平的提高。例如：上海图书馆举办“2019年长三角地区科技情报学会合作调研交流会”、“2019中英图书馆论坛”和2019图书馆前沿技术论坛（IT4L）会议等；上海少年儿童图书馆出访日本，受邀为日本同行进行专题讲座，接待日本、美国、澳大利亚等地的多批国（境）内外同行专家学者来馆交流；浦东图书馆每年召开一次学术论坛，每月开展一期学术沙龙。

（二）培训服务技能

区级图书馆根据各自的特点，开展形式多样的学习指导，举办各种培训班，尤其是区级图书馆针对所管辖的街道（乡镇）级图书馆工作人员所开设的技能培训和专题讲座。上海市图书馆举办第九期图书馆参考咨询业务培训班、图书馆微服务研讨会；黄埔区图书馆派出15位职工至所属的4家街道图书馆进行辅助指导，协助基层辅导工作；徐汇区图书馆开展业务工作例会和业务巡访，加强与基层馆的业务沟通，组织分馆从业人员进行业务培训，开展分馆文献资源统一采购指导；闵行区图书馆开展“馆图书剔旧业务”培训街镇图书馆从业人员，通过现场指导，使学员们更直观地掌握系统操作。

（三）培育年轻馆员

积极培育年轻馆员，从思想和业务上给予重点帮助和扶持。上海少年儿童图书馆积极为人才培养搭建平台，进行多层次培育，提供挂职锻炼机会。通过岗位带教、项目带教和课题带教的多元带教活动，杨浦区图书馆青年馆员承担市级及以上课题研究3项发表论文4篇。长宁区图书馆针对青年馆员制定了详细的计划：一是安排青年馆员到各个业务部门进行岗位轮训，实行“传帮带”工作机制；二是提供多形式学习和培训平台，针对青年馆员，有计划地开展业务讲座、培训、比赛，内容丰富；三是打造业务交流与学术研究平台。长宁区少年儿童图书馆把提高馆员整体素质纳入长远规划，在加强部门业务学习的同时，进行馆内外学习、培训、考察，全年参加培训累计54人次，共计328学时。

撰稿人	白永革，上海交通大学图书馆信息技术部，副研究馆员。 研究方向：数字图书馆。

第六章　守正创新

——上海市中心图书馆20年

二十年前，信息技术和互联网尚未渗透社会生活，智能手机和掌上阅读还未问世……上海图书馆行业已经开始酝酿，畅想着要为读者打造这样一种自由自在的阅读场景：凭借一张借阅证，随意出入社区、学校、工作场所附近的公共图书馆，异地借还，书随人走，仿佛整座城市都是自己的大书房。

梦想逐渐成真。上海图书馆联手各区馆、街道（乡镇）馆、主题馆等打造的“上海市中心图书馆”服务网络，凭借不断升级的互联网技术与管理机制，打破了场馆与场馆之间的“物理围墙”，为全市读者奉上“一卡通”通借通还等阅读服务。这一服务网络在过去二十年中不断更新再造，编织起一张打通城市公共阅读场馆的“阅读互联网”。

二十年图破壁，二十年筑书网。

一 | 发端与沿革

为了便利读者、共享资源、提升能级、繁荣事业，上海图书馆联手本市高校图书馆、公共图书馆等，共同摸索构建了面向大城市阅读需求的“中心馆—总分馆制”这一创新模式。“上海市中心图书馆”（以下简称“中心图书馆”）就此诞生，这是在不改变各成员馆行政隶属的前提下，以上海图书馆为市级总馆，以各区图书馆为区域级总馆，以街道（乡镇）图书馆、独立建制少儿馆、社区［村（居）］及其他延伸服务点为分馆，以专业社会机构图书馆为联盟馆的图书馆联合体。

（一）起步建制（2000—2005年）

1. 以“一卡通”连接总分馆

2000年9月，中共上海市委和市委宣传部领导在视察、调研上海图书馆工作时，提出了本市建设特大型城市中心图书馆的发展目标，要求打破行业界限，形成公共图书馆、大学图书馆和专业（主题）图书馆的资源共享机制和读者服务联盟，提升图书馆管理和服务水平。针对上海图书馆制定的第十个五年发展规划，要求上图扩大地区服务功能，与本市高校图书馆、区（县）图书馆联手共建上海市中心图书馆。

2000年12月5日，上海市委宣传部下发了《关于上海图书馆申请建设知识库和中心图书馆的批复》，明确提出了增加中心图书馆及“一卡通”的专项经费。上海图书馆作为中心图书馆的总馆，负责向全市文献资源共建共享协作网机构成员宣传加入中心图书馆的意义，并着手开展各分馆的开馆准备工作。同年12月26日，首批加入的4家分馆，黄浦区图书馆、静安区图书馆、南汇县图书馆（今浦东新区图书馆南汇分馆）和上海音乐学院图书馆，在上海图书馆隆重举行签约仪式，标志着上海市中心图书馆建设的正式启动。

2003年10月22日，上海市中心图书馆工作会议暨青浦、宝山、金山、嘉定分馆揭牌仪式在上海图书馆举行，标志着当时上海市中心图书馆已覆盖全市19个区（县）21家公共图书馆，市、区（县）两级公共图书馆全面实现“一卡通”。

2. 初步构建长效管理机制

2002年4月8日至9日，上海市中心图书馆工作研讨会在周庄举行，这是自中心图书馆实际运作以来一次务实性的总分馆馆长研讨会。会议确立了季度馆长例会等长效管理机制，也形成了一些共识，如建立上海市中心图书馆的四大意义，即方便读者、资源共享、提高层次、发展事业；发展上海市中心图书馆的五大观念，即实践观、共建观、互利观、发展观和服务观。

2003年3月26日至28日，由国家文化部主办、上海市文化广播影视管理局和上海图书馆共同承办的“部分省、市城市图书馆资源共建共享工作座谈会”在上海图书馆召开，时任文化部副部长周和平同志对上海市中心图书馆总分馆建设实践给予肯定。这次会议进一步推动了中心图书馆的建设和发展，同时引发国内公共图书馆总分馆建设和“一卡通”发展的热潮。

3. 合作共建专业主题联盟馆

2002年4月18日，上海图书馆与中国科学院上海生命科学院达成了共建生命科学图书馆的意向，并组成了相应的筹备工作小组。2002年5月17日，上海图书馆与上海生命科学院签订协议，成立并召开了首届理事会。中国科学院领导和上海市分管副市长担任名誉理事长，由上海图书馆馆长和生命科学院院长担任理事长，由上海图书馆和生命科学院各自的上级主管——上海市委宣传部和中国科学院上海分院的领导，以及上海图书馆业务处、生命科学院信息中心负责人等组成理事会。2002年7月6日，上海市中心图书馆生命科学图书馆举行了挂牌仪式。双方共同确定了“努力将生命科学图书馆建成一流的国际著名生命科学专业图书馆”的发展目标，形成了共同建设、共同管理、权益共享的发展机制。这一项目在全国率先创建理事会体制下合作共建共享专业图书馆总分馆模式，在中国科学院文献情报机构中率先探索了与地方图书馆合作共建的路径。

（二）扩大联盟（2005—2015年）

1. 社会力量渐次引入服务网

中心图书馆逐渐引入社会力量，让阅读服务网络延伸至城市的更多角落。2006年10月30日，上海市中心图书馆美罗城大厦基层服务点揭牌，“一卡通”服务在上海首次进入了寸土寸金的城市商业中心，在车流、商品流、人流中融入文献流，平添一道读书的风景，也为城市中央商务区（CBD）商圈的管理服务人员创造了良好的文化氛围和学习场所。

2007年7月18日，上海市中心图书馆达安社区星之图书室揭牌，这是上海市中心图书馆“一卡通”的首家会所基层服务点，星之健企业为公益性的公共图书馆服务无偿提供了图书借阅的空间。

专业化的物流服务是中心图书馆通借通还服务得以高效、有序运行的重大保障。2007年12月11日，上海图书馆与上海邮政公司举行“上海市中心图书馆文献物流社会化签约仪式”，尝试建立国内首家省级公共图书馆文献物流社会化体系。这一体系为确保上海市中心图书馆总馆、分馆、基层服务点之间书刊资源的正常流转，确保各馆的国有资产不流失，确保物流的专业化可持续运营，跨出了有益探索的一步。中心图书馆社会化物流体系从2008年1月开始正式运行。

2. 推进主题特色图书馆建设

2009年2月26日，上海市中心图书馆主题馆工作推进会召开，会议交流了主题图书馆资源建设经验，签订了主题馆与社会各界的共建协议，并向一些专家颁发了聘书。截至2015年，已经初步形成系列主题特色图书馆，如上海图书馆的中国文化名人手稿馆、家谱主题图书馆、杨浦区图书馆上海百年市政主题馆、闸北区图书馆商务印书馆版本主题馆、黄浦区明复图书馆石库门主题馆、普陀区图书馆当代作家手稿馆。主题图书馆的建设，适应了图书馆服务个性化、多样化、专业化的发展趋势，推进了城市文化记忆的积淀与整合。

3.“一卡通”实现街道全覆盖

2005年10月27日，普陀区甘泉路街道基层服务点揭牌仪式在甘泉路街道图书馆举行，标志着上海市中心图书馆服务体系开始向本市街道（乡镇）图书馆延伸。2005年，“上海市中心图书馆“一卡通”信息系统建设暨向社区基层服务点延伸项目”荣获文化部第二届创新奖。

2010年3月30日，上海市文广局和上海图书馆召开上海市中心图书馆街道（乡镇）基层服务点推进会，会上下发的《关于加快推进上海市中心图书馆街道（乡镇）基层服务点建设的意见》明确提出：“到2010年5月‘世博会’召开之前，各区（县）的街道（乡镇）图书馆‘一卡通’覆盖率要达到70%，到2010年底实现街道（乡镇）图书馆‘一卡通’的基本全覆盖。”至2010年12月底，上海市中心图书馆“一卡通”实现全市区（县）、街道（乡镇）图书馆全覆盖，显现了政府在构建公共文化服务体系方面的主导协调功能，实现了三级财政体制下同城三级图书馆网络的“一卡通”全覆盖，为全国乃至全球城市图书馆的发展提供了一个成功的案例。

2011年6月1日，由上海图书馆、上海少年儿童图书馆两家合作，共同推进的上海市中心图书馆少儿“一卡通”正式启动，标志着中心图书馆建设在实现市、区（县）、街道（乡镇）“一卡通”全覆盖的基础上，着力向少儿“一卡通”推进。

2013年，中心图书馆将读者证的有效期由原来的每年续证改设为终身有效；2014年春节期间，上海图书馆携手全市“一卡通”覆盖的各区（县）、街道（乡镇）图书馆，共同推出外借图书的外借册数由原来一次6册增加到一次10册。这也是2011年以来上海图书馆普通外借书刊的第五次“提速”，上海市中心图书馆“一卡通”外借书刊的第三次“提速”。

4. 全网推市民数字阅读计划

2012年公共图书馆服务宣传周期间，普陀区图书馆、长宁区图书馆、徐汇区图书馆、青浦区图书馆和嘉定区图书馆五家分馆首批推出电子书阅读器外借服务。作为“上海市民数字阅读推广计划”的一部分，这项服务支持多终端阅读、移动阅读，旨在以最便捷的方式，逐步将上海图书馆订购的百万种图书、上万种期刊和数千种报纸提供给读者。

2013年3月21日，由上海图书馆、上海市图书馆学会阅读推广委员会、上海市中心图书馆主办的2013数字阅读推广工作会议在华东师范大学召开。会议研讨了图书馆在数字阅读领域存在的资源、权利、平台和整合方面的若干问题，并从法律依据、市场环境、技术可能和业务模式等四个角度提出了未来图书馆数字阅读工作的一些设想。

（三）深耕细作（2015—2020年）

1. 推进区级总分馆制建设

《中华人民共和国公共图书馆法》自2018年1月起施行，它对县级图书馆总分馆提出了明确要求，要求完善数字化、网络化服务体系和配送体系，实现通借通还，促进公共图书馆服务向城乡基层延伸。总馆应当加强对分馆和基层服务点的业务指导。

为贯彻落实文化部等五部委联合印发的《关于推进县级文化馆图书馆总分馆制建设的指导意见》和上海市文化广播影视管理局等四局委联合印发的《关于推进上海市区级图书馆总分馆制建设的实施意见》文件精神，进一步明确市级总馆、区域总馆、街道（乡镇）分馆服务点分级管理模式，全市各区积极开展区级图书馆总分馆制建设，提升居（村）综合文化活动室（中心）服务功能，把优质公共图书馆服务延伸到基层。

上海各区的总分馆建设在“上海市中心图书馆‘一卡通’服务体系”的基础上开展起来，各区得益于这一成熟机制所提供的技术保障、平台支撑和业务指导，对标“五个统一”要求，实行总馆主导下的文献资源统一采购、统一编目、统一配送、通借通还和人员的统一培训。上海市中心图书馆作为国内首个联盟型总分馆体系，积极顺应“县级总分馆制”建设要求，将全市三级体系进行重新定位，分工协调，推进业务流程再造——总馆打造智慧型图书馆和新型科技智库，区级成员馆提供平等、多元、开放的知识服务，街道（乡镇）成员馆加强人、空间、资源的便捷高效连接。总馆将管理重心下移，遵循分层管理、分层逐级培训的原则：上图总馆加强对区级成员馆的培训，区级总馆加强对街道（乡镇）基层分馆，包括城市书房、百姓书社、农家书屋、村居图书馆等的培训、考核和管理。同时，总馆在开展调研的基础上，根据需求导向，大力支持各区总分馆建设，“一卡通”向符合加入条件的新建街道（乡镇）配套文化设施、城市书房、24小时自助智慧图书馆、流动图书车等创新型服务点延伸。

2. 全力打造区域品牌特色

区级总分馆建设明确了各区公共图书馆作为所属行政区域总馆的地位，鼓励各成员馆依托地域特点、资源优势和馆藏特色，努力发掘和搜集特色文献，逐步体现统一服务与区域特色的协同发展，初步形成了杨浦“上海百年市政”、徐汇历史风貌、静安商务印书馆版本主题馆等系列主题特色图书馆。上海图书馆为区级成员馆配置主题文献资源、提供特色馆藏规划、安排采访及馆藏资源建设培训、组织古籍整理志愿者学习、推荐专家开展版本鉴定服务等，顺应图书馆服务的个性化、多样化、专业化发展趋势，助力各馆形成主题特色资源。

除推动主题特色资源建设外，各区积极创新服务模式，各施所长，全力打造特色优质服务品牌，如：嘉定区以城市书房为服务地标，一馆一特色，特色馆藏的配置比例不少于15%；静安区以24小时自助智慧图书馆、流动书车、都市书坊、知书驿站、“灰引力”等多样化的基层布点，将服务触角延伸到城市的各个角落；杨浦区以预约借书为突破，开发了“杨浦书界”APP和“书界”智能柜，让市民足不出户体验“线上预订，线下取书”的便捷，使公共图书馆的文献资源被更有效地利用。

3. 积极开展各类阅读推广活动

为了充分发挥总分馆服务体系的整体优势，增强总分馆之间的凝聚力，更好地

履行图书馆的社会教育功能并有效促进全民阅读，上海市中心图书馆发掘并推进了一批具有全市推广潜力的阅读活动。持续多年的“上图杯”阅读马拉松，运用新颖有趣的推广方式展示阅读的魅力，目前已成为颇具影响力的阅读服务品牌，并在各成员馆间复制推广。“老建筑的故事”创意创作大赛，围绕“上海老建筑”，整合开放相关书目、影像、历史文献等各类资源，举办“老建筑的故事”市民创意创作大赛。这一赛事鼓励不同专业背景的市民通过阅读、讲座、展览、行走活动来认知、研究上海老建筑，并基于开放数据资源，参与二次创作，以强化城市认同感、归属感与自豪感。同时，联动全市各级各类图书馆、书房书店，开展阅读指导、读书交流、讲座诵读等丰富市民文化生活的特色活动，更广泛地推动全民阅读，拓展市民阅读的深度和广度。作为中国古籍保护协会发起的一项全国性社会公益活动，“中华古籍普查文化志愿服务行动”通过志愿者为古籍收藏单位开展古籍普查登记，为全国古籍普查工作助力。“乡村小学公益图书馆（室）活动”则以中心图书馆为平台，在充分挖掘上海市公共图书馆各类少儿图书资源的基础上，有针对性地为农村儿童提供课外阅读资源，以少儿图书为重点，改善农村孩子的阅读条件。

4. 优化提升系统服务能级

优化、提升“一卡通”系统架构的服务能级和响应效率，完善制度规范与标准化体系建设，为各成员馆开放原始流通数据分析下载平台。实施“互联网+”新模式，加强数字化和网络化建设，实现全媒体、多终端、随时随地、无处不在的数字图书馆服务。

随着信息技术的不断发展，中心图书馆各成员馆纷纷尝试推出各类特色业务，而这些新业务诉求均需上图提供接口支持才能实现。2016年，为缓解补证收费带来的不便，同时响应各成员馆对于“二维码”服务的诉求，上海图书馆制定“二维码”相关接口标准，协调推进成员馆部署“二维码”服务。2019年提升面向成员馆的服务信息系统能级，推进服务平台和接口的重构升级及推广应用，包括开展“二维码”读者证应用部署、制定RFID设备供应商准入机制、推进上海市中心图书馆开放接口新平台。经过一段时间的研发和升级，完成了现有服务平台和接口的重构和升级。截至目前，新平台已累计为40余家各类图书馆、合作机构、开发商提供了80余个应用注册和接口接入支持，完成180余个各类图书馆业务接口集成改造。平台除了服务各应用外，也同时为各图书馆的门禁系统、自助借还机等设备以及实时数据内容更新或数据实时展示等提供了接口支持，并支持7×12小时联机服务。

5. 初步构建行业统计体系

为全面了解上海市公共图书馆建设现状，推动本市公共图书馆服务效能进一步提升，2019年中心图书馆联合上海市图书馆行业协会，结合《公共文化服务保障法》和《公共图书馆法》的颁布实施，对《上海市图书馆行业协会年报》统计指标进行了优化修订，将本市各级公共图书馆发展现状与《第六次全国县级以上公共图书馆评估标准细则》对标，并融入网络、数字等新技术以及新媒体发展对公共图书馆建设提出的新要求，努力使各渠道业务数据的统计口径更加规范。2019年1月，上海市图书馆行业协会对区级公共馆数据填报人员进行了专题培训，对242家公共图书馆2018年度的业务数据进行了征集，同时建立了公共图书馆行业年度数据、重大事件、重要时点业务情况上报制度，形成了市、区、街道（乡镇）三级统计网络，达到了本项工作有序有效开展的目的。

6. 设计推出统一标识规范

为强化中心图书馆整体品牌形象的识别度，塑造统一视觉符号，2016年完成“上海市中心图书馆”LOGO设计，正式形成“上海市中心图书馆”VI基础设计规范，初步完成非接触式成人读者证个性卡面设计、应用、申请规范。区级成员馆可以在保持中心图书馆VI整体性、遵循卡面设计元素布局标准、自行承担制卡成本的前提下，推出具有区域馆特征的个性化读者证，先后有12家图书馆定制了个性卡面。

二 | 攻坚与成效

2008年，全国25个城市80家图书馆负责人在上海联合签署发布的《把公共图书馆建成城市教室和市民客厅——中国城市图书馆的未来发展愿景》指出，城市图书馆总分馆发展存在七大挑战，即中心图书馆采访编目的标准化、物流配送的社会化、网络服务的规范化、通借通还的一体化、人力资源的专业化、组织文化的行业化、管理运行的长效化。

过去20年，上海市中心图书馆通过广泛合作，在三级政府两级财政、人财物无法统一的背景下，逐一突破了上述技术和机制难关，为上海市民提供了一馆办证、通借通还、资源共享、信息共通的大阅读服务，孕育了意义非凡的创新之举。尤其是"一卡通"技术，高效低成本地构建了全市联通和实时互动的全联盟统一服务体系，各馆只需加入"一卡通"就可便捷地实现全天候、全地域、全服务、全流通的公共图书馆服务，对读者的开放程度从单馆和局部区域逐步扩展到全市范围，面对的读者群也大大超越了单馆模式。

（一）图书借阅通借通还

1. 服务规模稳步壮大

上海市中心图书馆在运行过程中，一方面逐步扩大体系内的成员单位，聚力形成公共图书馆分馆运行体系、高校图书馆分馆运行体系和专业（主题）图书馆分馆运行体系等三大子体系；另一方面以"一城一网一卡一系统"为目标，利用计算机网络技术，建立市级总馆与各区域总馆（即区级成员馆）、街道（乡镇）分馆之间的书目数据统一检索、书刊通借通还"一卡通"系统，使读者手持一张卡即可享受全市通借通还的便利，同时可在统一平台上查询全市"一卡通"馆藏分布、借阅和物流状态。

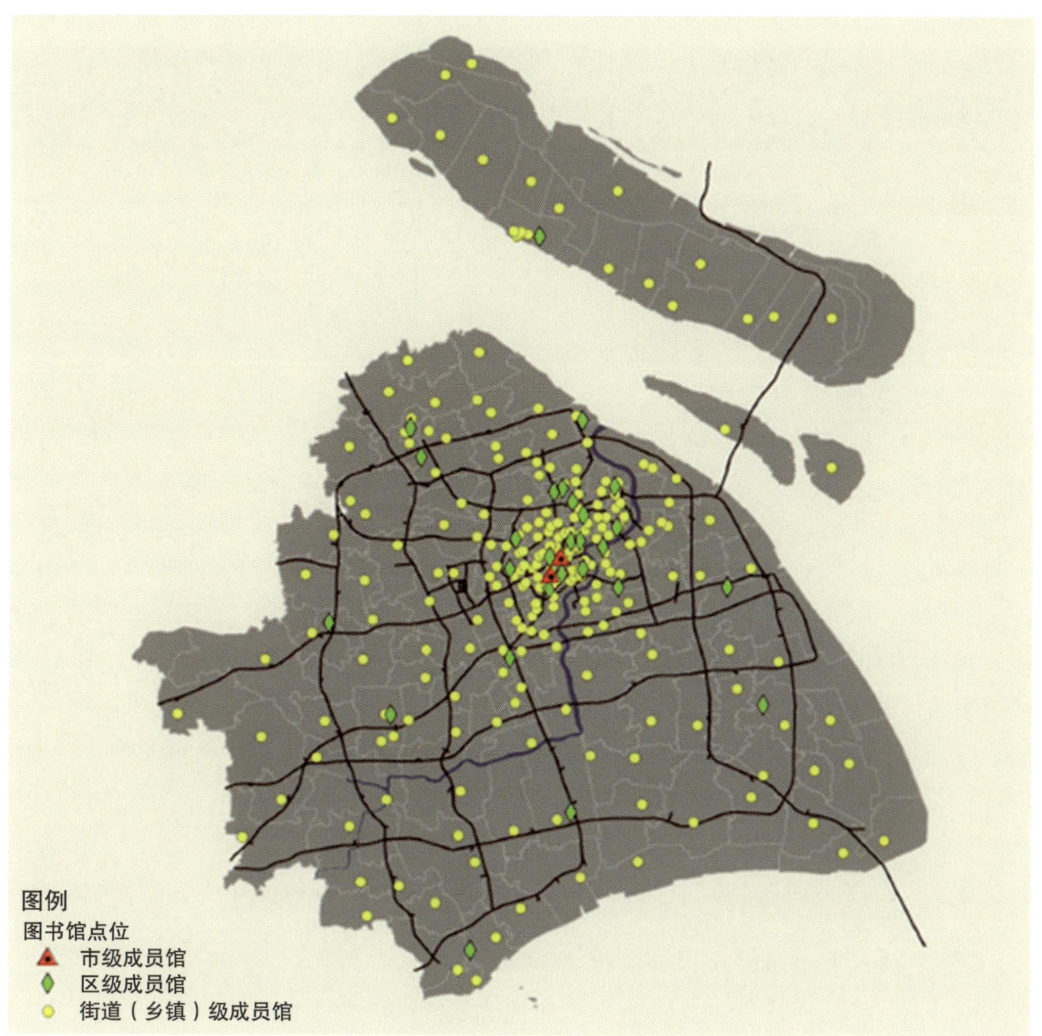

图6.1　上海市中心图书馆"一卡通"馆点分布

截至2019年底，上海市中心图书馆总分馆体系机构成员达到272家，包括市级总馆1家，市少儿成员馆1家，区成员馆21家，街道（乡镇）成员馆215家，其他服务点17家，高校分馆15家，专业分馆9家。如下表所示（截至2019年12月31日）。

表6.1　上海市中心图书馆总分馆体系机构成员

<table>
<tr><th colspan="2" rowspan="2">类型</th><th>总分馆分布</th><th colspan="2">“一卡通”分布</th></tr>
<tr><th>机构数[①]（个）</th><th>机构数[②]（个）</th><th>服务网点[③]（个）</th></tr>
<tr><td rowspan="2">市级图书馆</td><td>总馆</td><td>1</td><td>1</td><td>1</td></tr>
<tr><td>市级成员馆</td><td>1</td><td>1</td><td>1</td></tr>
<tr><td>区级图书馆</td><td>区级成员馆</td><td>21</td><td>21</td><td>53</td></tr>
<tr><td rowspan="2">街道（乡镇）级图书馆</td><td>街道（乡镇）成员馆</td><td>215</td><td>215</td><td>260</td></tr>
<tr><td>城市书房</td><td>0</td><td>0</td><td>40</td></tr>
<tr><td colspan="2">其他成员馆</td><td>34</td><td>16</td><td>16</td></tr>
<tr><td colspan="2">总计</td><td>272</td><td>254</td><td>371</td></tr>
</table>

数据说明：① 总分馆机构数：该指标指所有以独立法人资质与上海图书馆签有“上海市中心图书馆”建设协议的合作机构数量，包括图书资源、读者系统、流通管理进入“一卡通”的合作机构以及未纳入“一卡通”体系但挂牌“上海市中心图书馆”分馆的合作机构。

② “一卡通”机构数：该指标指以独立法人资质与上海图书馆签有“上海市中心图书馆‘一卡通’”建设协议的合作机构数量。

③ “一卡通”服务网点数：该指标是指以独立法人资质与上海图书馆签有“上海市中心图书馆‘一卡通’”建设协议的合作机构及该法人单位下辖的，图书资源、读者系统、流通管理进入“一卡通”的分馆、城市书房、自助街区图书馆等所有服务网点数，与固定馆址伴生的城市书房、自助街区图书馆不做重复统计。

2. 通借通还能效稳增

“一卡通”业务量逐年递增，截至2019年年底，全市“一卡通”有效读者证累计432万张，“一卡通”文献流通外借册次超过3 062万册。“一卡通”文献入藏量3 286万册；“一卡通”业务的持续增长体现了就近、便捷、高效的服务优越性和城乡一体化的同城效应。“一卡通”服务体系建设展现出公益性、基本性、均等性、便利性等公共文化服务特征。

表6.2　“一卡通”的业务发展数据

时间	读者持证数（万张）[①]	入藏量（万册）[②]	流通量（万册次）[③]
2010年	39	1 288	2 253
2011年	51	1 556	2 957
2012年	69	1 792	3 676
2013年	191	2 035	4 333

（续表）

时间	读者持证数（万张）①	入藏量（万册）②	流通量（万册次）③
2014年	243	2 345	5 741
2015年	301	2 548	6 219
2016年	329	2 763	6 555
2017年	363	2 947	6 506
2018年	397	3 104	6 017
2019年	432	3 286	3 062

数据说明：①“一卡通”读者持证数，仅针对“一卡通”通借通还服务的读者持证数，不包括不享有普通外借服务、仅提供阅览服务或者参考外借服务的阅览证、参考外借证。

②入藏量指进入“一卡通”书目系统各年年底累计数，入藏用途包括各类外借、阅览、典藏。

③指“一卡通”普通外借借还册次，2019年起，出于数据反映实际情况准确性的考量，仅采用外借册次的数量来反映流通量数据。

（二）文献资源共建共赢

在上海市委、市政府以及市委宣传部的指导下，在上海市文化和旅游局、上海市财政局、上海市各高校、专业机构、各级政府主管部门的支持下，经过十五年积极推进，上海市中心图书馆服务体系建设成效显著，在公共图书馆领域体现并达到了结构合理、发展平衡、网络健全、运行有效、惠及全民的公共文化服务体系建设的原则和目标，形成了覆盖上海市城乡（省）市、区（县）、街道（乡镇）三级公共图书馆服务体系。其中，资源建设方面主要成效包括：

1.“一卡通”书刊资源建设

为了保障上海市中心图书馆的启动投入和可持续发展，2000年12月5日，上海市委宣传部下达了《关于上海图书馆申请建设知识库和中心图书馆的批复》，明确提出增加中心图书馆及“一卡通”专项经费1 000万元。自2001年起，市财政辟出中心图书馆补助专项经费用于中心图书馆建设。为保证区（县）公共图书馆的持续投入，2005年8月，上海市文广局和市财政局联合下发《关于“十一五”期间区县图书馆购书经费投入与使用的意见》，规定“‘十一五’期间区县图书馆的购书经费应按本区县户籍人口数和财政的实际情况核定。‘十一五’期间区图书馆的购书费要达到不低于人均1.80元/年；县图书馆要达到不低于人均1.60元/年。”2008年初，市文广局和市财政局联合发文，将该项要求调整为“‘十一五’期间区县图书馆的购书经费应按本区县常住人口数和财政的实际情况核定。‘十一五’期间区县图书馆的购书费要达到不低于人均2.00元/年”，在制度上有力支持和保障了中心图书馆的文献资源建设。

根据中心图书馆创建之初订立的《上海市中心图书馆建设协议书》，上海图书馆作为市级总馆，对区（县）成员馆和街道（乡镇）成员馆分别一次性提供产权为上图所有的15 000册和2 000册中文新书，作为成员馆在“一卡通”书刊资源上的启动投入。同时，制定了在《上海市中心图书馆公共分馆、基层服务点业务工作基本指标》，要求“各区（县）公共成员馆确保每年新增15 000册、各基层服务点确保每年新增1 000册中文新书”，明确各区（县）成员馆、各基层服务点在“一卡通”书刊资源上的持续投入。截至2019年底，“一卡通”通借通还文献入藏总量达3 286万册。

2014年5月26日起，上海图书馆联合杨浦区图书馆、虹口区图书馆等7家区级图书馆，率先实现休闲类原版外文图书全市“一卡通”通借通还服务。到2016年底，“一卡通”外文图书服务点实现区级全覆盖，并有少数街道（乡镇）图书馆参加。原版外文图书的“一卡通”服务不设门槛，与中文图书一样全市通借通还，一证最多可借10册中外文图书。原版外文文献外借服务的推出，受到广大读者的欢迎，提升了“一卡通”的价值，适应了上海国际大都市多元文化服务的需要。

2.“一卡通”其他资源建设

上海市中心图书馆电子书阅读器外借服务，是“上海市民数字阅读推广计划”的有机组成部分。2012年3月，上海图书馆联合五家区县分馆推出200台“盛大锦书”阅读器外借服务，2013年3月将1 000台“汉王F30二代黄金电纸书”阅读器外借服务推广到18家区县分馆，同年5月又将160多台电子书阅读器外借服务延伸到40家街道（乡镇）图书馆服务点。此后，又有少量街道（乡镇）馆、科学院图书馆和主题图书馆加入电子书阅读器外借服务。目前，上海图书馆为18家区馆、43家街道（乡镇）馆、2家科学院图书馆（生科院与农科院）以及1家主题馆（时尚产业主题馆），总计64家机构提供了电子书阅读器。该项服务的推出，带动区级以及街道（乡镇）基层公共馆对新阅读载体的体验、应用及服务，促进了上海公共图书馆行业数字资源移动服务的推广和应用，丰富了基层公共馆的数字资源、阅读设备和服务手段。

2014年，为满足成员馆音像资料外借服务需求，在经过多次对本市和外省兄弟单位调研的基础上，制订了音像资料外借服务系列规章制度，在遵循规章的前提下，陆续有成员馆开通了音像资料的外借服务。该举措进一步充实了“一卡通”文献资源外借的品类，受到读者的欢迎和好评。

3. 电子资源联合采购

2001年，上海图书馆、上海教育网络图书馆、上海交通大学图书馆共同成立上海市中心图书馆电子资源联合采购小组。该小组先于2002年10月开始组建上海地区NetLibrary电子图书联合采购集团——上海图书馆集团（Shanghai Library Consortia，SLC），后于2006年9月起组建施普林格（Springer）电子图书上海集团。

NetLibrary电子图书上海图书馆集团于2003年3月组团成功，吸引了13家公共、高校和专业图书馆参加，共采购电子图书1 100种，获无版权赠书3 400种。2003年12月，中国高等教育文献保障系统（CALIS）和上海图书馆集团决定联合组织中国图书馆集团采购NetLibrary电子图书，并分别负责组织高校图书馆和非高校图书馆的联合采购工作，以进一步扩大资源共建共享范围。Springer电子图书上海集团于2007年12月组团成功，吸引了15家上海地区公共、高校图书馆参加，共获得2005—2009版权年的Springer英文电子图书，以及三套Springer电子丛书的免费使用权。

2012年3月30日，上海图书馆和各区县图书馆成立了上海市中心图书馆电子资源联合采购领导小组和工作小组，由总分馆18家单位组成。2015年制订“上海市中心图书馆电子资源联合采购工作流程规范”和“流程图”，采购过程完全按照流程执行。2015—2019年完成新华e店、新东方、易趣数字资源和知识视界的联合采购工作。中心图书馆通过电子资源的联合采购，逐步扩大资源品种，达到了降低投入成本、资源共建共享的目标需求。

（三）技术赋能联通阵地

信息系统平台是上海市中心图书馆建设的服务之基，立身之本，是中心图书馆服务体系中最为关键和基础的支撑平台。

1. 架设完善的“一卡通”城域服务网络

经过充分调研，在市委市政府和市文广局的大力支持下，充分考虑了公益性、基本性、均等性、便利性的原则，通过VPN城域专网、CM-VPN专网和IP VPN等多种方式和安全接入系统，采用星型网络拓扑结构组成了强大的“一卡通”网络运营平台（网络互联示意图如下），使区（县）分馆与基层服务点得以共享总馆的“一卡通”应用技术平台。

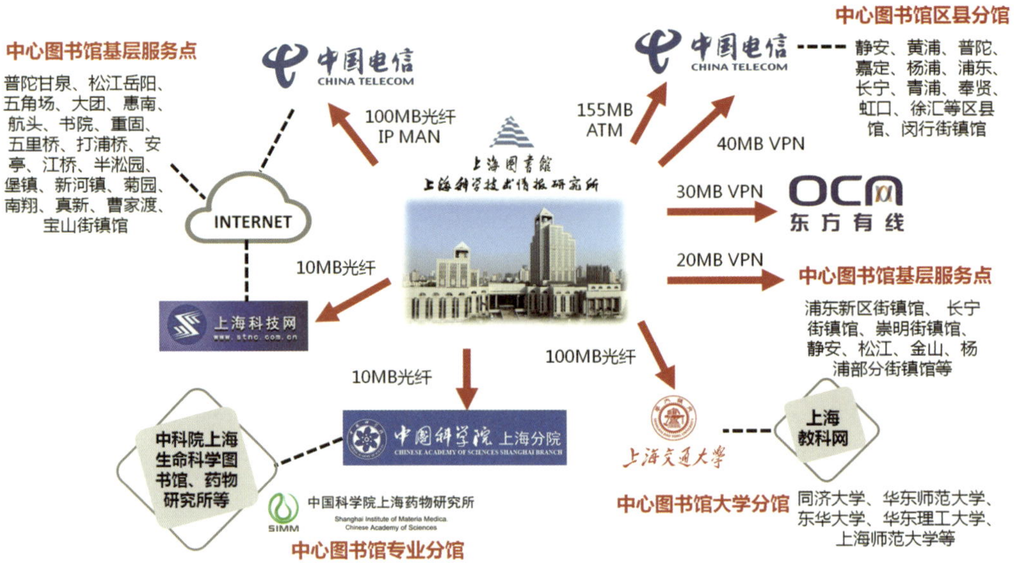

图6.2 上海市图书馆网络互联示意图

中心图书馆“一卡通”城域服务网络是中心图书馆网络基础架构的重要组成部分，在中心图书馆大学分馆模式和专业分馆模式中，除在部分专业分馆也开通“一卡通”服务外，中心图书馆还与上海交通大学图书馆、中科院上海生命科学图书馆联手共建100MB和10MB的光纤直联专线，并可按照实际需要随时升级，运行成本低，形成高速互联通道，进一步提升与上海地区高校图书馆和专业图书馆的服务能级。

2. 提供全覆盖、全流通、全天候的信息系统支撑

中心图书馆“一卡通”信息系统支撑平台可以实现365天24小时开馆的全年“一卡通”无故障运行，其系统构成如下：

（1）Horizon图书馆集成管理系统：具有采访、编目、流通、公共检索、连续出版物五大模块，采用Sybase12.5数据库并支持Unicode，体系结构开放性强，易于进行数据库维护与二次开发。采用IBM RS6 000 2台超级小型机、SAN光纤磁盘阵列和双机热备构成中央集群系统，以提供平台支撑。系统可实时交换更新馆藏信息和状态，跟踪馆藏流通变化情况，支持“一卡通”实行异地通借通还的全流通服务。目前系统拥有书目数据超过360万条，其中用于“一卡通”流通的馆藏达2 184万册，年外借流通量超过3 062万册次。无论从馆藏量、书目量，还是流通量、并发用户数等，本系统均居国内公共图书馆界领先地位，在全球公共图书馆领域亦居

图6.3　上海图书馆主机房

前列。

（2）iPac联机书目检索系统：采用Browser/Application/Server三层架构，动态索引更新技术与Horizon系统交互，同时提供“我的图书馆”和网上续借等个性化服务，支持大并发检索，馆藏服务面已经覆盖总馆及中心图书馆“一卡通”所有区县分馆和街道（乡镇）基层服务点的读者检索工作站。通过该检索系统，可实时查询全上海所有“一卡通”成员馆和服务点的流通借阅情况，并同步支持全天候的互联

图6.4　iPac书目检索系统

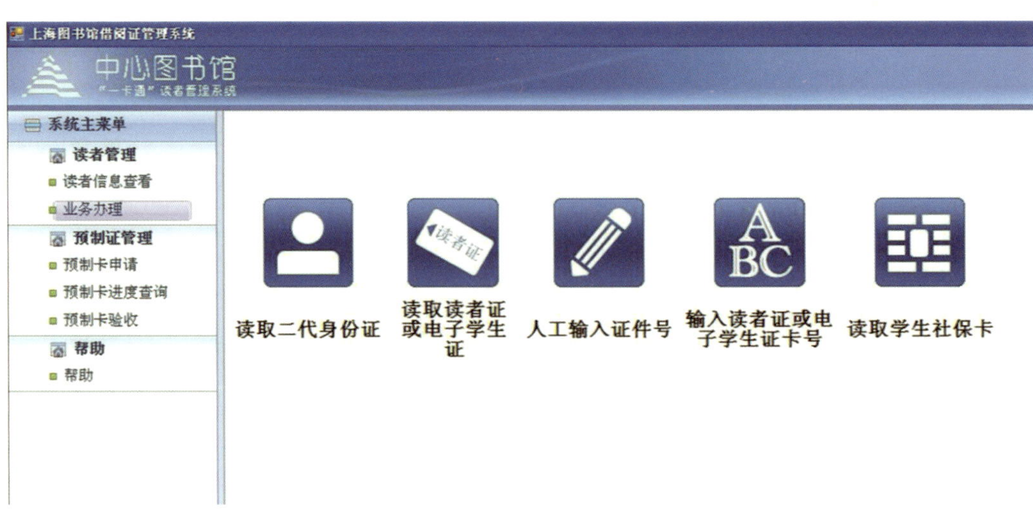

图6.5　IC卡现场办证系统

网用户检索服务。

（3）集成电路（IC）卡读者信息管理系统：包含现场办证、续证、年度注册、验证、挂失和退卡、出入门禁和借阅证类别权限管理等模块，根据需求进行定制开发，管理“一卡通”所有分馆、服务点的读者信息和出入情况，并与图书馆系统进行后台数据同步和交互。

（4）图书馆集成管理系统增能信息系统：自主研发的馆藏批量修改模块、剔旧模块、采访优化模块、书标打印模块以及条码打印软件等。以业务规范为依据，通过对Horizon图书馆系统、IC卡等系统进行流程优化和功能强化，满足“一卡通”整体业务拓展的需要。

（5）“一卡通”信息系统的书目和馆藏数据共享功能，可以告知读者所需书刊的流动信息，即该书的馆藏位置、外借时间和归还时间等，并可进行网上续借等服务。如本馆无此馆藏，还可提供中心图书馆“一卡通”其他分馆和基层服务点的馆藏信息。书目检索系统拥有20多种检索途径，并提供责任者、主题词或丛书名等信息的检索功能。

3. 建立中心图书馆阵地、网上、移动图书馆服务平台

上海市中心图书馆借助网络通信与计算机技术，在各总分馆之间开展了资源共建、书目检索、书刊借阅、文献传递、参考咨询、数字资源共享等合作与服务，建立起了各实体阵地之间共享的服务平台。值得一提的是，区县图书馆在中心图书馆架构中起到了承上启下的桥梁作用，并成为地区的业务指导中心、资源建设分中心、文献提供分中心、采访编目分中心、技术支持分中心以及图书物流分中心。

2009年，上海图书馆联合中心图书馆“一卡通”，在全市范围推出全新的基于读者网上统一认证的“我的图书馆”系统。这一系统包括“我的图书”（图书续借、预约）、“我的读者证”（续证、网上挂失/寻回）、“我的信息”更新（如手机、电子邮件、联系地址）、“我的逾期提醒”（图书、读者证逾期提醒）、手机服务、短信和电子邮件通知等个性化服务项目，受到广大读者欢迎。开通以后，每月有6万余人次使用，逐渐成为服务网上读者的重要个性化门户。本系统服务现已覆盖全上海的公共图书馆读者群体，包括所有上海市中心图书馆“一卡通”的总分馆和服务点，整个系统运行良好。目前，手机版的“我的图书馆”亦已成功推出，结合移动终端服务，进一步拓展了中心图书馆“一卡通”的服务范围。

随着读者对移动阅读的需求日益增长，中心图书馆又成功推出了“手机图书馆”移动服务平台（http://m.library.sh.cn）。该服务不仅在全国公共图书馆界率先推出手机书目检索、自助索书提醒、图书逾期提醒、网上预约短信提醒等整合性的手机移动服务，而且将桌面终端搬到了移动终端。读者可以用手机搜遍市中心图书馆“一卡通”分馆和服务点藏书目录，实现手机版的全市图书馆目录和馆藏联合检索，并可通过手机地图定位到市内开通“一卡通”的分馆和服务点进行借阅。

4. 形成业务与技术融合的长效管理模式

中心图书馆“一卡通”采用“数据向上集中，服务向下延伸”的大集中应用模式，施行一卡通行的集中式读者管理和图书流通及物流管理，有利于资源共享和流

图6.6　“我的图书馆”登录页面

图6.7 “我的图书馆”网上服务平台

动，方便读者查询和就近借阅。系统提供强大的集群和高速主干网络支撑，具有很强的可扩展性和伸缩性。十年来的实践中，未发生任何重大安全事故。服务模式成熟可靠，已成功支持190多家图书馆联合运作。经第三方压力测试和安全测评，整个系统可以支持300家以上图书馆的联合运作，300万条以上书目，1 500万册以上馆藏量，每年3 000万册次以上的流通量的规模。系统整体功能全面，兼容性强，不仅支持统一的服务政策和流通政策，也可以在评估成本效益的基础上，支持各馆因自身服务特点和需要设置不同于“一卡通”的办证政策和流通政策，还可以根据需要提供印有各馆个性卡面的读者卡，以突出各馆自身的服务特点。

“一卡通”的服务和技术由统一的专业团队提供全市范围内的保障和支持，每季度均有专业技术人员按计划到各个分馆、服务点进行系统网络巡检。在及时解决问题的基础上，通过对业务流程和系统技术分析，进一步优化“一卡通”的工作规范和业务操作，使得分馆服务点的故障率大大降低。目前，每年巡检的工作量平均超过600次，分馆服务点平均故障率已逐年下降到1%以下。随着开通馆的不断增加，巡检力度将进一步加大到每年1 000次以上。随着系统建设和维护成本大大降低，加入馆不仅不需要增加软件系统许可证的投入和今后运维的成本，还可以获得总馆提供的完整业务统计报表供各馆定期检查和反馈。

二十年来，中心图书馆“一卡通”累计开展的业务培训和系统操作培训，参加人次超过5 000，并形成了良好的培训和二次培训机制，加大了对图书馆员职业准入的培训，受到各馆普遍赞扬。

2009年，继成功推出中心图书馆分馆服务点现场办证服务后，上海市中心图书馆主题馆推进签约仪式，形成了沪上9家跨行业的主题馆共建共享新机制。其中，杨浦区上海百年市政主题馆，将文献信息、数字资源、视频点播、展览讲座、网络服务等各种读者服务方式融为一体，体现了都市图书馆的多样性和专业化的服务，体现了作为社会主义现代化国际大都市，上海图书馆公共文化服务的领先发展。杨浦区图书馆推出的主题图书馆以丰富的文化信息资源、优雅的阅览场所、先进的技术设施，为读者提供了方便、舒适的信息共享空间，成为专业读者查阅资料的理想去处。同年，在试点基础上，根据各馆实际情况，中心图书馆逐步推出了公共分馆网上委托借书服务，受到读者的欢迎。

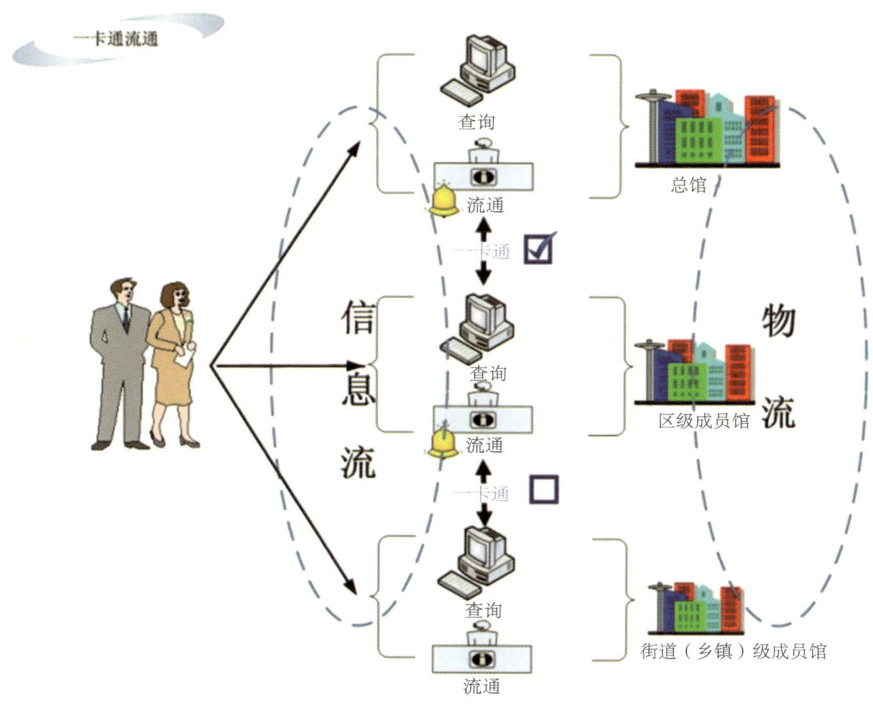

图6.8　“一卡通”流通示意图

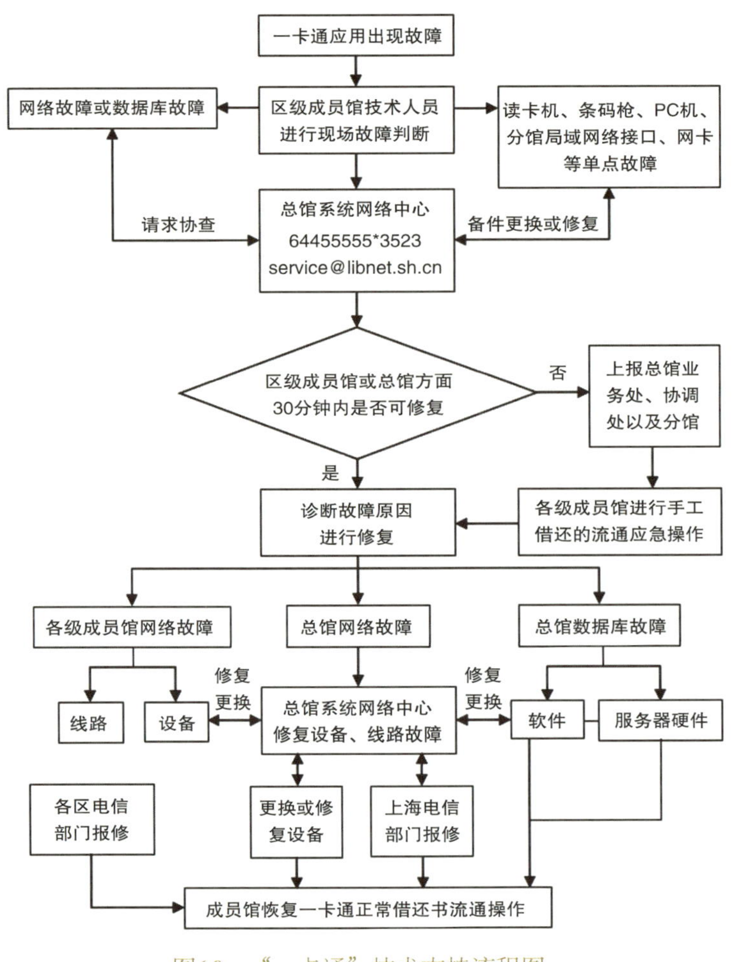

图6.9 “一卡通”技术支持流程图

（四）创新服务惠及全民

上海市中心图书馆以图书“一卡通”通借通还作为基础服务，创新推动适应于不同子系统的特色服务，满足不同性质、不同层次、不同服务对象的图书馆发展要求，满足不同年龄、不同学历、不同行业、不同专业背景的读者需求，顺应大众化、个性化、网络化、专业化的图书馆服务发展趋向，呈现出中心图书馆服务在物理空间、网络空间和社会空间上共同发展、共同繁荣的新格局。

1. 组建网上联合知识导航站

网上联合知识导航站是由总馆牵头，联合上海高校、科研机构图书馆共同组建，旨在向读者提供高质量专业参考、知识导航的新型服务项目，是在初步实现本市文献资源共建共享的基础上，凸显上海市中心图书馆网络服务能力和知识导航能力的新举措。

导航站创建之初，聘请了上海交通大学图书馆、复旦大学图书馆、华东师范大学图书馆、同济大学图书馆、上海社科院图书馆、中科院上海文献情报中心、上海图书馆等7家机构的16名专家组成合作团队，之后又拓宽为境内外37家图书馆和研究机构的93名导航专家、66名导航咨询员，并建立了中英文导航网站。

2007年11月20日，《网上联合知识导航站》荣获全国社会文化艺术政府奖，被授予“中华人民共和国文化部群星奖”荣誉称号。

截至2019年底，导航站共有来自7个国家和地区、61家图书馆和科研院所的218位专家加盟，累计接受读者提问15.69万次，其中约10万余条数据进入了问答知识库供其他用户查询使用。导航站的成功运行，体现了公共图书馆与高校图书馆、专业图书馆之间在文献资源、人才资源上的合作共享，实现了境内外图书馆网上参考咨询服务的优势互补。

2. 开通“e”卡通电子资源

2007年9月25日，“e卡通——上图电子资源远程服务”试开通运行，365天24小时免费为持有中心图书馆有效证件的读者，提供上海图书馆购买并获得厂商授权的电子资源远程服务。“e卡通”电子资源总计23个，包括中外文电子期刊、中外文电子图书、中外文电子参考工具书数据库等。2009年，“e卡通——上图电子资源远程服务”项目荣获第三届文化部创新奖。

3. 实现文献传递馆际互借

馆际互借服务是上海市中心图书馆高校分馆、专业分馆模式的核心业务，是信息网络环境下不同系统的图书馆开展文献资源共建共享的有效途径和手段。

1998年上海图书馆加入联机计算机图书馆中心（Online Computer Library Center, OCLC）馆际互借服务。2004年7月与台北市立图书馆签订了馆际互借合作协议；2007年9月参加中国科学院国家科学图书馆和德国国家科技图书馆主持的“数字信息提供”中德国家图书馆合作项目；2009年11月与中科院国家科学图书馆、北京大学图书馆联手德国最大的文献提供服务商SUBITO，推出“China Direct”文献传递服务项目。

2005年到2018年底，上海图书馆为上海地区的25家高校图书馆、专业图书馆提供馆际互借服务，与108家机构建立馆际互借合作关系，其中境内86家，境外22家。

4. 延伸上图讲座扩大受众

上海图书馆从1978年开办“大型宏观信息”系列讲座，并伴随着全社会“讲座热”的兴起，逐步打响“上图讲座”品牌，形成了“都市文化”“名家解读名著”“2010年上海世博会”“知识与健康”等系列化的讲座和“法律知识”“市民与法”“青年讲坛”“新世纪论坛”等一批品牌讲座。这些特色讲座成为上海这座学习型城市的重要文化信息资源。2004年开始，“上图讲座”资源被制成光盘向上海市中心图书馆的分馆、基层服务点输送，实现了优秀文化信息资源在中心图书馆的全覆盖。2018年底，共有39种约9 750张“上图讲座”光盘被配送到各分馆和基层服务点。

5. 创建诚信办证免押金阅读

为推进上海市民诚信体系建设，由上海图书馆牵头与上海市征信管理办公室和上海市公共信用信息服务平台合作，在公共服务体系中率先引入诚信认证，并在中心图书馆区级成员馆和部分街道（乡镇）成员馆中推广“办新证·查信用·免普通外借功能押金”服务。拥有上海户籍或居住证、年满18周岁的新办证读者，在授权查询信用报告后，如没有不良信用记录即可免押金办理“一卡通”读者证。随后又对同样符合条件的存量读者推出了查信用、退押金服务，同时拟将诸如图书逾期不归还、逾期费不缴纳、偷盗图书设备等不诚信行为上传信用平台。此外，2016年联手蚂蚁金服旗下独立第三方征信机构芝麻信用管理有限公司，面向常住人口（包括具有居住证和暂住证的人口）推广免押金信用阅读。

6. 联通中小学电子学生证

2014年，上海市中心图书馆与市教委合作，在本市范围内实施，中小学生凭电子学生证在上海图书馆、各区级成员馆、街道（乡镇）成员馆实现图书借阅通借通还，满足了学生的学习和阅读需求。

7. 发布阅读报告阅读账单

《上海市公共图书馆阅读报告》将上海全市公共图书馆读者一年的阅读情况呈现于公众面前，为国内同行和读者了解一年内全社会通过图书借阅开展的阅读状况打开了一扇窗户。阅读报告盘点上海市中心图书馆“一卡通”服务体系的覆盖范围，统计每年中心图书馆持证读者的人口学分布情况、主要分馆流通量、所借阅的热门图书分类等，以可视化数据方式呈现。个人阅读账单则是对上海市民阅读生活的“大数据”分析。

三丨共建与共享

上海市中心图书馆构建的图书馆联合体，不断倒逼管理体制机制的创新与重塑。二十年间，成员单位秉持共建共享共荣的发展理念，不断破除合作壁垒，理顺协调机制，释放人才潜能，共育组织文化，以边缘革命的方式稳步激发创新服务的能量。

（一）管理协调机制

1. 协商民主交流

2002年，周庄会议是第一次上海市中心图书馆工作研讨会，会议提出了建立总分馆馆长联席会议制度，并将联席会议制度以季度例会形式加以固化。2003年5月22日召开的“区县图书馆馆长例会”标志着例会制度的正式形成，自此市、区两级馆长联席会议成为议事的平台、业务的讲台、交流的舞台。此后，各区域级总馆也分别着手在各自区域范围内召集街道（乡镇）图书馆定期或不定期召开馆长会议。自2005年3月29日召开“中心图书馆区县分馆馆长第一季度例会”起，例会基本上每季度召开，由总馆和区（县）成员馆轮流主办，主办方为例会的主持人；每次例会主要由总馆牵头，与各级成员馆围绕预先商定的中心议题沟通信息，并集中讨论或解决一个或几个长效管理中遇到的问题。2010年起每次例会轮流特邀五位街道（乡镇）馆馆长参加会议，并重新更名为联席会议，以春夏秋冬季标记区分。

在专业分馆中，由中国科学院上海生命科学研究院与上海图书馆共建的生命科学图书馆开创了理事会下的馆长负责制的新体制，以每年召开生命科学图书馆理事会会议的形式固化例会制度。每年的理事会会议两方领导均出席，会上主要听取生命科学图书馆工作情况汇报，讨论下一年度双方的合作发展方向和合作工作重点。

2. 规范指导营运

随着中心图书馆建设不断深入和业务不断发展，形成了以“一卡通”为核心，涵盖办证、流通、馆藏加工、书刊管理、计算机管理等业务内容的一整套管理制度，并自2008年起不定期修订并印发《上海市中心图书馆公共分馆、基层服务点管理手册》。这些规章制度在中心图书馆业务发展和创新中不断完善和充实，保证了中心图书馆的总馆、分馆和基层服务点能够按照统一的要求、统一的操作、统一的标准为读者提供服务。

3. 信息开放共享

（1）构建知识管理系统

上海市中心图书馆业务涉及“一卡通”流通、办证、馆藏加工、物流等各方面，日常管理工作包括召开会议、开展培训、发展新成员、解决软硬件故障、业务统计、年度信息汇总等，具有对象多、业务广、事情杂、管理难的特点。2010年初，上图总馆着手进行上海市中心图书馆知识管理与服务系统的研发，并于当年11月1日在中心图书馆总馆、各分馆、基层服务点全面试运行。目前，知识管理系统有“考核”“通知”“新闻”“一卡通统计”“一卡通排行榜”等20个模块。2018年，该系统从系统结构改造、应用融合访问和界面设计（UI设计）升级改造模块等层面推进，对部分功能模块进行了UI升级改造。应用新的管理手段和方法之后，上海市中心图书馆达到了信息渠道畅通、信息反馈及时、流程状态清晰、情况掌握准确、管理成本缩减、管理效率提升，发挥了知识管理的效益。

（2）促进知识管理移动化

业务统计功能是支撑中心图书馆业务数据的基础。为适应移动服务的发展趋势，2013年开始研制开发“一卡通”统计移动服务APP，将业务统计模块的数据转为适用手机的移动服务。各成员馆通过移动统计能随时随地了解中心图书馆“一卡通”业务数据，及时跟踪历年办证、流通、藏量数据和变化趋势，也能依据各成员馆的反馈为中心图书馆的业务发展提供更全面、多角度的数据支持。

为方便中心图书馆成员馆使用知识管理系统，开发基于知识管理系统的中心图书馆企业微信号，将知识管理系统移动化、简便化，已经实现了在手机上收阅通知、查询中心图书馆规章制度、展示“一卡通”实时统计数据、查询服务馆点、浏览新闻、观看培训录屏等功能。

“一卡通”统计移动查询系统和企业微信号的使用，使各成员馆从最初的被动接收总馆人工发放的统计数据和信息，到可以随时从知识管理系统获取数据和信息，再到目前的移动服务，管理方式实现了质的飞跃。

（3）建立绩效考核平台

2014年，为切实提高考核评比的科学性、合理性，更好发挥考核评比对业务工作的促进作用，中心图书馆建立了全市统一的绩效考核管理平台，对两百多家机构业务工作绩效进行量化评估。考核指标共二十项，前十项以“一卡通”流通数据（办证、借书、馆藏量、持证量等）为主，后十项突出知识管理系统平台的使用效果。根据这些量化数据，每年取区馆得分前十、街道（乡镇）馆得分前三十授予中心图书馆工作先进集体的称号。

4. 动态诉求通达

为加强与成员馆的沟通交流，促进各项业务的协调发展，把握重大事项的战略决策，充分发挥各成员馆在现代公共文化服务体系中的重要作用，上图总馆从最初以针对性问卷调查的方式了解成员馆的实际需求和真实意愿，逐渐演变成由总馆各相关部门成立调研小组，联合开展成员馆调研工作，将实地走访与问卷调查相结合，为业务发展和重大决策提供依据。

2010年开展了“电子阅览室免费互联网服务情况调查”“免收读者证押金、逾期费的问卷调查”“少儿服务问卷调查”“少儿服务意见征询”；2011年开展了“电子资源联合采购意见征询”“联合参考咨询等问卷调查”“网上委托借书服务需求调查”；2012年开展了“各馆开展活动情况调查”“‘一卡通’物流问卷调查”；2013年开展了“报刊、视听文献情况问卷调查”“中心馆音像资料外借的可行性调研”“中心馆主题馆数字资源建设调研”“‘一卡通’馆际互借可行性调研”“‘一卡通’预约外借可行性调研”“一卡通”书刊外借册数意见征询”；2014年开展了“关于外文图书外借、积分政策等事项的调研”“关于征集2013年相关统计数据的问卷调查”“关于中心图书馆‘一卡通’服务相关费用凭证问题的调研”“中心图书馆先进集体绩效考核指标评分方式问卷调查”“关于电子学生证流通政策的意见征询”；2016年结合“县级总分馆制”建设意见，形成《2016年度上海市公共数字文化工程考核总结报告》《上海市中心图书馆成员馆系统运行问题及建议报告》《区、街道（乡镇）两级成员馆存量证退押金面临的问题及初步对策》《上海市中心图书馆市、区两级总馆功能定位及建设现状调研报告》《区级图书馆评估定级现场评估及发展特点报告》《上海图书馆关于推进上海市区级图书馆总分馆制建设的建议》；2018年结合《中华人民共和国公共图书馆法》的贯彻落实及中心图书馆的协调发展，围绕《图书馆法》落实的痛点难点、流通系统/知识管理系统升级需求、数字阅读推广、区域总馆定位及建设情况、“一卡通”阵地服务及延伸服务面临的问题、地方特色资源建设、业务培训需求等主题开展了调研；2019年从区级成员馆及街道（乡镇）图书馆馆藏管理问题出发，聚焦各成员馆在馆藏加工、馆藏管理及馆藏文献信息处置等方面的堵点、痛点，开展了“中心图书馆成员馆馆藏资源管理专项调研”“不忘初心，牢记使命”主题教育系列调研，形成了上海市中心图书馆《流通政策现状分析报告》《系统运行故障分析报告》两份报告及《“不忘初心，牢记使命”主题教育整改落实工作方案》，并开展了重点问题的整改工作。

（二）人力资源建设

1. 基础业务轮训

上岗培训是上海市中心图书馆人力资源建设中的核心业务培训内容。在每一家分馆或基层服务点的“一卡通”业务运行之前均进行细致入微的培训，培训内容包含办证、通借通还、馆藏加工、物流等“一卡通”业务的各环节。2016年分批次录制、校验完成“一卡通”业务培训视频7讲，完成Horizon系统、读者管理系统、知识管理系统操作录屏，总计42个视频提供线上服务培训。2017年分批次录制、校验完成5期“一卡通”业务培训讲座视频，32个流通系统、读者管理系统操作录屏的后期配音和动画特效加工，提供了线上服务培训。

2. 专题业务培训

专题培训是上海市中心图书馆人力资源建设的重要载体。针对某一阶段开展的工作重点、某一主题的学习研讨、某一项工作的加强提高，常以形式多样的专题培训方式开展。

2004年，围绕“上海公共图书馆事业发展与改革创新”主题，上图总馆和市文广局联合举办上海区（县）公共图书馆馆长研讨班；2009年10月，为推广“上图网上委托借书服务”，举行了上海市中心图书馆级成员馆网上委托借书服务推广和培训会议；2009年12月，为加强各区（县）图书馆基层辅导工作，了解兄弟省市总分馆建设情况，组织各区（县）馆辅导部人员赴外省市学习培训，学习嘉兴市图书馆、杭州市图书馆的先进经验；2010年4月，为确保世博会期间上海市中心图书馆系统的正常运行，举行了“上海市中心图书馆应急预案”培训会议；2011年为加强各区（县）图书馆辅导工作、促进同行交流，召开了“上海市中心图书馆辅导工作培训会”；为提升各区（县）图书馆的参考咨询服务能力，举办了“网上知识导航站”参考咨询培训；为推动上海公共图书馆无线射频识别的应用水平和服务水平，召开了“上海市公共图书馆电子标签应用研讨会”；2012年举办了电子书阅读器外借服务的业务培训；2013年举办了电子书阅读器外借培训、分馆报刊馆藏加工培训、业务工作辅导培训、音像资料外借服务经验学习；2014年举办了文献分类编目培训、电子学生证应用培训、新办证系统培训、图书馆事业志编纂培训；2015年举办了新办证、查信用、免押金服务培训；2016年举办了主要业务数据开放服务及应用系统开放接口、主题数字图书馆业务、街道（乡镇）成员馆诚信平台免押金服务培训；2017年举办了文献分类编目、区级图书馆评估交流培训；2018年举办了企业微信号培训；2019年举办了地方资源建设专题培训。

2016—2019年，上海市公共图书馆“一卡通”服务研讨会连续举办四届，加强了“一卡通”市区联动管理，以及中心图书馆各区成员馆之间的互信与交流，保证了阵地服务的稳步运行、完善和规范。

2014—2019年，连续六年举办微服务经验交流会，探讨了新媒体服务在图书馆的广泛应用与推广，并交流了多元化微服务的经验。

3. 学科发展研修

2000年，为落实《上海市文献资源共建共享计划》提出的“培养上海跨世纪高素质图书情报专业人才”要求，由上海市文献资源共建共享工作领导小组办公室牵头，上海市图书馆学会、上海市情报学会联合举办，上海图书馆承办，创办了图情高级研修班。这一研修班后来成为上海市中心图书馆人力资源建设的品牌项目。2000—2005年图情高级研修班每年一期，2006年起一年举办两期，第一期以图书馆学为主，第二期以情报学为主。其中，图书馆学的课程内容包括数字图书馆、知识管理、职业精神与核心能力、元数据、知识产权保护、城市图书馆发展、虚拟参考咨询服务、WEB2.0与图书馆2.0、手机短信服务、图书馆管理等；情报学的课程内容包括科技情报事业、竞争情报、市场调研、情报研究管理、专利分析、内参工作、情报学理论方法应用、公益性情报服务、科技查新等。课程注重理论与实践相结合，从理论上带动学员思考，激扬学员智慧；从实践上提升学员能力，培养学员创新。

在此基础上，中心图书馆邀请本市高校图书馆、公共图书馆，参加两年举办一次的上海国际图书馆论坛，听取世界知名图书馆专家的主旨报告，并参加主题分论坛交流。

4. 馆员交流交换

为落实全国人才工作会议以及上海市文化人才工作会议的精神，上海图书馆作为市级总馆，制订了《上海市中心图书馆互派馆员管理试行办法》。各成员单位可根据业务发展需要和管理实践要求，推荐业务骨干围绕重点工作、实际项目等内容申请馆员交换。近年来，交流岗位逐步从"一卡通"岗位转向主题研究、参考咨询、系统网络、数字服务、古籍编目修复和研究、人事管理等专业性较强的领域。

2005年，长宁区图书馆选派2名新进员工到上海图书馆实习一年；同年，青浦区图书馆选派12名员工到上海图书馆实习2周。2010年3月，闵行区图书馆选派4名新进员工到上海图书馆实习1周；6月，闵行区图书馆常务副馆长在上海图书馆挂职锻炼1个月。2011年，上海非物质文化遗产保护中心图书馆2位员工在上海图书馆业务实习半个月；长宁区图书馆2位员工在上海图书馆业务实习一个月。2012年，虹口区图书馆乍浦分馆读者服务中心主任和副馆长分别在上海图书馆研习2个月，青浦区图书馆1名青年馆员在上海图书馆学习一个月。2015年，根据"上海图书馆、杨浦区人民政府文化战略合作框架协议"的协议内容，杨浦区图书馆1名青年馆员在上海图书馆学习参考咨询服务，为期1个月；浦东图书馆1名青年馆员在上海图书馆系统网络中心进行馆际交流。2017年，崇明区图书馆1名青年馆员在上海图书馆学习古籍文献整理编目，为期2个月；金山区图书馆一名青年馆员在上海图书馆学习近代文献整理，为期1个月；普陀区图书馆馆长助理在上海图书馆学习人才队伍建设经验，为期1周。2007年11月起，上海图书馆每年选派两位年轻骨干到复旦大学上海视觉艺术学院图书馆锻炼，参与该馆的专业文献资料收集工作，提供咨询服务，参与《视觉艺术情报信息》编辑工作等。

（三）组织文化培育

1. 行业文明创建

上海市中心图书馆以争创文明行业为目标，积极参与、倡议和开展各类文明创建活动。2007年，上图总馆、闸北分馆、奉贤分馆、普陀分馆联合组队参加了由上海市精神文明建设委员会办公室、上海市总工会、上海市妇女联合会主办的，主题为"办特奥、迎奥运、迎世博"的"'瑞安杯'上海窗口行业文明礼仪大赛"，并获得总决赛冠军。同年，上海图书馆牵头开展"知荣辱 讲文明 迎世博——上海市公共图书馆'文明在我手中'"主题实践活动，向全市读者和图书馆工作人员发出"垃圾入箱、爱护图书、手机静音、节约水电、展示礼仪"五项倡议，以营造图书馆和谐文明环境，发挥图书馆传播先进文化的阵地作用，影响和带动市民共同摒弃陋习，共同努力塑造社会主义现代化国际大都市的文明形象。

由市文明办组织开展的上海市窗口行业公众满意度测评和由市文明办、上海世博会主运行指挥部组织开展的上海世博城市服务文明指数测评，是中心图书馆文明创建的有效推动力。在每年的《上海市窗口行业公众满意度测评总报告》《上海市图书馆行业公众满意度测评报告》公布之后，市文广局或上图总馆利用中心图书馆馆长季度例会或联席会议，针对每一项指标进行分析，并提出整改措施。图书馆行业在世博城市服务文明指数测评中，连续获得文化娱乐类窗口行业服务文明满意度第一，行业服务文明满意度得分也不断提高。在上海市窗口行业精神文明建设社会公众满意评价调查中，在37个被调查行业中图书馆行业的满意度排名不断提升。与此同时，自2010年起，上海市图书馆行业积极参与市文明办组织的文明行业创建活动。截至2019年，上海市公共图书馆行业已连续五届荣获市文明行业称号。

2. 志愿服务交流

为加强中心图书馆总分馆在志愿者服务上的联动，提升志愿者服务水平，创新志愿者服务方式，凝聚“我们共同的家园”志愿者服务的组织文化，2008年末，上海图书馆倡议每两年开展“上海市中心图书馆十佳志愿者评选活动”。上海图书馆还于2009年1月23日召开了“我们的家园——2008年度上海市中心图书馆志愿者总结表彰暨联欢会”，评选出首批上海市中心图书馆十佳志愿者、优秀志愿者、志愿者活动先进集体和优秀组织者，并颁发了证书和奖牌。

3. 馆际文化互动

自2002年起，由上海图书馆主办的各类学术会议，上图总馆都邀请分馆参加，如“上海国际图书馆论坛”、2006年首届全国公共图书馆展览资源共建共享交流研讨会、2010年第二届长三角城市图书馆讲座工作会议等，为各馆提供了学术交流的平台。

为激发活力、展示才艺、加强交流、增进友谊，由上图总馆牵头，举办各类才艺展示和竞赛活动，内容涵盖绘画、书法、摄影、篆刻、工艺品制作、朗诵、乒乓球、羽毛球等各方面，从不同侧面展现了图书馆员的丰富业余生活品质以及良好的精神面貌，反映了上海图情事业不断繁荣发展的可喜景象。

上图总馆和分馆联合推出合作项目，发挥各自优势，展线整体实力。自2002年起，生命科学图书馆和上海图书馆常年合作，邀请科学家举办系列科普讲座。

2009年6月11日至20日，上图总馆、金山分馆、闵行分馆、奉贤分馆四家联合举办“弘扬民族艺术，延续中华文脉——上海市公共图书馆非物质文化遗产保护成果展”；2009年10月，上图总馆和奉贤分馆联合举办了奉贤区第二届文化艺术节活动之一的“‘品读名著 传承经典’上海市中学生经典诗文诵读大赛”。

2010年8月8日，中国2010年上海世博会公众参与馆、上海图书馆、奉贤区图书馆、金汇镇图书馆共同举办了“魅力金汇展风采 文化共享世博行”——庆世博开幕100天伞面绘画展示及互动活动等等。

2013年举办了上海市中心图书馆志愿者表彰会、上海市图书馆行业文化敬老服务月活动、上海市中心图书馆首届职工业务知识、劳动技能比赛。

2014年举办了“上海市中心图书馆职工‘中国梦·劳动美——我的圆梦之路’演讲大赛暨‘我的图书馆，我的梦’主题演讲比赛”“阅读放飞梦想 创新引领未来——暑期青少年书海探‘宝’活动”“读者证的故事”全市公共图书馆读者证故事征集。

2015年举办了“我与中华古籍”摄影大赛，优秀摄影作品展在三级公共图书馆巡展；“上海市中心图书馆第二届职工业务知识、劳动技能大赛暨‘图书馆与改革创新’主题演讲大赛”。

2016年举办了“晒读书笔记，享‘悦’读快乐”上海市中心图书馆职工读书、荐书活动，“美在职工中”——上海市中心图书馆职工书画摄影艺术展。

2017—2019年举办了中华古籍普查文化志愿服务行动、乡村小学公益图书馆（室）联动建设，上海市中心图书馆第三届职工业务知识、岗位技能大赛、“美在职工中”——上海市中心图书馆职工书画摄影艺术展，上海市中心图书馆数独、桥牌比赛。

四 | 回顾与展望

（一）回望二十年来时路　中心图书馆的问题与挑战

廿载耕耘，喜看硕果累累；展望前路，仍须砥砺前行。

上海市中心图书馆在总分馆体系建设、服务规范、创新联动、管理效能等方面为上海市公共图书馆行业的发展奠定了坚实的基础，但面临的问题和挑战也不容回避：

第一，传统架构与规模扩张之间的矛盾。传统图书馆业务系统架构已无法满足成员馆网络规模的持续扩张，随着区级、街道（乡镇）级成员馆数量的不断增多，整个系统规模不断扩容，面临网络基础设施、系统稳定性、服务响应效率等诸多方面的挑战。

第二，数字转型与资源受限之间的矛盾。相比中心图书馆在其他各方面的长足发展，这些年来，馆藏资源的数字化转型始终未能同步推进，所面临的版权、优质资源匮乏等客观条件的约束日益加剧，亟待完善纸本文献与数字资源联动发现机制。

第三，统一服务与个性发展之间的矛盾。在整个中心图书馆网络内，馆舍的统一服务与个性发展未能兼容并蓄。上海市图书馆总分馆体系整体形象及功能的宣传力度有待提高，区域特色需要进一步强化展示。

（二）包容性发展愿景下　中心图书馆的新功能定位

上海市中心图书馆的未来发展，既需要研究判断上海国际大都市的发展新趋势，也应该洞察广大市民读者的阅读新需求。2020年新冠疫情给全社会带来了巨大影响，也将各行各业置于“危”与“机”并存的新形势新局面之中，公共图书馆行业也不例外。当下乃至今后一段时期，城市公共图书馆或将长期致力于更强韧性的锻造，以期在非常时期以“守”“保”的低姿态沿着先前的步调稳中求进。与此同时，城市公共图书馆也在集聚一切有效资源，以均等、共享、普惠的姿态，通过自身的包容性发展，夯实基础，积蓄力量，发挥出图书馆作为公共文化机构，对社会建设应尽的义务，以及在文化繁荣上的支柱作用。

上海市中心图书馆的未来发展，将锚定五大功能定位的提升：

1. 技术标准功能：技术平台对接循“序”开“源”

坚持共享共建的发展理念，聚合中心图书馆成员单位，共同研究开源性、模块化、灵活性、可扩展、能迭代的新型管理平台，攻破资源分散、孤岛系统多、升级维护难等瓶颈，实现新一代图书馆管理系统的平台化转型。

积极推进FOLIO应用推广，完善技术平台接口应用。协调保障基层创新服务纳入“一卡通”体系。保持中心图书馆“一卡通”各项指标止跌企稳，完善优化中心图书馆评比指标体系。

2. 资源统筹功能：文献资源建设求“精”谋“联”

坚持优质均衡发展理念的创新探索，总分馆以及本地区其他类型图书馆，共同携手面对资金不足等运行难题，调动各方参与热情，努力集聚各类资源。同时着力于服务重心不断下移，将服务体系网络化，连接更多的馆、更多的空间、更多的时间、更多的读者群，谋求跨系统文献信息的保障水平。

推进区域数字资源采购新策略，以可分板块、分内容购买的资源为主导，实现数字资源联合采购模式变革。尝试组建数字资源建设联合工作小组，共同协商解决数字资源供应厂商供给不稳定、内容重复、版权未落实等问题。

3. 活动服务功能：阅读推广活动靠“新”重“创”

坚持服务送达媒介的创新探索，以上海图书馆“阅读季”、“上图杯”阅读马拉松、“阅21”等阅读推广活动为抓手，以中心图书馆体系内的所有单位为活动节点，共同开拓社交媒体、短视频、直播、网络社群等新媒体渠道，让数字阅读活动真正达到“无时不在、无所不在”的高境界。

构建各区域阅读品牌活动推介、合作、交流、分享平台，发掘并推进具有全市推广潜力的阅读活动。协同行业协会、各成员馆，构建专业服务社会组织、阅读推广组织（人）数据库建设。

4. 信息管理功能：行业分析研究有“数”有“据”

坚持科学决策提升服务能级的原则，增进中心图书馆对阅读行为信息的处理和分析能力，从看似庞杂无序的阅读大数据中提取有价值的内在联系与规律，辅助体系内所有图书馆高效开展采购、馆藏、咨询工作，满足更复杂的大阅读需求。

持续推进知识管理系统升级，加强统计板块移动端开发，集成整合行业年报数据展示应用，升级培训管理功能模块。进一步开放实时数据，提升区域总分馆数据应用能力，加强裸数据后期开发、分析工具、研究成果交流。开展年度专项业务调研，研究图情发展新态势。

5. 培训辅导功能：专业能力培养寻“机”练“功”

坚持人力资源建设是图书馆竞争力的核心，在现有多层次业务培训的基础上，协同图书馆行业协会、学会、高校图情专业院系、民间阅读推广组织，加强图书馆行业职业技能和素养的培育，形成具有科学性、前瞻性的课程体系，以现场讲课、远程培训、在线互动、主题研修、地区巡讲、馆员交换等多种形式开展各类培训。

加强与业务部门合作，为成员馆构建“一卡通”“微服务”业务研讨平台。分析研究常见“一卡通”投诉，梳理汇总业务案例，探索构建Q&A数据库。进一步推进“一卡通”基本操作演示视频、实务培训视频向基层推广。

上海市中心图书馆将紧紧围绕上海国际文化大都市建设、“上海文化”品牌建设、长三角一体化战略等全市中心工作，以提升全市公共图书馆整体服务水平为目标，着力打造公共文化空间体系，着力提供以阅读服务为核心的多元文化体验，着力完善知识共享空间体系，在保障和改善文化民生方面积极展现新作为、寻求新突破。

撰稿人

孙健，上海图书馆（上海科学技术情报研究所）协调辅导处馆员。
研究方向：图书馆公共服务体系。

第七章 书香满城

随着“全民阅读”上升为国家文化发展战略，我国公共图书馆行业迎来了又一次发展机遇。公共图书馆在现代社会中的作用和影响已深入人心，如今，上海已形成“市、区、街镇、居村”四级公共文化设施网络，基本实现“中心城区10分钟、郊区15分钟”的公共文化服务圈。

本章节整合了上海市中心图书馆的公共馆、高校馆和专业（主题）馆的基本信息和简介，供大家参考。

上海图书馆（上海科学技术情报研究所）

地　址：上海市徐汇区淮海中路1555号

邮　编：200031

电　话：021-64455555

网　址：http：//www.library.sh.cn

微信号：上海图书馆、上海图书馆信使、讲座图书馆等

上海图书馆成立于1952年，上海科学技术情报研究所成立于1958年。1995年，上海图书馆与上海科学技术情报研究所合并，成为综合性研究型公共图书馆和行业情报中心。

上海图书馆（上海科学技术情报研究所）

上海图书馆是国家博士后科研工作站、文旅部公共文化研究基地、全国文化信息资源共享工程上海市分中心、上海市古籍保护中心、上海市中心图书馆总馆、上海市软科学研究基地“前沿技术发展研究中心”和上海文化创意产业信息中心。现藏中外文献5 700余万册/件，其中古籍善本、碑帖尺牍、名人手稿、家谱方志、西文珍本、唱片乐谱、近代报刊及专利标准尤具特色。现有馆舍建筑面积总计12.7万平方米。

践行公益包容原则，为公众提供多元阅读服务。每年举办形式多样的全民阅读活动，吸引数百万市民踊跃参加。上图讲座、上图展览、上图首发、无障碍图书馆、网上联合知识导航站、“e卡通”电子资源远程服务、“上海年华”数字资源库等特色服务深受国内外公众欢迎。

顺应现代科技发展，开拓新阅读体验和泛在知识服务。上海图书馆率先推出新阅读体验阅览室、“创·新空间”等特色阅览室，开展图书馆短信、手机图书馆、电子书阅读器借阅等服务，推进“市民数字阅读推广计划”，提供跨平台数字阅读服务。推出基于关联开放数据的数字人文服务，实现数据在互联网上开放和互联。

加强行业交流与社会合作，不断完善信息资源与服务协作机制。上海市中心图书馆以“一卡通”文献通借通还体系和主题图书馆建设为载体，推进馆际文献资源共建共享；上海行业情报发展联盟通过“上海行业情报服务网”，为社会提供科技情报信息和咨询服务；“上海之窗”作为与境外图书馆之间的交流项目，在宣传推广中华文化的同时，拓展对外业务合作渠道。《全国报刊索引》《上海文化年鉴》《图书馆杂志》和上海科学技术文献出版社有限公司坚持正确导向，坚持社会效益为先，注重社会经济“双效益”。

发挥情报服务优势，为科研创新保驾护航。科技情报工作聚焦前沿技术、新兴产业、大都市研究等重点领域，技术查新、专利分析、科技评估、竞争情报等服务国内领先，上海情报服务平台和“创之源”中小企业信息服务，开创行业情报服务新模式。

集聚情报研究能力，为决策提供高质量的咨询服务。通过《上图专递》《竞争情报》“第i情报”和媒体测评等高层次研究性情报服务项目，为城市发展等领域提供多种决策参考信息。

上海图书馆秉承“精致服务、至诚合作、引领学习、激扬智慧”的核心价值观，以“积淀文化，致力于卓越的知识服务”为使命，致力于以知识导航为核心、图情业务并重的知识服务体系建设，形成了以面向广大公众、面向研究群体和企事业单位、面向决策部门的“三个面向”服务格局，努力建设世界级城市图书馆。

上海少年儿童图书馆

地　　址：上海市静安区南京西路962号

邮　　编：200041

电　　话：021-62177029

网　　址：http：//www.sst.cn

微信号：上海少年儿童图书馆

上海少年儿童图书馆是隶属于上海市文化和旅游局的省级公共少儿图书馆。前

上海少年儿童图书馆

身是1940年由应永玉等倡议，中华慈幼协会上海办事处等团体募捐筹办的上海儿童图书馆。1952年10月由上海市人民政府接管后改名上海市立儿童图书馆。1958年迁现址（南京西路962号）并改名为上海少年儿童图书馆，1987年1月恢复独立建制。

上海少年儿童图书馆是中国图书馆学会未成年人专业委员会副主任馆、华东地区少年儿童图书馆协作委员会主任馆、长三角少儿阅读联盟发起馆之一、上海市志愿者服务基地，承担上海地区少儿文献资源中心、少儿阅读推广与指导中心的重大职责。现藏中外少儿文献110余万册/件，其中1922年创刊以来的《小朋友》周刊、民国少儿书刊独具特色。

上海少年儿童图书馆全年无休，免费向全社会开放。2011年协同上海图书馆组建全市少儿“一卡通”，截至2019年年末已在全市241家区县、街道、乡镇少儿图书馆（室）实现通借通还。现有馆舍面积4 245平方米，分年龄段（低幼部、小学部、中学部）提供借阅服务、数字阅览和体验服务。目前在建新馆馆舍面积16 000平方米，将建成“文绿融合、动静分区”的智慧型少儿图书馆，为全市少年儿童提供优质的公共图书馆服务。

为培养少儿阅读兴趣，塑造少儿高尚人格，近年来，上海少年儿童图书馆积极培育服务品牌，推出上海童话节、亲子朗读声音档案征集活动、少图讲堂、娃娃欢乐时光、风铃草读书会、青少年拓展训练等活动。每年组织阅读推广活动300余次，组织全市大型活动“上海童话节”（内含活动200余项），参与人次150余万。现有自建官方网站“少儿信息港”、官方微信、官方微博等在线服务渠道，定期发布服务和活动信息，为全市少年儿童构建共同的知识和精神文化家园。

上海少年儿童图书馆秉承“一切为了孩子、为了一切孩子”的服务宗旨，以“儿童优先”为工作原则，满足广大少年儿童的精神文化需求，连续6次入选国家一级图书馆，自1995年以来10次入选上海市文明单位，努力为上海城市的创新发展营造良好的少儿文化环境。

黄浦区图书馆

地　址：上海市黄浦区福州路655号
邮　编：200001
电　话：021-63528877
网　址：http://www.shhpl.com
微信号：上海市黄浦区图书馆

黄浦区图书馆建于1956年7月。2003年12月26日，原黄浦区图书馆、原黄浦区第二图书馆（原南市区图书馆）归并为新的黄浦区图书馆，现有馆舍建筑面积12 560平方米，图书馆藏120余万册。黄浦区图书馆是国家一级图书馆、上海市文明单位，坚持“以人为本，读者第一”的理念，大力开展“书香中国”全民阅读活动，为读者提供书刊借阅、展览展示、教育培训、电子阅览、参考咨询等多元化服务。

黄浦区图书馆

整合资源，大力建设特色馆藏。开设旅游文化博览室、上海文学主题阅览室和参考阅览室。其中，旅游文化博览室收集与旅游相关的各类书籍、地图、图册等；上海文学主题阅览室收藏上海作家作品；参考阅览室收集大部套书，如《申报》《益世报》《全宋文》《中国明朝档案总汇》《稀见旧版曲艺》等等。

需求导向，积极拓展阅读空间。以满足市民读者的需求为导向，举办讲座、培训、展览、知识大赛、各类沙龙等活动，着力打造“黄图培优学堂”品牌、探索公益阅读、培养青少年数字阅读能力等等，以丰富的活动不断吸引读者参与，营造全民阅读的浓厚氛围，提升阅读的深度与广度。

文化共建，持续推进“书香六进”。积极与监区、部队、社区、企业、学校等开展共建，为吴家洼监狱、高境强制隔离戒毒所、武警部队以及黄浦区域内学校、企业等配送主题讲座、各类书刊、文化活动等，紧贴大众文化需求，努力提升文化建设水平。

黄浦区图书馆始终以“传播社会主义先进文化、建设书香黄浦”为使命，成为人们交流、学习和互相理解的场所，积极为黄浦区建成“上海国际文化大都市的核心引领区”而努力。

黄浦区明复图书馆

地　址：上海市黄浦区陕西南路235号
邮　编：200020
电　话：021-64370835
网　址：www.mflib.net
微信号：上海市黄浦区明复图书馆

黄浦区明复图书馆（原卢湾区图书馆）坐落于陕西南路235号，为社会公益一类事业单位、国家一级图书馆、上海市文明单位，由明复楼、会心楼及乐乐楼三栋建筑组成。

主体建筑明复楼的前身为中国第一座公共科技图书馆——中国科学社明复图书馆，建造于1929年，1931年1月正式落成，是当时中国第一批留美学生胡明复、杨杏佛等回国后发起建造的，建筑整体呈西式现代派风格。大楼南部三层分设办公室和阅览室，北面五层为钢结构书库。在图书馆筹备期间，科学社骨干胡明复不幸溺水身亡，终年36岁，蔡元培提议以胡明复的名字命名图书馆，纪念英年早逝的胡明复先生对中国科学

黄浦区明复图书馆

社做出的重要贡献。明复楼现内设成人图书借阅、报刊阅览、“中国科学社明复图书馆旧址史料展厅”等服务窗口，可为读者提供上海市中心图书馆“一卡通”图书借阅、公共书目查询等服务项目，并设有24小时图书室，提供全天候的自助借阅服务。

乐乐楼，由美籍华人关康才先生捐资建造，以其夫人周乐乐名字命名，于1993年9月落成，内设少儿阅览室、石库门主题图书阅览室、报告厅、多媒体阅览室等服务窗口，可为读者提供少儿图书借阅与活动空间、主题图书阅览、影视资源点播、电子文献数据库查询等服务。

会心楼，即原中国科学社总办事处旧址，建造于1928年，1945年12月中国民主促进会在此成立。2005年，小楼因著名作家赵丽宏一场名曰“会心一笑”的诗朗诵会而得名“会心楼”。会心楼以举办各类文学艺术沙龙、作家作品赏读会、民进会史教育等活动为主，传承“文教育人”的理念。

黄浦区明复图书馆承载着厚重的历史渊源，以“悦读悦生活”系列读书活动为平台，开展形式多样的文化讲座、主题读书活动、数字阅读推广活动，同时作为爱国主义人文教育基地，为中小学生提供文化历史教育。黄浦区明复图书馆发挥区级图书馆图书资源的社会功能，满足各类阅读需求，激发市民的读书热情，提高和培养广大读者的阅读意识和习惯，推动书香社会建设。

表7.1　黄浦区公共图书馆“一卡通”服务点

名称	地址	电话
黄浦区图书馆	福州路655号	63528877*6019
黄浦区图书馆半淞园路街道分馆	西藏南路1360号	63165937
黄浦区图书馆南京东路街道分馆	江阴路101号	63271866*5601
黄浦区图书馆南京东路街道分馆（牯岭）	牯岭路111号	63581297
黄浦区图书馆小东门街道分馆	白渡路252号2楼	63325913
黄浦区图书馆豫园街道分馆	傅家街65号	63201823
黄浦区图书馆老西门街道分馆	中华路990号	56887129*8012
黄浦区图书馆外滩街道分馆	河南中路578号3楼	63295076
黄浦区明复图书馆	陕西南路235号	64370835
黄浦区明复图书馆五里桥街道分馆	龙华东路600号215室	63015135
黄浦区明复图书馆淮海中路街道分馆	马当路349号5楼	53831170
黄浦区明复图书馆打浦桥街道分馆	蒙自路223号3楼	63038294
黄浦区明复图书馆瑞金二路街道分馆	陕西南路245号4楼	54655035

徐汇区图书馆

地　址：上海市徐汇区南丹东路80号

邮　编：200030

电　话：021-64271176

网　址：http：//lib.xh.sh.cn

微信号：上海市徐汇区图书馆

徐汇区图书馆

徐汇区图书馆是国家一级图书馆、上海市文明单位，成立于1957年7月，前身是1953年建立的上海市人民图书馆徐汇区阅览室，1990年12月迁至现址（南丹东路80号），建筑面积为5 426平方米，庭院式风格建筑。馆内现有藏书90余万册/件、中外报刊800余种，馆藏以人文科学为主，并以艺术类与上海地方文献为特色。

打造特色品牌活动，多元服务引领阅读风尚。以“汇悦读”为核心品牌，紧扣时代脉搏，不断推陈出新，每年举办“汇悦读”徐汇全民阅读季，打造汇讲坛、星期天读书观影、约书吧、悦读亭、“新书速借 你选我购”、走读徐汇等品牌活动，形成具有独特地域色彩的“汇”文化品牌，为读者提供更多元的公共文化服务和更具创意的阅读体验，让图书馆成为展示徐汇的多元文化窗口、信息共享空间，全民阅读的“码头”和“源头”。

精准对接读者需求，发挥图书馆文化服务功能。遵循公共文化服务的公益性、均等性、基本性、便利性原则，关注老年人、残疾人、未成年人、白领等特殊人群的阅读需求和阅读特点，开展分类、分层、多元的阅读活动，举办汇讲坛·周六公益文化讲座和周日龙华健康课堂、视障读者星光书社读书会、少儿书友会、汇悦读·我的儿童时代读书会、623少儿俱乐部、美罗大厦白领读书月等活动，满足特殊人群的阅读需求。

整合区域文化资源，提升全民阅读服务能级。徐汇区图书馆联合区域内具有阅读元素的文化场所和阅读类文化团体（个人）、机构和社会组织成立“汇悦读书香联盟”，构建全民阅读服务体系，充分调动活动场地、活动资源和专业人才，共同举办“漫品滨江·读懂一座城”“穿越都市 邂逅文脉”“城市定向+阅马挑战赛”等特色活动，做到品牌统一打造、活动统一宣传、标识统一设计，使得阅读推广活动更具标识度，品牌效益日益凸显。

秉承“读者第一、服务至上”的办馆理念，徐汇区图书馆不断努力建设以人为中心、“令人向往的卓越的全球城市”书香中心城区，彰显城区精神与文化徐汇魅力，以提供多元文化服务、公共交流空间和市民素质的全面提升为最终目标。在服务体系构建、服务专业化、管理精细化、用户满意度和社会作用的发挥等方面进行不断优化，建设海量信息资源，构筑无所不在、无时不在的阅读服务网络，提供普遍均等的知识信息服务，提升市民文化素养，为区域发展提供智力支持。

表7.2　徐汇区公共图书馆“一卡通”服务点

名称	地址	电话
徐汇区图书馆	南丹东路80号	64271176
徐汇区图书馆漕河泾街道分馆	康健路135号	64751197
徐汇区图书馆枫林街道分馆	双峰路420号	64878940
徐汇区图书馆虹梅街道分馆	莲花路1030号	64857531
徐汇区图书馆湖南街道分馆	乌鲁木齐中路164号	64332396
徐汇区图书馆华泾镇分馆	华泾镇华泾路505号	54829978
徐汇区图书馆康健路街道分馆	浦北路988号	64459117
徐汇区图书馆凌云路街道分馆（临时馆）	老沪闵路1039弄48号	64542484
徐汇区图书馆龙华街道分馆	龙华西路21弄80号	64567718*125
徐汇区图书馆田林街道分馆	田林东路588号	64755708
徐汇区图书馆天平街道分馆	广元路153号	34280293
徐汇区图书馆长桥街道分馆	罗香路237号	54305210
徐汇区图书馆斜土街道图书馆	大木桥路461号	64165687
徐汇区图书馆徐家汇街道分馆	南丹东路109号	64272394
美罗大厦图书室	天钥桥路30号	64271033*222

长宁区图书馆

地　址：上海市长宁区天山路356号

邮　编：200336

电　话：021-33538801

网　址：http：//www.cnqlib.sh.cn

微信号：上海市长宁区图书馆、长宁微图

长宁区图书馆

长宁区图书馆坐落于天山路356号，是国家一级图书馆，连续十多年获得上海市文明单位称号并荣膺全国文明单位，同时也是上海市平安示范单位，全国全民阅读先进单位，荣获上海市对外书刊推介金、银奖，上海市民文化节优秀组织奖等荣誉。图书馆毗邻虹桥国际机场及虹桥综合交通枢纽，建筑面积15 542.05平方米，共12个层面，拥有读者阅览座位1 200席，集综合咨询、中外文报刊阅览、图书借阅、多媒体阅览、各类文学讲座、展览展示、国际文化交流为一体，以科学的布局、完备的功能及发展的理念，打造长宁区域重要的数字平台、信息中心和文化交流中心，展现出长宁对外开放的国际效应和文化形象。

长宁区图书馆是上海地区乃至华东地区首家实施RFID图书自助借阅的公共图书馆，实现了自助借还系统、图书自动分拣、馆藏典藏系统、RFID标签编写系统、自动整序排架、自动清点馆藏、智能安全门系统、图书智能上架设备、馆员工作站、RFID图书标签和RFID读者证等功能，以“技术一流、管理先进、以人为本、服务至上”的理念，为读者营造快捷、新颖的服务形态和阅读环境。

长宁区图书馆注重优化服务方式与手段，营造都市书房享受阅读的书香氛围。2018年，长宁区打造首批14个“阅”空间，包括言几又书店、长宁区党建服务中心、幸福集荟、愚园路历史风貌区阅读点、华联创意广场党群服务站等。2019年8月，因在全民阅读活动中富有创意、深入持久、表现突出，入选中国图书馆学会评出的“全民阅读示范基地”名单。

长宁区图书馆积极探索资源建设新方法，开展自建数字资源研究与服务。《文化优秀历史传承——长宁地方特色影像资料库》是上海首部从区域历史文化角度全景描绘长宁历史文化变迁的特色影像数据库，是长宁区图书馆在历史文献资源建设方面的有益探索。

长宁区图书馆充分发挥自身优势和资源，将服务延伸到学校、医院、企事业单位、社团机构、社区等。目前，已与上海市院士中心、天山中学、光华医院、北新泾监狱等50多家单位签订文化共建协议，探索多元合作模式。

在政府的大力支持下，长宁区图书馆建成并正式启用“24小时无人值守图书馆”，智能微型图书馆深入到居民区图书室，电子图书下载终端逐步覆盖到全区的商务楼宇、医院、部队、商场等公共区域，形成一道又一道“无处不在的图书馆”靓丽的文化风景线。

长宁区少年儿童图书馆

东馆地址：上海市长宁区愚园路1188号

电　　话：021-62121696

西馆地址：上海市长宁区仙霞路700弄41号

电　　话：021-62427549

网　　址：http：//www.seszlib.com

微 信 号：上海市长宁区少年儿童图书馆

长宁区少年儿童图书馆

长宁区少年儿童图书馆（以下简称“长少儿”）于1982年5月挂牌，1988年9月5日，实行独立建制。2014年，长少儿加入上海市中心图书馆；2016年6月30日，长少儿东馆（愚园路馆）正式对外开放；2020年10月，少儿馆西馆（仙霞路馆）改建后重新开放。长少儿现有馆舍建筑面积总量达到5 017平方米，拥有读者座席600余个，馆藏文献总量40万余册，其中英文图书、五代儿童文学作家作品专库及教育教学类图书尤具特色。

整合各方资源，持续打造阅读品牌。近年来，长少儿不断加大少儿阅读推广工作力度，利用各项社会力量和资源，开展系列形式多样、内容多彩的阅读活动，从中不断丰富经验，逐步打造出本馆的特色品牌活动，如暑期读书月、经典诵读、长耳兔阅读俱乐部、娃娃故事园等。同时围绕“走进百年愚园路”主题建立“走进长宁少儿馆”阅读领航项目，为孩子们提供更多更优质的阅读指导活动，进一步提高广大少年儿童的阅读能力和水平。

优化文献资源，合理调整馆藏结构。长少儿坚持文献建设的普及性与特色性相结合、纸质文献与数字资源建设相结合的原则，合理配置调整各类纸质文献的分布及增量比例，并形成了电子书、3D立体书、电子期刊、有声书、科普视频、国学诗词、少儿绘本、漫画、连环画等一批具有本馆特色的少儿数字资源库。

挖掘设施潜力，不断升级读者服务。少儿馆为提供更多元和优质的服务资源，围绕“人性化、功能化”的建设思路，推出“心悦书屋”新型智能采书柜设备，绕开采购图书的繁复流程，直接将读者需求转化为图书馆购书，联通了图书文献与读者之间的供给需求，丰富了图书馆藏资源，达到了阅读推广的目的。

长宁少儿馆始终以“一切为了小读者，为了一切小读者”为服务宗旨，不断优化、美化借阅环境，增加与读者互动的平台，及时掌握读者借阅情况及需求动态，适当调整馆藏结构。同时从服务方式上下功夫，主动服务、跟踪服务、超前服务，进一步增强图书馆资料的利用效率，发挥公共图书馆的最大潜能。

表7.3　长宁区公共图书馆“一卡通”服务点

名称	地址	电话
长宁区图书馆	天山路356号	33538801
长宁区少年儿童图书馆（东馆）	愚园路1188号	62121696
长宁区少年儿童图书馆（西馆）	仙霞路700弄41号	62427549
长宁区图书馆北新泾街道分馆	新泾一村144号	52175201
长宁区图书馆程家桥街道分馆	哈密路1955号5楼	22300053
长宁区图书馆虹桥街道分馆	虹桥路1115弄19号	22850783
长宁区图书馆虹桥街道（天空书苑）分馆	富贵东道99号	22850790
长宁区图书馆华阳路街道分馆	安化路500号	52376590
长宁区图书馆江苏路街道分馆	安西路45号	61253125*850
长宁区图书馆天山路街道分馆	天山四村122号	62286612
长宁区图书馆仙霞新村街道分馆	仙霞路435弄5号	62599245
长宁区图书馆新华路街道分馆	法华镇路453号	52300070
长宁区图书馆周家桥街道分馆	万航渡路2505弄59号	52919117
长宁区图书馆新泾镇分馆	福泉路405号4楼	33030665

静安区图书馆

地　址：上海市静安区新闸路1708号

电　话：021-62530932

网　址：http：//www.shjinganlib.net

微信号：静安区图书馆、静安文旅

静安区图书馆

原静安区图书馆成立于1958年，原闸北区图书馆成立于1956年，两区“撤二建一”后，2016年8月1日两馆合并成立新的静安区图书馆。新的静安区图书馆由四个馆舍组成，分别坐落于静安寺商圈的新闸路、苏河湾畔的天目中路、彭浦新村闻喜路及蝴蝶湾旁的康定东路。

静安区图书馆是文旅部颁发的“一级图书馆”，连续多年被评为上海市文明单位、上海市中心图书馆工作先进集体等，现有馆舍建筑面积总计1.56万平方米，馆藏文献108余万册/件，数十个多功能服务窗口，成为市民学习、交流、休闲的温馨空间和知识殿堂。

阅读推广深耕厚植，活动模式转变求新。积极打造“悦读静安”文化品牌，“静安读书周”、“悦读静安”文化讲坛、“静安白领朗诵沙龙”、“赵丽宏书房”、“河畔故事会”等优质品牌，搭建平台、组织策划、挖掘创意、创新模式，开展覆盖不同群体多元需求的阅读推广活动。

着力特色主题建设，优质馆藏彰显底蕴。着力推进海关主题馆、商务印书馆版本主题馆建设，通过收集整理专业书籍、旧版图书、实物、图片资料等进行文献建设、主题研究及拓展，为专业性、研究性读者提供阅读服务，为区内研究出版工作提供史料支撑，为文化传承发挥积极作用。

数字建设有序推进，智能服务着眼未来。积极推动“数字图书馆”建设，探索开发便捷、实用的数字阅读服务。“静安文旅智慧服务平台”被评为国家公共文化服务体系示范项目，实现了静安公共文旅服务的精准采集和投放，为市民提供个性化、定制化的文旅服务。

服务网络形成体系，延伸项目辐射全区。建立起以静安区图书馆（四个单体馆点）为总馆，14家街镇图书馆、静安区闸北少年儿童图书馆为分馆，264个居委综合文化活动室（含“灰引力”基层文化服务点）为基层服务点，2辆流动图书车、7座24小时自助图书馆为延伸点的公共文化服务体系，吸纳上海民生现代美术馆文献中心及扬波中学图书馆建立了静安区图书馆艺术分馆和扬波分馆，推动区域公共文化资源共建共享。

静安区图书馆不断夯实窗口服务，积极探索推进平台建设，以筹备天目中路馆开放为契机，找准特色定位，实现需求对接，将图书馆打造为一个融汇多元信息、汇聚各类社群的信息中心、城市客厅与市民课堂，为区域内各类读者群体提供优质服务。

静安区闸北少年儿童图书馆

地　址：上海市静安区汾西路261弄24号（阳曲小区内）
邮　编：200435
电　话：021-56812752

静安区闸北少年儿童图书馆坐落在临汾街道全国示范社区内，1996年8月在区政府、教育局、文化局的关怀下在原托儿所基础上改建而成，1996年9月7日，时

静安区闸北少年儿童图书馆

任国务委员陈至立、上海市人大常委会原主任龚学平亲自为少儿馆揭幕。

少儿馆总面积3 196.4平方米，现有藏书近10万册。馆内实行全开架借阅，阅览座位520席，每周开放62小时。馆内拥有多类功能室满足读者的不同需求。儿童知识乐园，它是幼儿园小朋友的一块绿洲，活泼温馨的红领巾阅览室是丰富同学们知识的大课堂；书迷沙龙是孩子们的读书交流的俱乐部；电子阅览室为读者提供信息浏览的大千世界、阅读电子文献的空间；“数字阅读坊”带领小读者们探寻AR(增强现实)世界的奥秘；心理咨询室是青少年及亲子家庭的心灵驿站；报刊阅览室是社区居民和老干部读书会成员们喜爱的场所。

该馆是上海市唯一的文教合一的公共图书馆，行政隶属于教育局，业务由区文旅局指导，在阅读推广、专业教育等方面具有优势，可以充分利用自身教育资源，探索适合青少年和家庭学习教育的办馆思路和发展定位。一是馆校联动，阅读推广卓有成效。主动将幼儿园、中小学读者请进图书馆，由馆员直接主持阅读指导活动，现已成为本区域青少年的第二课堂。二是服务社区，品牌活动颇具影响。图书馆老师立足社区，通过开展多元化模式的活动，努力打造特色品牌项目，为创建和谐文化社区，营造良好的读书氛围做出贡献。“亲子国学课堂”“向日葵老少博客秀”“阅读启行社”“银发领巾齐飞扬”老少同乐系列活动等项目，均获得了良好的社会反响。

表7.4　静安区公共图书馆“一卡通”服务点

名称	地址	电话
静安区图书馆（新闸路）	新闸路1708号	62530932
静安区图书馆（天目中路）	天目中路2号	63251381
静安区图书馆（闻喜路）	闻喜路800号	66823666
静安区图书馆（少儿馆）	康定东路28号	62581211
静安区闸北少年儿童图书馆	汾西路261弄24号	56812752
静安区图书馆曹家渡街道分馆	余姚路519号	62306799
静安区图书馆江宁路街道分馆	昌平路710号	62999662
静安区图书馆静安寺街道分馆	新闸路1851号	52138200
静安区图书馆南京西路街道分馆	茂名北路75弄6号	52286507
静安区图书馆南京西路街道少年儿童图书馆	延安中路602号	63811165
静安区图书馆石门二路街道分馆	康定东路85号	52135716

（续表）

名称	地址	电话
静安区图书馆宝山路街道分馆	宝昌路533号6楼	56986024
静安区图书馆北站街道分馆	天目中路339号2楼	62300923
静安区图书馆大宁路街道分馆	共和新路1700弄70号甲	55159517
宁的书房	共和新路1928号大宁商业广场12座喜来登酒店二层	55159517
静安区图书馆共和新路街道分馆	延长中路755号	51029138*4031
静安区图书馆临汾路街道分馆	保德路181号3楼	56887129*8012
静安区图书馆彭浦新村分馆	闻喜路759弄58号（彭浦新村58号）	56911155*8686
静安区图书馆彭浦镇分馆	灵石路745号2楼	56658511
静安区图书馆天目西路街道分馆	沪太路150号	36150356
静安区图书馆芷江西路街道分馆	芷江西路151号3楼	56971953
达安星之会所图书室	长寿路999弄15号	62321169

普陀区图书馆

地　址：上海市普陀区铜川路1278号

邮　编：200333

电　话：021-52657489

网　址：http：//www.ptlib.com.cn

微信号：上海市普陀区图书馆

普陀区图书馆

普陀区图书馆成立于1957年，2010年搬迁至真如城市副中心，新馆总建筑面积3.5万平方米，是一座集文献借阅、信息咨询、培训教育、文化休闲于一体的综合性现代化图书馆。

馆内设有办证咨询处、综合借阅部、青少年智能图书馆、玩具图书馆、上海当代作家作品手稿收藏展示馆、综合阅览部等借阅服务部门，并重点打造苏州河书房·研习堂、苏州河书房·悦读园、苏州河书房·艺文苑、苏州河书房·阅享阁等新型阅读空间。2019年起，普陀区少年儿童图书馆整合到普陀区图书馆，两馆合并使普陀区图书馆在少儿阅读的空间、内容、形式等方面得到了进一步的提升。

普陀区图书馆重点打造文化品牌“苏州河书房”，以苏州河书房读书会、苏州河书房·悦读乐园、苏州河作家联盟以及苏州河阅读沙龙等阅读品牌，形成立体的“苏州河书房”阅读活动体系，将阅读空间的硬件设施和阅读活动的软件建设有机融合，着力于推广全民阅读，打造书香普陀。

表7.5　普陀区公共图书馆“一卡通”服务点

名　称	地　址	电　话
普陀区图书馆	铜川路1278号	53657489
普陀区图书馆（少儿馆）	延长西路400号	56611294
普陀区图书馆曹杨新村街道分馆	杏山路317号	52660499
普陀区图书馆长风新村街道分馆	枣阳路251弄100号	52669760
普陀区图书馆长寿路街道分馆	新会路25号	62766851
普陀区图书馆万里街道分馆	富平路518号	66099979
普陀区图书馆长征镇分馆	梅川路1255号4楼	52686809
普陀区图书馆甘泉路街道分馆	平利路41弄16号甲	56954586
普陀区图书馆石泉路街道分馆	宁强路33号	60837514
普陀区图书馆桃浦镇分馆	红棉路188号	66261291
普陀区图书馆宜川路街道分馆	华阴路200号	56483511
普陀区图书馆真如镇街道分馆	兰溪路968号	52858847

虹口区图书馆

地　址：上海市虹口区水电路1412号

电　话：021-33623900

网　址：http：//www.hqlib.cn

微信号：上海市虹口区图书馆

虹口区图书馆是国家地市级“一级图书馆”、全国文明单位，三处馆舍总面积12 427平方米，年接待读者160万人次左右，总藏书量约122万册/件，共有阅览席位1 519个。

虹口区图书馆总馆于2010年12月28日正式对外开放，是一座集借、阅、藏、

虹口区图书馆

查、观、听为一体兼具阅读休闲功能的开放型公共图书馆。总馆创设了多个阅读推广品牌，“虹图大讲坛”“e厘米信息素养培训”“彩虹屋的奇妙之旅”“洄游书屋”等品牌活动以及馆外服务项目“菜场书屋”深受广大读者和社区群众的欢迎，更得到各方肯定，荣获“上海市公共文化服务体系示范项目”“上海市公共文化建设创新项目”等各类奖项。

虹口区图书馆曲阳分馆建于1987年10月，自建馆之初，即致力于影视文献特色服务项目的开发与建设，通过广泛收集电影、电视类专著，期刊、报纸、剧本、剧照、海报、手稿、剪报等各类纸质资料以及录像带、VCD、LD、DVD等音像资料，形成了一定规模的专题文献资源。1993年，上海市文化局将该馆命名为“上海影视文献图书馆”，使之成为当时国内唯一一家提供影视资料信息服务的主题图书馆。该馆的影视文献部为广大读者提供优质专业的影视专题检索、咨询及课题服务；同时，编印《影视文献导刊》，举办各类影视艺术讲座。该馆曾多次举办上海国际电影节“国际学生短片展映与交流单元”活动，使该馆影视主题特色的学术性得到了进一步提升。

虹口区图书馆乍浦分馆成立于1957年，馆内除了基本服务外，还设有24小时自助图书室及地方文献部。现代文化名人作品专题资料是乍浦分馆的特色文献收藏，汇集了鲁迅、瞿秋白、郭沫若、茅盾、叶圣陶、夏衍、冯雪峰、丁玲等一批现代文化名人的著作、研究论著及相关文献，为文化工作者及普通读者研究、赏阅名人名著提供了较有价值的参考资料。

表7.6　虹口区公共图书馆“一卡通”服务点

名称	地址	电话
虹口区图书馆总馆	水电路1412号	33623900
虹口 区图书馆乍浦分馆	乍浦路245号	63245422
虹口区图书馆曲阳分馆	曲阳路574号	65553603
虹口区图书馆广中路街道分馆	广中二村58号	65423206
虹口区图书馆嘉兴路街道分馆	瑞虹路400号	35080079
虹口区图书馆江湾镇街道分馆	江湾镇场中路4弄15号	65169006
虹口区图书馆凉城新村街道分馆	车站南路340号4楼	35073673*621
虹口区图书馆欧阳路街道分馆	四平路621弄甲100号	65752252
虹口区图书馆曲阳路街道分馆	中山北一路998号	65366211
虹口区图书馆四川北路街道分馆	海伦路505号	65875551*8045
虹口区图书馆北外滩街道分馆	海门路539号	65416782

杨浦区图书馆

地　址：长海路366号

邮　编：200433

电　话：021-65559903

网　址：http：//www.yplib.org.cn

微信号：上海市杨浦区图书馆

杨浦区图书馆

杨浦区图书馆始建于1956年，目前以“一总两分”模式运行。总馆的前身为旧上海市图书馆，为上海市优秀历史保护建筑，下设平凉分馆和少儿分馆。

杨浦区图书馆是上海市志愿者服务基地、上海市爱国主义教育基地、上海市文明单位、全国文旅公共服务机构功能融合试点单位和全国公共图书馆文创联盟成员单位。现有馆舍建筑面积总计19 830平方米，现藏纸质文献、视听文献、地方文献138万册/件，年度到馆人次、图书外借册次均逾百万。

坚持融合创新，打造城市客厅。专设“上海近代市政主题馆·杨浦馆”，揭示当代“知识杨浦”之于“大上海计划”的传承和发展。开辟“创YUE空间”互动交流区，携手大隐书局打造“杨浦人文书房”，滋养读者文化生活。依托图书盘点机器人、三维全息影像展示、AR互动导航系统等新技术，提供全景式、便捷化的阅读体验。开发“小故宫”相关系列文创周边，定制各类宣传资料、手绘地图，契合文旅融合新发展。

深耕品牌阅读，彰显文化自信。围绕“一带一路”“长三角一体化发展”，深化文化交流互鉴，借助社会外力和名家优势，突显特色品牌内涵，匠心打造“阅读好声音”“静思讲坛”“书香下午茶”“欧洲之窗”“我的小书房”等十余种阅读品牌活动，满足公众对多元文化的需求。

完善服务体系，助推精准服务。以读者需求为导向，开发大数据展示平台、计算机房虚拟化平台，实现“个性”服务推送。在全市率先建立了“O2O图书网借”“书界”平台，以借阅服务通全域，优化图书流通方式，破解读者借阅图书“最后一公里”难题，成为图书馆三级服务网络的有益补充，“1+12+X”图书馆总分馆服务体系基本建成。

杨浦区图书馆积极践行“服务读者生活，实践知识共享与文化传播”的建设愿景，以对接市民基本需求为服务导向，努力打造“有故事、有品质、有温度、有精神”的城市阅读新地标。

表7.7　杨浦区公共图书馆“一卡通”服务点

名称	地址	电话
杨浦区图书馆四平路街道分馆	抚顺路360号	65020254
杨浦区图书馆平凉路街道分馆	怀德路399号	65468141
杨浦区图书馆控江路街道分馆	凤城二村19号	33777682
杨浦区图书馆定海路街道分馆	长阳路3066号	65669882

（续表）

名称	地址	电话
杨浦区图书馆大桥街道分馆	平凉路1730号	65184903
杨浦区图书馆五角场街道分馆	政化路257号	65679252
杨浦区图书馆长海路街道分馆	馆舍1：政府路78号	65570029
	馆舍2：翔殷路505弄3号	55220584
	馆舍3：民京路823号甲	65886993
杨浦区图书馆殷行街道分馆	市光三村164号	65322205*201
杨浦区图书馆长白新村街道分馆	延吉东路105号	55832086
杨浦区图书馆延吉新村街道分馆	靖宇东路269号	55227370-0
杨浦区图书馆江浦路街道分馆	许昌路1150号	65853038
杨浦区图书馆新江湾城街道分馆	国秀路700号	65103082

闵行区图书馆

地　　址：上海市闵行区名都路85号
邮　　编：201199
电　　话：021-64604108
网　　址：www.mhlib.sh.cn
微信公众号：上海市闵行区图书馆

闵行区图书馆，毗邻上海城市剧院与莘城中央公园，是掩映在繁华与绿荫之间的静谧书房。馆舍占地2 695平方米，建筑面积15 500平方米，阅览座位1 100余个，拥有藏书140余万册，其中包含古籍善本、地方文献、外文原版书等特色馆

闵行区图书馆

藏。现为国家地（市）级一级馆、上海市文明单位。

举办读书活动，倡导全民阅读风尚。敏读会、闵图妈妈小屋、公益文化讲座、阅读马拉松、闵图云荐书等品牌读者活动，不仅弘扬“阅读是生活的一种方式”的阅读理念，更加倡导有深度、有广度、有内涵的阅读方式，丰富了广大读者的精神文化生活。每年的世界读书日、上海书展、上海市民文化节、上海童话节期间，图书馆都举办特色读书活动，营造了良好的全民阅读氛围。

创新服务方式，推进数字图书馆建设。提供知识导航、信息咨询、数字资源检索与利用、远程访问、无线上网等服务；利用闵图官方网站、闵图书芯博客、闵图微博、上海市闵行区图书馆公众号和抖音号等，引入线上、线下互动机制，搭建图书馆与读者数字化交流平台。

构建学术平台，提升馆员专业素质。2015年成立敏思学社，该学社主要开展馆员技能培训、业务钻研、学术交流等活动，进一步营造良好的图书馆员专业学习与学术研究氛围，提升馆员业务技能与专业水平，先后出版了《敏读光阴》《萤窗万卷——闵行区图书馆阅读推广探索与实践》《清芬集》《董传策集》《闵行诗存》五本论著。

加强社会合作，完善服务协作机制。利用地理资源优势，与上海交通大学闵行分校开展合作交流，为广大读者办理交大馆读者证，在本馆就可访问交大数字资源；与新华书店闵行分店合作，在闵行区域内率先试点开展“新书你先读”公益活动，实现图书馆与实体书店在藏书和服务上的互动；与同行业、公益组织、社会团体、出版社、企业和教育机构等进行合作，提升馆藏品质，丰富活动形态，启发新思考、新观点。

拓展服务空间，新建公共文化场所。2017年6月，“城市书房”闵图分馆正式开馆，免费向市民开放。该书房面积为96平方米，藏书5 000多册，共设座椅近40个，装修简约，布置雅致。“城市书房”采用全方位网络化自助式，读者自我管理的运营模式，只需一张身份证或者“一卡通”读者证就可入内，为读者提供阅览、自习、电子书下载、无线上网和阅读推广等服务。

闵行区图书馆作为一个基层公共图书馆，秉持“开放、免费、普遍均等”的服务理念，始终坚持“以人为本”“读者第一、服务至上”的服务宗旨，努力贯彻实践上海市公共图书馆行业“一视同仁、耐心细致、及时快捷、想方设法”的服务承诺，在保障图书馆服务普遍均等、缩小社会信息鸿沟、促进社会信息公平、提高公民素质、促进人的全面发展和社会可持续发展方面做出了积极努力。

表7.8 闵行区公共图书馆“一卡通”服务点

<table>
<tr><th>名称</th><th>地址</th><th>电话</th></tr>
<tr><td>闵行区图书馆</td><td>名都路85号</td><td>64604108</td></tr>
<tr><td>城市书房 闵图馆</td><td>名都路85号</td><td>64605991</td></tr>
<tr><td>闵行区图书馆莘庄镇分馆</td><td>莘庄镇七莘路326号</td><td rowspan="2">64922678</td></tr>
<tr><td>城市书房 莘庄馆</td><td>莘松路380号</td></tr>
<tr><td>闵行区图书馆古美路街道分馆</td><td>平阳路256号</td><td rowspan="2">54933850</td></tr>
<tr><td>城市书房 春江悦馆</td><td>古美西路750号</td></tr>
<tr><td>闵行区图书馆虹桥镇分馆</td><td>虹桥镇万源路2800号</td><td>64056200*133</td></tr>
<tr><td>闵行区图书馆华漕镇分馆</td><td>华漕镇纪翟路550号</td><td>33509586</td></tr>
<tr><td>闵行区图书馆江川路街道分馆</td><td>鹤庆路366号</td><td rowspan="6">54702642</td></tr>
<tr><td>城市书房 碧江馆</td><td>鹤庆路900号9号楼1楼</td></tr>
<tr><td>城市书房 凤凰馆</td><td>石屏路517号</td></tr>
<tr><td>城市书房 沧源馆</td><td>德宏路2541号</td></tr>
<tr><td>城市书房 金平馆（仅供阅览）</td><td>金平路516号</td></tr>
<tr><td>城市书房 闵开发馆（仅供阅览）</td><td>文井路105号</td></tr>
<tr><td>城市书房 红园馆（仅供阅览）</td><td>江川路358号</td><td rowspan="2">64091548</td></tr>
<tr><td>城市书房 闵开发智慧书房</td><td>文井路135号</td></tr>
<tr><td>闵行区图书馆梅陇镇分馆</td><td>梅陇镇高兴路108号</td><td>64762538</td></tr>
<tr><td>闵行区图书馆梅陇镇分馆（晶城）</td><td>梅陇镇兴南路385号</td><td>64767131</td></tr>
<tr><td>闵行区图书馆浦江镇分馆</td><td>浦江镇立跃路3889号</td><td rowspan="2">64299895</td></tr>
<tr><td>城市书房 浦心馆</td><td>陈行公路2388号7号楼B1</td></tr>
<tr><td>闵行区图书馆七宝镇分馆</td><td>七宝镇沪松公路450号</td><td rowspan="2">54859960*4021</td></tr>
<tr><td>城市书房 沪星馆</td><td>七莘路3750号</td></tr>
<tr><td>闵行区图书馆吴泾镇分馆</td><td>尚义路39弄3号楼401室（宝龙广场）</td><td>34501231</td></tr>
<tr><td>闵行区图书馆新虹街道分馆</td><td>宁虹路1122号</td><td>62210858*807</td></tr>
<tr><td>闵行区图书馆莘庄工业区分馆</td><td>颛盛路745号</td><td>52966927</td></tr>
<tr><td>闵行区图书馆颛桥镇分馆</td><td>都市路2699号</td><td rowspan="2">64890253</td></tr>
<tr><td>城市书房 光华馆</td><td>光华路68号</td></tr>
<tr><td>城市书房 江桦馆（仅供阅览）</td><td>江桦馆路651号</td><td>34781923</td></tr>
</table>

宝山区图书馆

地　址：上海市宝山区海江路600号

邮　编：200940

电　话：021-56113400

网　址：http：//www.bslib.org

微信号：上海市宝山区图书馆

宝山区图书馆毗邻长江之畔，于1989年3月成立，由原宝山县图书馆和吴淞区图书馆合并而成，是国家一级图书馆。宝山区图书馆以“关注读者·用心服务”为

宝山区图书馆

立馆之本，着力建设“市民终身学习的知识殿堂、信息共享的中心枢纽、社区生活的技术港湾、文化休闲的经典雅座、社会文明的示范窗口”。

现有馆舍建筑面积12 000平方米，馆藏量98万册/件，拥有开架图书近65万册（其中80%已实现数字化），数字资源150TB，涵盖电子期刊、电子图书、学术论文、视听资料等内容。日接待读者能力约6 000人次，年举办各种读书活动约300场次。

馆内采用VCE技术全面搭建云计算平台，RFID技术、桌面虚拟化技术、自助办证、自助借还、自助复印打印扫描等普遍应用。读者可免押金办理读者证。同时，通过VPN技术，读者可在任何地方免费获取各类馆藏数字资源。

宝山区图书馆积极开展以讲座、展览、培训等多种形式的各类寓教于乐、主题集中、知识含量突出的公共文化服务。以馆中馆的形式，建立陈伯吹纪念馆，成功打造“诵读经典 点亮童心”陈伯吹国际儿童文学奖经典作品诵读活动品牌；创立“童心筑梦”宝山儿童文学名家工作室，引入秦文君、梅子涵、庞婕蕾、殷健灵等儿童文学名家，开展形式多样的儿童文学阅读推广活动；推出“宝山市民美育大课堂”，让公众跟着艺术导师漫游博物馆，体会艺术生活。

目前已建成以“宝山区图书馆”为总馆，覆盖全区的公共图书馆总分馆体系，全区公共图书馆组织管理、服务效能得到大幅提升，为实现“公益性、基本性、均等性、便利性”服务目标奠定了坚实基础。

表7.9 宝山区公共图书馆“一卡通”服务点

名称	地址	电话
宝山区图书馆	海江路600号	56113400
宝山区图书馆大场镇分馆	大场镇沪太路2010号-1	66691516
宝山区图书馆高境镇分馆	高境镇高境路371号	56823725
宝山区图书馆顾村镇分馆	顾村镇共富路476弄122号	33712629
宝山区图书馆顾村镇分馆（菊泉）	顾村镇菊盛路99弄70号 菊泉文体中心1楼	56022711
宝山区图书馆顾村镇分馆（诗乡广场）	顾村镇富联路368号 诗乡广场2楼	56460912
宝山区图书馆顾村镇分馆（馨佳园）	顾村镇潘广路1445号	56180193
宝山区图书馆罗店镇分馆	罗店镇塘西街366-370号	36558206

（续表）

名称	地址	电话
宝山区图书馆罗店镇分馆（美兰湖）	美兰湖美诺路131号	33851927
宝山区图书馆罗店镇分馆（罗南）	罗店镇南东路58号	33700192
宝山区图书馆罗泾镇分馆	陈功路799号	66876292
宝山区图书馆庙行镇分馆	庙行镇长江西路2697号	36359657
宝山区图书馆淞南镇分馆	淞南镇长江南路583号	66182623
宝山区图书馆吴淞街道分馆	淞浦路492号	66630366
宝山区图书馆杨行镇分馆	杨行镇松兰路826号	33850105
宝山区图书馆友谊路街道分馆	密山路131号2楼201室	56126738
宝山区图书馆月浦镇分馆	月浦镇安家路3号	36303371、56198592
宝山区图书馆张庙街道分馆	通河路590号	66206307

嘉定区图书馆

地　址：上海市嘉定区裕民南路1288号
邮　编：201821
电　话：021-31220098
网　址：http：//www.jdlib.cn
微信号：上海市嘉定区图书馆

嘉定县图书馆成立于1957年，1993年撤县建区后，改称为嘉定区图书馆。2013年，裕民南路新馆建成开放后，与清河路分馆形成“一区两馆”服务模式。

嘉定区图书馆

嘉定区图书馆是全国文明图书馆、国家一级图书馆、全国家庭亲子阅读体验基地、上海市文明单位、上海市爱心助老特色基地、上海市爱国主义教育基地。馆舍建筑总面积2.27万平方米，阅览座席1500个，馆藏图书约144万册。

精细化服务提升阅读体验。嘉定区图书馆集文献借阅、展览、培训、数字阅读、影音视听、学术研究等功能于一身。裕民南路新馆将江南水乡书院的风格概念从室外延伸到室内，曾获评美国权威设计杂志《室内设计》（*Interior Design*）评选的2013“全球最佳公共图书馆”。依托“文化嘉定云”“文教结合”等项目，通过上海市民文化节中华优秀传统文化传承系列赛事、嘉定读书月、嘉图讲座、周末故事会、助残直通车等阅读推广活动，服务覆盖各个读者群体。《媒体看嘉定》《嘉乡文献》等信息服务，持续助力区域社会经济发展。

标准化建设保障文化民生。2014年启动ISO9001质量管理体系认证，并于2015年4月正式通过；2015年6月成为“上海市公共文化服务标准化试点”承担单位之一。2018年4月，《公共文化服务规范——公共图书馆》成为上海市首批区级标准之一。持续推动公共图书馆总分馆制建设创新升级，实践“全域”服务模式，即将图书馆的建筑服务空间、社会公共空间、网络数字空间融为一体，不断完善区级总馆、街镇分馆、“我嘉书房”延伸服务点共同构成的总分馆服务体系。

多元化合作凝聚发展合力。通过法人治理结构改革、跨界合作、购买服务等形式，推动社会力量参与公共图书馆建设。先后成立嘉定区公共文化服务图书馆议事会、嘉定区图书馆理事会，将“社会共建”作为深化法人治理结构改革的切入点。成立嘉定区阅读推广伙伴联盟，建设以社会化合作模式运营的多功能、自助化的“我嘉书房”延伸服务点等，有效吸引公共文化建设资源。

智能化探索对标精准便捷。紧扣区域特色和读者需求，不断丰富公共数字文化服务形式。以“文化嘉定云”为平台，开设“网上书房”，实现数据库远程服务；推出活动网上预约及场馆网上预订，定时发布优质项目数字资源，为公众提供综合性、一站式的线上服务。提出“全程智能”建设计划，致力于在图书馆服务与管理的创新中全面并持续注入智能化元素，实现万物互联的智能技术对图书馆的全面赋能。

嘉定区图书馆秉承“以人为本，开放平等，创新务实，公益民主”的核心价值观，以“传承文化，让阅读‘触手可及’”为使命，一手抓管理体制改革，一手抓服务能级提升，围绕市民需求探索实践“全域服务”“全程智能”发展模式，让更多读者共享公共图书馆的发展建设成果。

表7.10 嘉定区公共图书馆“一卡通”服务点

名称	地址	电话
嘉定区图书馆	裕民南路1288号	31220098*635
嘉定区图书馆（清河路）	清河路34弄40号	31220098*658
我嘉书房（嘉定新城 · 裕民南路）	裕民南路1288号	31220098
嘉定区图书馆安亭镇分馆	安亭镇墨玉路149号	59576959
嘉定区图书馆安亭镇分馆（黄渡）	安亭镇博园路4800号	59596171*204
嘉定区图书馆安亭镇分馆（方泰）	安亭镇嘉松北路4355弄88号（方泰幼儿园对面）	59132051*802
我嘉书房（安亭 · 安亭新镇）	安智路155号1楼	59576959*8002
我嘉书房（安亭 · 财富广场）	曹安公路5616号	
我嘉书房（安亭 · 环同济创智城）	曹安公路4811号绿地大厦1楼	
我嘉书房（安亭 · 经济发展中心）	宝安公路4229号	
嘉定区图书馆华亭镇分馆	嘉行公路3198号	59959215
我嘉书房（华亭 · 市民中心）	嘉行公路3198号 华亭镇市民中心大楼1楼	59956129
嘉定区图书馆嘉定工业区分馆（北区）	汇源路188号2号楼	59543562
我嘉书房（工业区 · 金融谷）	城北路1818号1楼	39965022
我嘉书房（工业区 · 海裕广场）	裕民路358号	
嘉定区图书馆嘉定镇街道分馆	嘉定镇清河路196号	59537340
我嘉书房（嘉定镇 · 瑞恩站）	博乐路55号3楼	59538249
我嘉书房（嘉定镇 · 察院弄）	清河路34弄40号北侧	
嘉定区图书馆江桥镇分馆	江桥镇华江路129弄2号楼	39516976
嘉定区图书馆江桥镇分馆（封浜）	江桥镇曹安路3460号	69001685
我嘉书房（江桥 · 北虹桥时尚园）	华江路1078号3号楼1楼	39516976
嘉定区图书馆菊园新区分馆	棋盘路1255号	80109230
我嘉书房（菊园 · 绿地天呈）	嘉唐公路169弄109号101室	80109233
我嘉书房（菊园 · 双创街）	陈家山路355号1楼	
我嘉书房（菊园 · 嘉悦）	秋竹路801弄41号	
我嘉书房（菊园 · 嘉筱）	秋竹路108号	

（续表）

<table>
<tr><th>名称</th><th>地址</th><th>电话</th></tr>
<tr><td>嘉定区图书馆嘉定新城（马陆镇）分馆</td><td>马陆镇宝安公路3322号</td><td>39153231</td></tr>
<tr><td>嘉定区图书馆马陆镇分馆（戬浜）</td><td>马陆镇嘉戬支路292号</td><td>59153972</td></tr>
<tr><td>我嘉书房（嘉定新城·宝龙广场）</td><td>德富路1090号</td><td rowspan="5">39153231</td></tr>
<tr><td>我嘉书房（嘉定新城·洪德路）</td><td>洪德路50-62号</td></tr>
<tr><td>我嘉书房（嘉定新城·希望社区）</td><td>双单路1499号</td></tr>
<tr><td>我嘉书房（马陆镇·北管村）</td><td>北陈路491号</td></tr>
<tr><td>我嘉书房（马陆镇·艺外萄源）</td><td>大治路28号</td></tr>
<tr><td>嘉定区图书馆南翔镇分馆</td><td>南翔镇古猗园路737号</td><td rowspan="6">69120922</td></tr>
<tr><td>我嘉书房（南翔·安居广场）</td><td>银翔路1227弄2楼</td></tr>
<tr><td>我嘉书房（南翔·智地）</td><td>沪宜公路1188号</td></tr>
<tr><td>我嘉书房（南翔·名士居）</td><td>共和街28号</td></tr>
<tr><td>我嘉书房（南翔·太茂）</td><td>丰翔路3168号</td></tr>
<tr><td>我嘉书房（南翔·东社区）</td><td>宝翔路160号2楼</td></tr>
<tr><td>嘉定区图书馆外冈镇分馆</td><td>外冈镇中泉路129弄20号</td><td rowspan="2">39979173</td></tr>
<tr><td>我嘉书房（外冈·邻里中心）</td><td>恒荣路386号2楼</td></tr>
<tr><td>嘉定区图书馆新成路街道分馆</td><td>仓场路349号</td><td>69993067</td></tr>
<tr><td>我嘉书房（新成路·迎园广场）</td><td>迎园中路638号2楼</td><td>39190677</td></tr>
<tr><td>嘉定区图书馆徐行镇分馆</td><td>徐行镇新建一路1568号</td><td>59558135</td></tr>
<tr><td>我嘉书房（徐行镇·碧桂园）</td><td>启悦路700弄</td><td>59555040</td></tr>
<tr><td>嘉定区图书馆真新街道分馆</td><td>嘉定区清峪路855号</td><td>59180192</td></tr>
<tr><td>我嘉书房（真新街道·曹安商区）</td><td>曹安路1618号</td><td rowspan="2">59181982</td></tr>
<tr><td>我嘉书房（真新街道·祁连分中心）</td><td>丰庄北路480弄128号</td></tr>
</table>

浦东图书馆

地　址：上海市浦东新区前程路88号

邮　编：201204

电　话：021-38829588

网　址：http：//www.pdlib.com

微信号：浦东图书馆、浦东新区陆家嘴图书馆

浦东图书馆

浦东图书馆是浦东新区公共图书馆，前身为上海市浦东新区图书馆，始建于2001年4月。2010年5月，上海市浦东新区图书馆由迎春路324号搬迁至前程路88号新馆，更名为上海浦东图书馆，2010年10月22日正式开馆。

浦东图书馆总馆毗邻中国浦东干部学院，地处花木行政文化公园，建筑面积64 660平方米，阅览座位3 000余个。建筑外观为简洁大气的立方体，远看像一个大书柜，内部设计为“全开放”“大空间”“无间隔”格局，读者可以在书海自由徜徉。馆藏纸质图书约479万册，电子图书320万余册，持证读者70万余人，年接待读者量最多时达600多万人次。近两年，积极建设“上海儿童文学基地”和“浦东地方文献中心”，建成《浦东历史人物数据库》《浦东开发开放专题信息数据库》，逐步形成儿童文学和地方文献两大馆藏特色。

开放包容，以全民阅读为己任。浦东图书馆全年365天开放，基本服务全部免费，并免费为读者提供无线网络及远程访问数字资源。每年举办浦东图书馆读书节，开展阅读推广活动1 000多场，“阅见东方”“问道・教育”“浦东图书馆奇妙夜”“浦图公开课”“浦江学堂”、“无障碍电脑培训”“少儿写作乐园”“数字体验嘉年华”等品牌活动，人文与科技并重，覆盖多元群体，吸引了众多市民读者走进图书馆，找到属于自己的精神家园。

海纳百川，致力于区域图书馆整体成长。在浦东新区范围内，建成区、街道（乡镇）、居（村）三级总分馆服务体系，总分馆提供标准化服务，开展联动阅读推广。对标浦东建设“更有魅力、更有活力、更有温度的人文之城”的发展要求，近几年，着力打造了金融主题馆、科技主题馆、名人主题馆、运动主题馆、国际象棋主题馆、艺术主题馆、影像主题馆等十家主题馆，并逐步布局多点开花、百花齐放的优质文化空间。

追求卓越，以学术引领业务发展。浦东图书馆秉承先行先试、务实创新的浦东精神，注重顶层设计，鼓励学术研究，加强国际交流，每年举办“浦东图书馆学术论坛”，探索公共图书馆转型发展之路，荣获“全国文明单位”“全国文化系统先进集体”“2020年书香城市”“全民阅读示范基地”“全国示范性图书情报专业学位研究生联合培养基地”“全国盲人阅读推广优秀单位”“全国家庭亲子阅读体验基地”等称号。

浦东新区新川沙图书馆

地　址：上海市浦东新区川沙新镇新川路555号、川沙新镇川黄路157号

邮　编：201299

电　话：021-58981071（新川路）；021-58981465（川黄路）

网　站：http：//www.xcslib.com

微信号：新川沙图书馆

浦东新区新川沙图书馆成立于2006年6月，由原浦东新区图书馆川沙分馆和少儿分馆合并组建而成，其前身分别为川沙县图书馆和川沙县少年儿童图书馆。

浦东新区新川沙图书馆

浦东新区新川沙图书馆馆舍面积4 300平方米，分处川黄路和新川路两地，现有藏书40余万册，订阅报刊500多种，设有阅览座位400余席。其中川黄路157号以服务成人为主，开设服务窗口有图书外借室、报刊阅览室、参考阅览室、读者自修室、报告厅、展览厅等空间；新川路555号以服务少儿为主，开设服务窗口有少儿图书外借室、少儿阅览室、电子阅览室、小蜜蜂亲子主题馆、读者自修室。下辖川沙地区六灶、六团、黄楼、城厢、城南等5个社区图书馆，管理上按照分馆模式，实现统一管理。

浦东新区新川沙图书馆秉承“读者第一、服务至上”的宗旨，以提供优质服务为核心，以文献资源建设为着力点，以数字图书馆建设为抓手，以学龄前儿童教育和医药保健服务为特色服务项目，积极推进全民阅读活动。浦东新区新川沙图书馆2012年起加入上海市中心图书馆“一卡通”系统，实现全市通借通还。浦东新区新川沙图书馆以营造书香社会为己任，努力优化空间环境，倡导文明服务，以数字化、网络化、智能化为技术基础，不断提高智慧服务能力。

表7.11　浦东新区公共图书馆“一卡通”服务点

名称	地址	电话
浦东图书馆	前程路88号	38829588
浦东图书馆（南汇）	惠南镇人民西路326号	58022931*8002
浦东图书馆（陆家嘴）	东方路38号	58828788
浦东图书馆（融书房）	浦城路150号	68600119
浦东图书馆北蔡镇分馆	北蔡镇陈春路101号文广中心3楼	58916043
浦东图书馆曹路镇分馆	曹路镇川沙路582号	58633020
浦东图书馆浦东图书馆大团镇分馆	大团镇南团公路3330号	58080338
浦东图书馆东明路街道分馆	三林路1299号2楼	50831310
浦东图书馆高东镇分馆	高东镇光烁路39号	58480411
浦东图书馆高桥镇分馆	高桥镇张杨北路5425号	58872660*815
浦东图书馆高桥镇分馆（季景）	高桥凌桥江东路1380弄110号	58878955*807
浦东图书馆高行镇分馆	高行镇新行路340号	68974842
浦东图书馆航头镇分馆	航头镇航鹤路388号	68221361
浦东图书馆合庆镇分馆	合庆镇东川公路7781号	68900641
浦东图书馆沪东新村街道分馆	柳埠路135弄25号	58461895
浦东图书馆花木街道分馆	梅花路289号401室	50450204*8069

（续表）

名称	地址	电话
浦东图书馆惠南镇分馆	惠南镇川南奉公路6193号	68272127
浦东图书馆金桥镇分馆	金桥镇金高路1777号3楼	58991348
浦东图书馆金杨新村街道分馆	云山路1080弄2号	58710121
浦东图书馆康桥镇分馆	康桥镇康沈路686号	68122794
浦东图书馆老港镇分馆	老港镇建中路458号	58051365
浦东图书馆新城镇分馆（芦潮港）	芦潮港镇芦硕路298号	20942108
浦东图书馆陆家嘴街道分馆	乳山路155号	58772787
浦东图书馆南码头路街道分馆	南码头路400号	58395512
浦东图书馆泥城镇分馆	泥城镇鸿音路3156弄8号	58078268
浦东图书馆浦兴路街道分馆	博兴路1473号	50252046
浦东图书馆三林镇分馆	三林镇三林路338号	58410181
浦东图书馆三林镇分馆（世博）	东书房路629弄8号305室	68747825
浦东图书馆上钢新村街道分馆	历城路75号	50898692
浦东图书馆书院镇分馆	书院镇老芦公路861号	33753793*8005
浦东图书馆塘桥街道分馆	蓝村路86号	58890878
浦东图书馆唐镇分馆	唐镇顾唐路3150号	68790061*1007
浦东图书馆万祥镇分馆	万祥镇万祥路95号	58046512
浦东图书馆潍坊新村街道分馆	南泉路269号	58206636*201
浦东图书馆新场镇分馆	新场镇新环东路276号	58171239*203
浦东图书馆宣桥镇分馆	宣桥镇下盐公路3824号	58033619
浦东图书馆洋泾街道分馆	博山路51弄60号	58852883*8001
浦东图书馆张江镇分馆	张江镇中科路2329号	58551015
浦东图书馆张江镇分馆（孙桥）	张江镇高木桥路517号2楼	68779600
浦东图书馆周家渡街道分馆	齐河路508号	68585881
浦东图书馆周浦镇分馆	周浦镇周东路266号	68110520
傅雷图书馆（浦东图书馆名人主题馆）	沈梅东路800号	68116812
浦东图书馆祝桥镇分馆	祝桥镇航亭环路158号	58102647
浦东图书馆新城镇分馆（申港）	南汇新城古棕路211号5楼	20926059
浦南文化馆图书馆	杨新路61号	68328923
浦东新区新川沙图书馆（川黄路）	川黄路157号	58981465
浦东新区新川沙图书馆（新川路）	新川路555号	58981071*17
浦东新区新川沙图书馆六灶分馆	六灶镇 周祝公路2376号	58162211

金山区图书馆

地　址：上海市金山区蒙山北路280号

邮　编：200540

电　话：021-57932817

网　址：http://www.jslib.sh.cn

微信号：上海市金山区图书馆

金山区图书馆位于蒙山北路280号，坐落在金文大厦内。作为国家一级公共图书馆，这里不仅是人们静心阅读的场所，还是一处以人文精神为导向的阅读空间。馆内有超过40万册的图书资源供读者取阅，由专业的工作人员提供全方位的阅读导览服务。

金山区图书馆

打造“掌上总分馆”，创新总分馆制服务手段。金山区图书馆将区内各个分馆及服务点的信息和品牌活动通过微信公众号发布，方便读者就近参与各类阅读活动。读者还能通过微信公众号免费使用区总馆的各类数字资源，并提供馆内资源检索、图书续借、读者点书、活动预约等多项服务。

秉承公益多元的理念，打造精彩纷呈的品牌文化活动。金山区图书馆的品牌活动包括云集海内外著名作家、学者、艺术家的“金文讲坛”，受邀嘉宾化身为书海中的同行人，与读者促膝而谈，通过一本书、一段人生经验的分享，把阅读的真谛带给每一个人。“金山阅读派”“暑期阅读提升计划”“爱心书香漂流”“阅读有你培育计划”等一系列品牌主题活动吸引到众多读者参与，通过分享自己的阅读经验，感悟阅读所带来的“灵动的喜悦”。

保护与开发并重，让金山古籍“活”起来。金山的古籍遗产丰厚，馆藏古籍文献9 194册，内容以上海地区府县旧志、乡镇旧志、清朝及近代本邑文人诗文集、南社成员著述、清代科考试卷为主，遍及经、史、子、集四部，自成体系。金山区图书馆作为区域内古籍文献的收藏中心、研究中心，整理出版了《述庐文录·惠风簃剩稿》《吴越韵痕——金山，嘉兴风土诗词精读》《清百家词录》等。馆内搭建的古籍数字化服务平台，让古籍不再尘封书库，得到有效的开发利用，方便读者使用宝贵的地方特色文献资源。

表7.12　金山区公共图书馆“一卡通”服务点

名称	地址	电话
金山区图书馆	金山区蒙山北路280号	57932817*11
金山区图书馆漕泾镇分馆	漕泾镇富漕路239号	67258033
金山区图书馆枫泾镇分馆	枫泾镇枫丽路127号	57351370
金山区图书馆金山工业区分馆	金山区恒顺路280弄39号	57255640
金山区图书馆金山卫镇分馆	金山卫镇古城路295号	57260148
金山区图书馆廊下镇分馆	廊下镇景乐路228号	57392260
金山区图书馆吕巷镇分馆	吕巷镇朱吕公路6858号	57376833
金山区图书馆吕巷镇分馆（干巷）	吕巷镇干新路7号	57376833
金山区图书馆山阳镇分馆	山阳镇体育路53号	57241230
金山区图书馆石化街道分馆	柳城路291号	33696521
金山区图书馆亭林镇分馆	亭林镇亭升路550弄33号	67235395
金山区图书馆张堰镇分馆	张堰镇东贤路961号	57212033
金山区图书馆朱泾镇分馆	朱泾镇人民路360号	57321927

松江区图书馆

地　址：上海市松江区人民北路1626号

邮　编：201620

电　话：021-67735018

网　址：http：//www.sjlib.com.cn

微信号：上海市松江区图书馆

松江区图书馆

松江区图书馆位于人民北路1626号，地处松江新城中心绿化带，西北两侧被河环抱，东南为松江区行政管理中心，北侧为松江大学城，全年365天免费开放。

松江区图书馆是国家一级图书馆、上海公益基地、上海市“市民修身行动”市级示范点、上海市中心图书馆松江分馆、松江区学生社会实践基地、松江区学雷锋志愿者服务公益基地，屡次被评为上海市中心图书馆工作先进集体、上海市平安示范单位。每周开放时间80.5小时，设有成人外借、成人阅览、电子阅览、少儿借阅、自修室、文化展厅、地方文献馆等功能区域。现有馆藏文献约80万册，建筑面积6 411平方米。

松江区图书馆自开馆以来，大力推广全民阅读。在市民文化服务日、世界读书日、图书馆服务宣传周、暑期读书月、上海书展等节点开展各类阅读推广活动，承办松江书香之域“书香月”活动、“文明修身文化寻根”——家庭阅读系列活动，积极参与上海市民文化节、上海童话节、松江区百姓明星大舞台、松江区文化科技卫生“三下乡”等大型文化活动，开展“万部图书进基层”公共文化配送项目，打造阅读活动品牌，已形成“小松果悦读会”少儿阅读品牌，创建“华亭讲堂”市民讲座品牌。

松江区图书馆微信公众号提供网上续借、移动数字阅读等服务，推进《上海松江地方特色馆藏资源专题库》建设，现有史志、非遗、松江人著作、古籍等4个数字资源文库。

松江区图书馆已全面实施松江区公共图书馆总分馆体系建设，成立松江区图书馆第一届理事会，提高图书馆的管理运行效率，强化图书馆的公益属性，满足市民群众文化需求，提升公共文化服务质量，扩大人文松江建设向纵深发展。

表7.13　松江区公共图书馆“一卡通”服务点

名称	地址	电话
松江区图书馆	人民北路1626号	67735018
松江区车墩镇图书馆	车墩镇影视路28弄1号	57600535
松江区洞泾镇图书馆	洞泾镇长兴路466号	67657382*8006
松江区方松街道图书馆	北翠路1077号2楼	37668926
松江区九亭镇图书馆	九亭镇易富路25号	37021715
松江区泖港镇图书馆	泖港镇新宾路300号	57861403
松江区佘山镇图书馆	佘山镇外青松公路8888弄1号	37831530

（续表）

名称	地址	电话
松江区石湖荡镇图书馆	石湖荡镇育新路333号社区文化活动中心二楼	57753431
松江区泗泾镇图书馆	泗泾镇鼓浪路588号2楼	57611549
松江区小昆山镇图书馆	小昆山镇文翔路6201号	57668355
松江区新浜镇图书馆	新浜镇新颖路1031号	57891471
松江区新桥镇图书馆	新桥镇新站路460号	57642506
松江区叶榭镇图书馆	叶榭镇张泽滟东路84号	67800355
松江区永丰街道图书馆	松汇西路1438号	67720156
松江区岳阳街道图书馆	谷阳北路36号2楼	57824373
松江区中山街道图书馆	中山街道茸梅路200号	57786470
松江区九里亭街道图书馆	松江区涞坊路408号	37030271
松江区广富林街道图书馆（上林图书馆）	文翔路3588弄41号	37686056

青浦区图书馆

地　址：上海市青浦区青龙路60号

邮　编：201700

电　话：021-33860430

网　址：https：//www.qplib.sh.cn

微信号：清阅朴读

被称作“上海后花园”的青浦位于上海西部，自古就是著名的江南水乡。坐落于青浦新城夏阳湖上的青浦区图书馆，是这水乡美景里一间别致又现代的“大书房”。图书馆建筑由著名设计师马清运设计，处处彰显着后现代的时尚感。

青浦区图书馆

青浦区图书馆馆藏66万余册图书、上百种报刊，除拥有自助借还书系统、覆盖全馆的无线网络及多个数据库等先进的数字化服务之外，还辟有经典绘本主题馆和青浦地方文献主题专架，其中尤以参考阅览室中的特藏文献资源引人注目，反映青浦历史文化的地方文献丰富而翔实，展现吴越地区文化传统和历史风貌的丰富资料，带有鲜明的江南特色。青浦区图书馆最贴心的服务还是要数“社区还书箱”，图书馆在城区的40多个小区都设立了还书箱，每天定点取书，读者在自己生活的小区就能还书实在是非常贴心的服务。

青浦区图书馆致力于青浦地方文献及吴越古文化、水文化文献特色馆藏建设，青浦人著作文献是其中一个重要的组成部分。“青浦人著作文献库”始建于2011年，旨在展示区域丰富的文化资源和悠久的文脉传统，以及在文化保护和文献挖掘方面的努力与成果，为公众提供有价值的参考资料。其中现代青浦人著作专架，藏有著作文献445种，728册；青浦历史名人著作专架，藏有由明至清的青浦历史名人著作共80余种，逾300册。“青浦历史名人著作专题文献展”是“青浦人著作文献库”的阅读推广长期服务，致力于研究和推广青浦的历史文化名人及其作品，梳理青浦文脉。文献展于2011年启动，每年文化遗产日前后开展，每届展期一月，迄今已连续举办了青浦籍历史名人著作展、青浦末代秀才“诗人沈瘦东”展、青浦近现代名医文献展、“文坛宗匠”王昶展、纪念陈云同志诞辰110周年文献展等展览。

“清阅朴读”是依托青浦本地特色，整合社会力量推出的全民阅读推广项目。自2009年项目创建以来，全区已形成区级图书馆、街道（乡镇）图书馆、居（村）图书馆和农家书屋的四级纵向阅读服务机构，覆盖社区、学校、企业、部队等52家馆外服务点构成的横向阅读推广服务点，构建了覆盖全区的纵横相交的阅读推广服务网络。目前包含“读书沙龙”、青浦阅读推广联盟、“彩虹桥”少儿寒暑假读书月、“青溪讲坛”公益讲座、“你阅读，我购买”万家点书、“小鸡book”爱智慧阅读成长计划等众多子项目，可以满足不同知识层次、不同年龄段、不同阅读目的的各类读者需求。该项目成为上海市公共文化示范项目，先后入选上海市公共文化建设创新项目、2018年出版界图书馆界全民阅读优秀案例、市群众文化优秀活动项目，获得上海市第八届全民终身学习活动周最佳创新奖等荣誉。

青浦区图书馆立足服务长三角区域一体化发展战略，依托“青浦·吴江·嘉善长三角一体化阅读联盟”，在“世界读书日”“上海书展”“市民文化节”等重要节点，举办一系列形式多样、内容丰富的公益惠民读书活动，构筑起青浦城市的人文魅力风景线。随着“长三角一体化”战略的加速推进，青浦区图书馆通过全方位的馆际合作与交流，携手拓展合作发展空间，为促进长三角地区更高质量的一体化发展做出贡献。

表7.14　青浦区公共图书馆“一卡通”服务点

名称	地址	电话
青浦区图书馆	青龙路60号	33860246
青浦区图书馆白鹤镇分馆	白鹤镇外青松公路2951号2号楼	59748442*107
青浦区图书馆华新镇分馆	华新镇新府中路1868号	59791082*817
青浦区图书馆华新镇分馆（凤溪）	凤坚塘路1081号	59266099*809
青浦区图书馆金泽镇分馆	金泽镇迎祥街33号	59266879
青浦区图书馆练塘镇分馆	练塘镇文化路85号	59252311
青浦区图书馆夏阳街道分馆	青昆路100号	59859662
青浦区图书馆徐泾镇分馆	徐泾镇诚爱路58号	69762596
青浦区图书馆赵巷镇分馆	赵巷镇赵华路507号	69751551
青浦区图书馆赵巷镇分馆（新城一站）	华科东路41号	69280273
青浦区图书馆重固镇分馆	重固镇赵重公路3025号	59783082
青浦区图书馆朱家角镇分馆	朱家角镇沙家埭路28号（市民中心）	59241098
青浦区图书馆香花桥街道分馆	新胜路580号	59228950
青浦区图书馆盈浦街道分馆	海盈路48号	69200863

奉贤区图书馆

地　址：上海市奉贤区南桥镇解放东路889号
邮　编：201499
电　话：021-33610901
网　址：http：//www.fxlib.cn
微信号：上海市奉贤区图书馆

奉贤区图书馆占地面积13 669平方米，建筑面积17 164.3平方米，于2008年6月正式启用，是一座集市民素质教育、文献资料查询、信息咨询服务、地方文献收集、读书活动推介、学术讲座、艺术展览等服务功能为一体的现代化区级公共图书馆。

奉贤区图书馆由国内著名建筑设计大师邢同和设计，建筑造型独特，设施先进，环

奉贤区图书馆

境优雅，极富现代感，是奉贤重要的文化坐标。图书馆设有读者服务部（包含外借部、总服务台、阅览室、电子阅览室、少儿馆）、文献信息部、办公室、辅导部、采编部、后勤部等部门，每周开放时间70小时，全年无休。

近年来，奉贤区图书馆不断创新阅读推广的内容和形式，现有奉贤区阅读节、言子讲坛、城市阅读联盟、523故事会、“贤书汇”读者阅读沙龙、言子学堂、非遗小课堂等多个特色活动品牌。言子讲坛从创立至今已推出200多期讲座，邀请到王蒙、余秋雨、葛剑雄、易中天、钱文忠、邵秉仁、孔祥林、白岩松、六小龄童等大家为读者开课授学，受众近十万人，已然成为奉贤区的一张文化名片。城市阅读联盟2013年启动建设，它以“书香.奉贤”为内核，以“全民阅读”为路径，以奉图为中心枢纽徐徐展开，积极探索和引导社会力量参与公共文化服务供给，在区、街镇两级总分馆系统的基础上，积极推进区域内大居、社区、学校、企业、机关事业的阅读空间合作。2019年，“城市阅读联盟”迎来了一批高颜值阅读空间加盟，新增3家微图书馆和30家微书屋，进一步提升了阅读空间的辐射范围及服务效能。目前，“城市阅读联盟”包含8个街镇馆、4家城市书房（微图书馆）、30家微书屋、156家农家书屋、162个企事业单位、28个部队、19所学校、2个大型社区、9家咖啡馆等，共计418个服务点位，编织了一张覆盖全域的城乡立体阅读网。

表7.15　奉贤区公共图书馆“一卡通”服务点

名称	地址	电话
奉贤区图书馆	南桥镇解放东路889号	33610911
奉贤区图书馆南桥镇分馆	南桥镇南星路333号	37596326、37596306
奉贤区图书馆奉城镇分馆	奉城镇兰博路2828号	57522560
奉贤区图书馆四团镇分馆	四团镇新四平公路2089号	67530798
奉贤区图书馆海湾镇分馆	海湾镇星中路45号	57502660
奉贤区图书馆青村镇分馆	青村镇南明路58号社区文化活动中心内	57567837
奉贤区图书馆柘林镇分馆	柘林镇联业路859弄64号	37528513
奉贤区图书馆庄行镇分馆	庄行镇新苑路6号	57467672
奉贤区图书馆金汇镇分馆	金汇镇中心路10号	57483391
奉贤区图书馆金汇镇分馆（泰日）	金汇镇泰青路231号	57586261
城市书房—阅贤坊	南桥镇解放中路168号	67199008
城市书房—火车头	海湾镇海农路民乐路口（火车头城市广场）	57502660
钱桥城市书房	青村镇振水路40号	57567837
城市书房—新乐生活驿站	柘林镇新寺社区新北路129号	57491265

崇明区图书馆

地　址：上海市崇明区崇明大道7897号

邮　编：201250

电　话：021-69612840

网　址：http://www.cmlib.com.cn

微信号：上海市崇明区图书馆

崇明区图书馆

崇明区图书馆成立于1959年1月20日，新馆于2012年12月28日启用。

崇明区图书馆自1993年以来连续5次在全国公共图书馆的评估定级中，被文化部评定为国家一级馆。已多年蝉联市级文明单位，获得“上海市平安示范单位”称号、“第七届全国服务农民、服务基层文化建设先进集体”称号、文化部“公共数字文化惠民工程工作先进集体”称号，被授予“崇明市民终身学习人文行走学习点”称号。崇明区图书馆现有藏书71万多册，其中古籍书32 700余册，有一定数量的善本书以及崇明县志等地方文献资料，拥有音像资料5 450种，数据库27个，现有馆舍建筑面积总计1.6万平方米。

以活动为载体，积极开展全民阅读。每年举办形式多样的全民阅读活动，吸引众多市民踊跃参加，有瀛洲大讲坛和各类展览、少儿亲子活动、世界读书日活动、少儿书画赛、暑期主题阅读系列活动、上海书展崇明分会场等，深受岛内读者的欢迎。

加强行业交流，不断完善信息共享与服务协作机制。崇明区图书馆利用上海市中心图书馆“一卡通”文献通借通还体系，实现了与乡镇分馆馆际互借、通借通还，推进文献资源共建共享。

集聚信息收集能力，为决策提供参谋和助手。崇明区图书馆主办的月刊《崇明信息摘编》，收集岛外的报刊及网络检索平台上有关崇明的各项最新消息，汇编成册，为地方政府决策提供多渠道的媒体信息，成为工作中的参谋和助手。

打造“百姓书屋”，解决服务“最后一公里”问题。崇明区图书馆在农家书屋的基础上，又设立了多家“百姓书屋”，进一步缩小群众读书半径，把文化服务触角延伸到每位群众身边。

积极履行社会责任，多年来开展书籍及数字资源的配送。配送的范围有基层阅读点、农家书屋、养老院、部队、企业、商场和民宿等，不断服务基层、服务农民，进一步提升基层服务效能。

崇明区图书馆一贯秉承“读者第一，服务至上”的宗旨，馆员积极履行“一视同仁，耐心细致，及时快捷，想方设法”的服务承诺，优质高效地开展各项窗口服务。馆内的阅读环境整洁宽敞，借阅设备智能先进并易于操作，从各方面不断提高读者的满意度，积极推进全民阅读，打造“书香瀛洲”。

表7.16 崇明区公共图书馆“一卡通”服务点

名称	地址	电话
崇明区图书馆	城桥镇崇明大道7897号	69612840*2011
崇明区图书馆堡镇分馆	堡镇堡兴路85号	59417654
崇明区图书馆长兴镇分馆	海舸路465号	56851839
崇明区图书馆陈家镇分馆	陈家镇裕国路388号	59406133
崇明区图书馆城桥镇分馆	城桥镇大陈路8弄19号	69616331
崇明区图书馆东平镇分馆	东平镇东冉路北首	59666094*802
崇明区图书馆港西镇分馆	港西镇三双公路1573号（镇政府内）	59671468
崇明区图书馆港沿镇分馆	港沿镇港沿公路1198号	69411106
崇明区图书馆横沙乡分馆	横沙乡新环路57号	56893766
崇明区图书馆建设镇分馆	建设镇建设公路1259号	59331008
崇明区图书馆绿华镇分馆	绿华镇嘉华路8号	59351097
崇明区图书馆庙镇分馆	庙镇剧场路12号	59360072
崇明区图书馆三星镇分馆	三星镇宏海公路4291号	59601246
崇明区图书馆竖新镇分馆	竖新镇团城公路1918号	59481751
崇明区图书馆向化镇分馆	向化镇陈仿公路4927号	59442868
崇明区图书馆新村乡分馆	新村镇星村公路2128号	59650809
崇明区图书馆新海镇分馆	新海镇北沿公路3366号	59655885
崇明区图书馆新河镇分馆	新河镇新开河路623号	59689701
崇明区图书馆中兴镇分馆	中兴镇兴工路57号	69444244
崇明区图书馆（花园弄）服务点	城桥镇人民路31号	69612840*1010
崇明区图书馆（北门）服务点	城桥镇北门二村7号110室	69612840*1010
崇明区图书馆（城西）服务点	城桥镇西门北村-56号	69612840*1010
崇明区图书馆（八一广场）服务点	城桥镇八一路206号	69612840*1010

上海交通大学图书馆

地　址：上海市闵行区东川路800号
邮　编：200240
电　话：021-34206495
网　址：http:// www.lib.sjtu.edu.cn/
微信号：上海市交通大学图书馆

上海交通大学图书馆

上海交通大学图书馆溯源于1896年创办南洋公学时设立的图书室，是我国历史最为悠久的大学图书馆之一。目前，图书馆总面积为6.63万平方米，由主馆（理工生医农综合馆）、包玉刚图书馆（人文社科馆）、李政道图书馆（五馆合一，图书馆、档案馆、博物馆、科技馆和艺术馆）、徐汇校区社科阅览室、医学院图书馆以及若干院系分馆和资料室组成文献资源服务体系，成为资源丰富、设施先进、管理现代的开放式、综合性、国际化研究型图书馆。

至2019年底，上海交通大学图书馆馆藏纸质文献369万册，期刊7 500余种，电子期刊5.8万种，电子图书327万种，学位论文509万种，电子数据库435个，此外，多媒体资源馆藏总量达4.5万种、16.5TB。支持通过网络的全天候馆藏目录检索、电子文献查找、馆际互借、参考咨询、文献征订、新书刊报道等服务。

上海交通大学图书馆是国际大学图书馆联盟（IATUL）成员馆，并与国内主要图书馆、信息中心和美、英等国以及中国香港、澳门等地区图书馆建立了广泛的合作关系，承担中国高等教育文献保障系统（CALIS）华东南地区中心、上海市高等学校图书情报工作委员会秘书处、上海教育网络图书馆管理中心、上海市中心图书馆交大分馆等职责，同时，是具有国家教育部和上海市科委双重资质的科技查新工作站、国家知识产权局专利文献服务网点单位，也是全国首批高校国家知识产权信息服务中心，全国首批世界知识产权组织（WIPO）在华技术与创新支持中心。

上海交通大学图书馆围绕学校发展战略，以建设与中国特色世界一流大学相匹配的高水准、有特色、智慧型的信息知识服务中心为目标，加快构建优质的馆藏资源体系、搭建高效的信息获取系统、锤炼精准的知识供给能力。基于多样性战略、开放性战略和柔性响应战略，使上海交通大学图书馆成为行业领先的资源与数据储藏中心、跨学科的知识促成中心、知识加工的创新中心，成为开放、交互、互联的知识创新服务平台，赋能一流大学发展。

华东师范大学图书馆

地　址：上海市普陀区中山北路3663号
上海市闵行区东川路500号
邮　编：200062、200241
电　话：021-62232086、54344887
网　址：http://www.lib.ecnu.edu.cn/
微信号：华东师范大学图书馆

华东师范大学图书馆

华东师范大学图书馆创建于1951年10月，1991年成为国际图书馆协会联合会（IFLA）的机构成员，2002年加入CALIS联机合作编目并成为B+级成员馆，2004年批准设立教育部部级科技查新工作站，2006年成为中国高校人文社会科学文献中心（CASHL）的学科中心，2009年入选全国和上海市古籍重点保护单位。现由闵行和中山北路两个校区图书馆组成，建筑面积共约5.3万平方米。经过多年的建设和发展，已经形成了具有师范大学特点的研究型馆藏和服务特色。馆藏以与本校各专业有关的学术著作、教学参考书、工具书和相关电子资源为重点，其中教育科学、心理学、地学、经济学、哲学、史学、文学类文献收藏比较完备，地方志和古籍文献成为特色馆藏。截至2019年底，图书馆拥有实体馆藏文献总量480.11万余册，其中古籍文献33.36万余册；各类电子文献数据库158个（含450个子库），其中电子期刊7.54万余种，电子图书214.3万余种，学位论文689.14万余篇。95种古籍入选《国家珍贵古籍名录》，133种古籍入选《上海市珍贵古籍名录》。近三年，年均完成科技查新229项、检索课题642项、外借图书54.2万余册次、处理馆际互借和文献传递申请4 445项、开设信息素养类课程教学班16个、举办信息素养培训讲座96场。持续举办师大阅读力、国学工作坊、“江南人文艺术”素养类通识课堂等阅读和文化推广活动，主题书展、文化展览、学术报告以及各类文化体验活动受到广泛欢迎，充分发挥了图书馆文化育人的作用。持续开展决策支持服务，为学校重要会议、引进人才、人才评估、职称评审、聘期考核、学科发展规划等提供重要的决策支持服务。着力推进智慧图书馆、特色数据库建设和数字人文研究，积极开展古籍整理、重印出版和宣传推广，产生了很好的社会效益。

同济大学图书馆

地　址：上海市杨浦区四平路1239号
邮　编：200092
电　话：021-65983835
网　址：http:// www.lib.tongji.edu.cn
微信号：同济大学图书馆

同济大学图书馆

同济大学图书馆成立于1934年，现由四平路校区图书馆、嘉定校区图书馆、沪北校区图书馆、沪西校区图书馆、德文图书馆、同济大学博物馆组成，总建筑面积75 000平方米，设阅览座位7 000余个。同济大学图书馆拥有丰富的馆藏资源，纸本文献超440万册/件，电子资源达1 061万余种。在传统的“藏、借、阅”服务基础上，同济大学图书馆不断深化读者荐购、文献传递、“慧源跨阅”、参考咨询、信息素养教育、学科服务、情报分析与研究、知识产权信息服务、文化交流体验等多元化个性化服务。

同济大学图书馆是国际图书馆协会联合会的团体会员、中国高等教育文献保障系统成员馆、上海地区文献资源共享协作网成员馆，上海外文图书联合目录平台首批成员馆，是教育部批准的首批“科技项目咨询与成果查新中心工作站”。1993年被上海市教委评为A级图书馆。2004年同济大学图书馆加入上海市中心图书馆。2018年成立同济大学知识产权信息服务中心，成为首批国家高校知识产权信息服务中心。

同济大学图书馆秉承“与祖国同行，以科教济世”的同济精神，坚持“读者第一，服务至上”的办馆宗旨，在学术资源保障、智慧空间建设、学科情报服务、文化传承创新等方面不断开拓创新，为学校一流大学建设贡献一份力量。

东华大学图书馆

地　址：上海市松江区人民北路2999号

邮　编：201620

电　话：021-67792221

网　址：http:// library.dhu.edu.cn

微信号：东华大学图书馆

东华大学图书馆

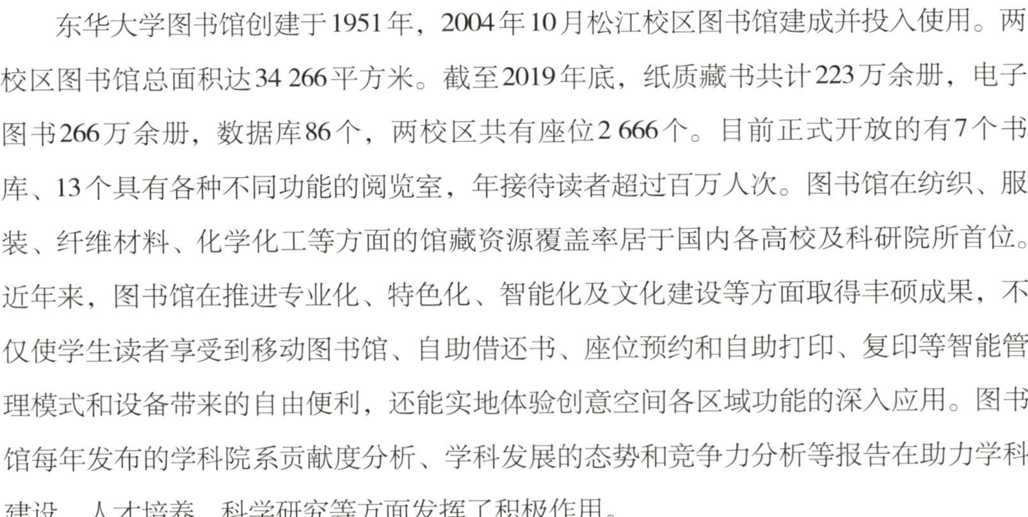

东华大学图书馆创建于1951年，2004年10月松江校区图书馆建成并投入使用。两校区图书馆总面积达34 266平方米。截至2019年底，纸质藏书共计223万余册，电子图书266万余册，数据库86个，两校区共有座位2 666个。目前正式开放的有7个书库、13个具有各种不同功能的阅览室，年接待读者超过百万人次。图书馆在纺织、服装、纤维材料、化学化工等方面的馆藏资源覆盖率居于国内各高校及科研院所首位。近年来，图书馆在推进专业化、特色化、智能化及文化建设等方面取得丰硕成果，不仅使学生读者享受到移动图书馆、自助借还书、座位预约和自助打印、复印等智能管理模式和设备带来的自由便利，还能实地体验创意空间各区域功能的深入应用。图书馆每年发布的学科院系贡献度分析、学科发展的态势和竞争力分析等报告在助力学科建设、人才培养、科学研究等方面发挥了积极作用。

上海视觉艺术学院图文信息中心

地　址：上海市松江区文翔路2200号3号楼
邮　编：201620
电　话：021-67822572
网　址：http:// www.siva.edu.cn/site/site2/home.aspx?si=28
微信号：上海视觉艺术学院图文信息中心

上海视觉艺术学院图文信息中心

上海视觉艺术学院图文信息中心（图书馆）是学校重要的学习资源中心，承担着服务窗口、学术机构两大功能。目前馆藏纸质中文图书37.5万册（人均87册）、进口外文图书11 000余册，艺术类专业图书占60%；中文报刊435种，原版外文期刊140余种；各类电影2 500余部；电子图书5.5万册；11个综合性和艺术性电子数据库，含近万种电子期刊。

图文信息中心拥有专业、综合、外文、书画等四个阅览室，以及数字资源体验区、信息共享区、多媒体观摩厅、影视资源室等专业场所。图文信息中心（图书馆）全年开放280余天，从8：30至21：30，每天开放13小时。2019年接待读者15.4万人次。

图文信息中心共计22 000平方米，一楼、二楼开设6个阅览室，提供书刊借阅一体服务；设有影视资料阅览室、多媒体观摩厅等主题空间，提供各类特色专题服务；设有千人剧场一座，为师生提供丰富多彩的电影及文艺演出活动。

馆藏中文图书37.5万册，每年新增1万余册，其中建筑、绘画、雕塑、平面设计、服装设计、摄影、数码、电影和表演、文化产业等艺术类专业图书约占总数的60%；中文报刊435种；电子图书5.5万册；进口外文艺术类、文史类专业图书11 000册，原版外文期刊140余种；11个电子数据库。目前藏有电子图书5.5万册，可以利用读秀平台检索下载；另配用歌德电子借阅机两台，分别在一楼大厅和中文综合阅览室，可直接扫码下载。

海军军医大学图书馆

地　址：上海市杨浦区翔殷路800号

邮　编：200433

电　话：021-81870300

网　址：http://lib.smmu.edu.cn/

海军军医大学图书馆

海军军医大学图书馆始建于1949年9月12日，时称华东军区人民医学院图书馆，1951年随学校更名为第二军医大学图书馆，2017年更名为海军军医大学图书馆。图书馆是院校的文献信息中心，是为教学和科研服务的学术性机构，是院校教育信息化建设的重要基地。图书馆工作是院校教学和科学研究工作的重要组成部分。

图书馆现设流通阅览部、资源建设部、信息服务部、技术服务部、医学情报教研室和图书馆办公室等六个部门。现有在编专业技术人员中，以图书馆及计算机相关专业为主，卫生管理、医学及其他专业为辅；高、中、初职称比例合理，人员配备齐全，结构合理，发展趋势良好，能够满足图书馆开展各项业务工作的需求。

凯旋门式的图书馆坐落于学校中心位置，是学校的标志性建筑。图书馆馆舍面积约14 000平方米，内设约1 500个各类型阅览座位，实现了WIFI网络全覆盖，阅览空间整洁、舒适，是学员最喜爱的学习、交流中心。图书馆馆藏各类纸本书刊60余万件，拥有各类数据库100余个、中文全文电子期刊约22 000种、外文电子全文期刊约17 000种、电子图书230余万册，流通馆藏数字化比例实现了100%，并与国内多所一流院校和科研院所（如北大、上海交大、中科院等）强强联合，构建了强大的馆际资源共享体系，实现了全球范围48小时内外文生物医学电子期刊全文95%的需求保障效率，形成了以医学、药学、生物学为特色，覆盖各学科专业的纸质与电子文献资源于一体的立体化资源保障体系。

依靠一支专业化的馆员队伍，借助自主研发的网络服务平台，在常规图书借阅、座位预约、研修室预约等实现自助化的基础上，提供远程资源访问、学科服务、原文传递、科技查新、情报咨询以及教学培训等服务，是学校教学、医疗、科研和管理的文献资源保障中心。

图书馆自1984年开始承担了全校各层次的《医学信息检索与利用》课程的教学任务，1999年正式列编为学校医学信息学教研室。1988年以来，该馆受上海市卫生局委托，承担地方医师继续教育的《医学文献检索》课，成为上海市医学信息教育骨干单位。2000年获情报学硕士学位授予资格，2005年获批图书馆学、情报学硕士学位授权一级学科，2014年并入学校社会医学与卫生事业管理学科。

该馆以服务学校教学、科研、医疗、管理为宗旨，秉承“以用为主、读者第一、两员至上”的服务理念，通过建设丰富的馆藏和强大的网络信息服务平台，成为师生博览群书、探索知识、追寻智慧的理想场所。

上海海洋大学图书馆

地　址：上海市浦东新区沪城环路999号
邮　编：201306
电　话：021-61900209
网　址：https://library.shou.edu.cn/
微信号：上海海洋大学图书馆

上海海洋大学图书馆

上海海洋大学图书馆前身是“吴淞水产学校图书室”，初创于1912年。1952年成立上海水产学院图书馆。1985年改名为上海水产大学图书馆。2008年5月6日正式改名为上海海洋大学图书馆。经过几十年的馆藏建设，已成为国内收藏水产科学文献历史最悠久、学科门类最齐全的图书馆之一，并被国内水产界视为水产科学文献的重要信息中心。

2008年10月，图书馆随学校整体搬迁至临港新城沪城环路999号，原来的军工路校区图书馆和学海路校区图书馆重新合并。新馆所在的图文信息中心为校内最高的标志性建筑，位于校园中心区域，不仅为全校师生利用图书馆提供了便利，更以江南书院式的“简致和美、清雅峻逸”建筑风格，处处透着浓郁的书香气息。新馆位于图文信息中心一至六层，馆舍总面积20 000多平方米；采用借阅合一、师生合一的服务模式，借阅面积达8 000平方米。图书馆下设办公室、资源建设部、借阅部、信息咨询部、技术部、文化建设部等六个部室。

随着学校规模的不断扩大，上海海洋大学图书馆在坚持以水产学科文献作为办馆特色的基础上，重视海洋、食品、经管、工程等其他学科的文献建设。目前拥有纸质图书150余万册；纸质合订本期刊65 000余件；电子图书111万余册，中外文数据库60余个，师生可以在校园内外免费使用这些数据库。图书馆开设了文献检索课与信息素养培训，开展科技查新、馆际互借与文献传递等工作。图书馆十分重视校园文化建设，定期开展海韵讲座、海韵展览、海韵视频、海韵导读等高质量的阅读推广、文化传播活动。

中国科学院上海生命科学信息中心生命科学图书馆

地　址：上海市徐汇区岳阳路319号
邮　编：200031
电　话：021-54922890
网　址：http://www.slas.ac.cn/

中国科学院上海生命科学信息中心生命科学图书馆前身是中国科学院图书馆上海分馆，1953年创建，纳入中科院文献情报整体规划体系。2002年由中科院上海生命科学研究院和上海图书馆共建，2020年正式隶属于中科院上海营养与健康研究所，是上海市中心图书馆的成员单位，上海研发公共服务平台的主要加盟单位。

图书馆建成了完善的数字化服务体系。电子学术期刊2.1万余种（外文的1.1万余种）、电子博硕士论文22万篇（外文的21万篇）、电子图书8万余册（外文的2.6万余册），以及国内外生物医学、工程技术和专利文献数据库等。建立了国内较为完整的生物学网络信息门户、虚拟参考咨询系统、全文传递系统、中国生物学文献数据库、营养与健康专题知识库和病毒学（新冠肺炎）领域的信息服务系统等。馆藏文献300余万册，以生物、医学、农学、林学为特色。其中馆藏汉文古籍3 306种，40 427册，其中中医古籍1 052种，6 358册。馆藏古籍善本92种，已纳入国家珍贵古籍名录12种。

图书馆文献服务范围辐射全国30个省、直辖市和自治区。文献传递的质量与数量连续多年在中科院文献情报系统中名列前茅；嵌入科研专项建立学科知识库和学科服务。面向科研和国家宏观决策开展学科情报、战略情报的研究与服务，承担了“精准医学知识库建设”“精准医学与个体化医学发展战略”“生物资源和生物多样性战略研究”等一批国家科技部、基金委、中科院、中国科协和地方的重点学

中国科学院上海生命科学信息中心生命科学图书馆

科情报项目，出版了20多本学科情报研究专著；有10多篇专题报告被中办和国办录用。面向企业科技创新和社会经济发展开展科技查新、竞争情报和专利等科技服务，在全国范围内设立了20余个查新分中心（受理点），已发展成为我国大型的查新机构之一。开展中国生物学文献数据采集、加工和信息平台研发，形成以π指数为代表的生命科学文献数据挖掘分析、信息资源集成整合的数据库服务。开展中国医药古籍文献的数字化和知识提供服务。

图书馆建设目标是瞄准世界生命科学发展前沿的信息需求，围绕我国生命科学研究与发展的需要，建设系统的生命科学信息保障体系、便捷的网络服务环境、权威的中国生命科学信息数据库，提供优质的文献情报服务，努力建设成为国内外重要的生命科学专业图书馆。该馆是生物情报学硕士研究生培养单位。

上海非物质文化遗产
保护中心图书馆

地　址：上海市徐汇区古宜路125号

邮　编：200235

电　话：021-54244137

网　址：https://www.shqyg.com/

微信号：上海市群众艺术馆

上海非物质文化遗产保护中心图书馆

上海市群众艺术馆图书馆（上海非物质文化遗产保护中心图书馆）是本市非物质文化遗产保护体系和公共图书信息服务体系的重要部分，也是本市文献资源共建共享系统的重要组成部分。围绕“多媒体时代的复合型图书馆”建设理念，以“非物质文化遗产保护”“上海地方历史文化”为主题，紧密结合本市非物质文化遗产的丰富资源，依托上海图书馆的资源与技术优势，提供复合型图书馆服务模式，包括文献资源系统、网上公共服务平台、非遗互动体验三部分，形成本市非物质文化遗产主题信息服务的基本框架。该馆将图书文献、数字资源、实物展示、非遗体验活动、展览讲座等各种传统与现代的读者服务方式融为一体；以丰富的信息资源、优美的场地环境、先进的技术设施，为广大市民提供一个先进、便捷、优雅的非物质文化遗产学习和体验场所。同时，非遗图书馆还专门开辟了视听阅览室，为非物质文化遗产保护的专家等人士提供图书阅览、非遗视听资源的服务。

在多媒体时代这一大环境背景下，非遗图书馆会定期举办各类非遗体验活动和专题讲座，为广大民众提供全方位开放型服务；结合主题数据库的特点，主动对保护工作专业人员提供深层次的文献信息服务，根据用户的需求，对非物质文化遗产保护领域的信息资源进行挖掘、采集、加工、整理和有序化重建，对特定用户提供专门服务，形式主要有专题咨询、定期服务、信息跟踪服务、特色或虚拟数据库创集、成果查新与导航等。另外，图书馆可根据读者的需求与馆藏发展的需要，搜寻并选择网络上的信息资源，使其成为该馆的虚拟馆藏，以方便特定读者迅速链接对自己有价值的网上信息资源；主题图书馆为非遗保护方面的专家提供了内容丰富的专业视听资源，视听阅览室针对专家开放，专家除了可以在阅览室内阅览专业资料以外，还可以在配有高清电视与音响的阅览室内，观看非物质文化遗产方面的视频资源。

上海时尚产业主题图书馆

地　址：上海市普陀区长寿路652号
邮　编：200060
电　话：021-62773110
网　址：http://www.sifec.edu.cn/
微信号：上海国际时尚教育中心

上海时尚产业主题图书馆挂牌于2013年4月，坐落在上海国际时尚教育中心（SIFEC），由上海图书馆与上海国际时尚教育中心合作共建，是目前国内唯一以时

上海时尚产业主题图书馆

尚产业为主题的图书馆。该馆是上海时尚产业的信息中心，并纳入上海市中心图书馆主题图书馆的建设规划体系、纳入上海行业情报联盟建设规划体系，旨在通过构建国内外时尚产业信息收集、分析与咨询的公共服务平台，推进上海国际时尚之都建设和上海纺织时尚产业发展。

上海国际时尚教育中心隶属东方国际（集团）有限公司［原上海纺织（集团）有限公司］，是一所拥有完整时尚产业链背景的专业国际时尚教育学校。依托东方国际的行业资源和学校的专业特色，上海时尚产业主题图书馆除了拥有门类齐全的专业书刊外，还努力在“主题”的特色化建设上做文章，更好地服务于时尚产业专业人员、在校师生和社会公众。

其一，借助社会力量，服务专业“用户”。上海时尚产业主题图书馆突破“馆藏”局限，充分借助社会力量，集成资源，如引进全球（POP）时尚网络机构，使服务对象超越了通常“读者”这一范围，代之以社会“用户”的概念。POP是国内著名的流行趋势预测机构，主题图书馆利用馆内的墙面空间开辟“POP之窗”，展示其每月出版二期的时尚流行《趋势报告》，为社会“用户”——时尚买手和设计师们，提供高端增值服务。与此同时，馆内的苹果电脑可直接浏览“世界数字图书馆”上的各种数字资源、POP专业数据库和全球首创在线时尚教育平台Enstylement。服务方式、服务手段、服务内容和所提供的信息资源的丰富多样，成为主题图书馆的一大特色。

其二，建立“上海时装周数据库”，助力上海时装周。上海时装周是上海城市文化建设的四张名片之一，是助推上海时尚产业发展的排头兵。2015年，上海时尚产业主题图书馆被上海时装周组委会授权，成为唯一一家对上海时装周每年两次的时装发布会所产生的图片、视频、文字等数据信息开展储存、分类、整理业务的机构。由此，上海时尚产业主题图书馆利用可以在第一时间获得这一独有资源的优势，建设建成“上海时装周数据库”服务平台。数据库服务平台的建成，使上海时装周成为国内众多时装周中唯一拥有自己的可检索数据库的时装周，大大提升了上海时装周的影响力指数；同时，也方便相关部门、行业机构、品牌企业、设计师、在校学生与上海时装周零距离接触，获得他们想要的优质的专业资源，进而推动上海时尚产业的发展。

其三，联手国际大牌，进行流行趋势发布会。巴黎娜丽·罗荻（Nelly Rodi）设计事务所是一家预测、分析、总结国际时尚流行趋势的权威机构，是研究消费者行为及其对时尚和其他生活方式领域影响的先驱者。上海时尚产业主题图书馆是国内最早与娜丽·罗荻接触并进行战略合作的机构，每年两季（春夏和秋冬）为时尚界举办流行趋势讲座，深受业内人士欢迎，成为主题图书馆的一个品牌服务项目。

此外，由娜丽·罗荻提供的独家资料《趋势手册》，成为主题图书馆的亮点资源，是设计师们研判趋势的最佳工具。

其四，创办《风尚智库》，研究热点问题。作为上海国际时尚教育中心的校刊，《风尚智库》由上海时尚产业主题图书馆编辑出版。每期，杂志围绕“时尚与科技”的某一个话题，或邀约专家学者撰稿，或采访一线大咖，实现书本理论与市场实践的结合，以多方位视角审视当下的热点问题。这些年，杂志讨论过的话题有：设计、时尚展厅（Showroom）、时尚买手、3D打印、大数据、互联网思维、穿戴式智能设备、国际时装周、国际服装教育、服装设计师、时尚赛事等等，每一期话题的讨论，都带来脑力的震荡，思维的火花，或帮助读者了解、学习相关领域的知识，并进一步产生兴趣；或成为专业读者开阔眼界、解决问题的“好帮手”。

其五，与服装企业点对点合作，不出校园也能找到面料。作为学校的图书馆，上海时尚产业主题图书馆的功能之一是服务于学校教育。上海国际时尚教育中心既有学历教育，也有岗位培训，与时尚产业有关的专业课程有服装设计、服装营销等。因此，为了给学生提供更为直观的学习服务和帮助解决毕业设计时找面料难的问题，上海时尚产业主题图书馆与老字号企业上海华盛纺织品有限公司进行合作，在馆内设置面料展示点，使学生足不出校就能见识、找到国内外最新的纺织时尚面料，由此突破传统的“藏书”概念，用来自生产线上的“干货”来打造图书馆“知识海洋”的形象，这是主题图书馆特色化建设的一大创新。

其六，特色捐赠品，凸显时尚主题色彩。这些年，随着服务面的扩大和影响力的提升，上海时尚产业主题图书馆不断获得来自业界人士的捐赠品，使馆藏资料日益丰富和完善，增强了读者对时尚知识的了解，也唤醒了更多人的时尚意识。比如，来自东华大学日本文化服装学院日方代表刘微教授的捐赠品“人偶”，让人领略服装文化的艺术魅力；上海华盛纺织品有限公司董事长朱贤仁捐赠的胜家牌手摇缝纫机和水、炭熨斗，让人感叹老物件的精美，生发对先辈发展纺织技术的缅怀；《上海时装报》原常务副社长杨晓鸿先生捐赠的《1995—1998上海国际服装文化节经典回顾珍藏丝绸彩报》，弥足珍贵，让人知晓上海时装周一路走来的精彩历程。

上海时尚产业主题图书馆建馆以来，得到了各级领导——尤其是来自市经信委、市文创办领导的关心和支持。此外，来自国内外的同行和参观者也对此给予好评。2013年6月，上海时尚产业主题图书馆获得“2013年上海市企业管理现代化创新成果二等奖”。2019年7月6日，第74届联合国大会候任主席蒂贾尼·穆罕默德·班迪率团到访上海时尚产业主题图书馆。

上海市农业科学院图书馆

地　址：上海市奉贤区金齐路1000号3号楼

邮　编：201403

电　话：021-62208660

网　址：http://www.saas.sh.cn/

微信号：上海市农业科学院

上海农业科学院图书馆

上海农业科学院图书馆创办于1959年，目前是上海地区唯一的综合性省市级农业专业图书馆，也是上海地区唯一拥有最完整农业资料的单位。图书馆拥有丰富的纸质资源、电子信息资源以及开放服务平台，其中，馆藏图书30多万册，主要包括农业生物技术、生理生化、植物学、微生物学、土肥植保、作物遗传育种和栽培、园艺、林果、畜牧兽医、农业生态保护、农业经济、农产品储藏与加工等专业方向。电子资源有中国知网、维普、万方、超星等中文电子期刊资源和Springer Link 、Elsevier SD、ProQuest 、CAB数据库等外文电子期刊资源以及“超星”生物、农业类电子图书41 000册和NSTL回溯数据服务平台。另外，收藏有主要国家的大百科全书和日本的园艺大百科、花卉大百科类书以及1949年之前出版的农业、食用菌资料、图谱和手册等。中外文相关农业的专业会议录数千册。

上海农业科学院图书资料馆是全市仅有的两家收藏联合国粮农组织（FAOC）出版物的图书馆之一，也是全市独家收藏国际水稻研究所（IRRI）出版物的单位。

20世纪90年代大力开展科技兴农工作，与上海科学技术情报研究所合作，开展农业科技咨询，举办农业图书期刊、农业数据库和农业科技成果等展览。2010年以后对科技兴农工作进行了拓展，在上海农业网网站上连续9年开设四新技术栏目，为全市农业科技人员和农户提供最新的四新技术资料。2014年成为“上海市中心图书馆市农科院分馆”。2017年与国家农业大数据与知识服务创新联盟对接，进行联盟科技文献共建共享平台的推广工作。2017—2018年在上海科技情报周上向市民展示了农科院相关技术成果，得到市民的一致好评，扩大农科院在市民中的宣传。2017—2019年自主研发了“上海市农业科学院机构知识库平台”和“上海农业科技信息共享服务平台”。2019年推出农科院第一版上海市农业科学院资源指南。

2010年以来相关工作获得上海市农业科学院、上海市农业委员会信息中心和上海市科学技术情报学会的肯定，其中，2012年完成农委信息中心子课题:《现代农业信息技术的推广应用:“千村通工程”升级改造与应用推广（上海农业网“农业图书馆”）》项目，获得上海科学技术情报成果奖三等奖。完成的“上海农业技术综合知识库平台”2017年获上海市科学技术情报成果二等奖和长三角地区科技技术情报成果二等奖，完成的“上海农业科技信息共享服务平台”2020年获上海科学技术情报成果奖二等奖。马桂莲获得2017年长三角地区优秀科技情报工作者荣誉。程彬彬获2019年上海市优秀科技情报工作者称号。图书馆也在2018年获上海市农业科学院“五A特色班组”荣誉称号。

第八章 读书不觉已春深

岁月匆匆，时光流逝，上海市中心图书馆一步一个脚印走过了二十年发展历程，我作为二十年前初创阶段的参与者，回忆往事历历在目，这是我三十四年职业生涯中难忘的一段经历！……每每享受着中心图书馆的便捷服务，总会想起我曾为之付出的努力。

陈君辉

崇明图书馆成为中心图书馆分馆后，我们把这些“独此一家”的珍贵资料信息录入了中心图书馆书目查询系统，它们终于从沉睡中被唤醒。

施颖华

粘在书里的借书袋记录着20世纪这些书与读书人的缘分，而小小的条形码则展现了图书馆主动走入当代读者生活的决心。

朱丽焉

一丨记中心图书馆开馆二三事

每每享受着中心图书馆的便捷服务，总会想起我曾为之付出的努力。

岁月匆匆，时光流逝，上海市中心图书馆一步一个脚印走过了二十年发展历程，我作为二十年前初创阶段的参与者，回忆往事历历在目，这是我三十四年职业生涯中难忘的一段经历！

（一）勇担重任，组建上海市中心图书馆

2000年下半年，上海图书馆（上海科学技术情报研究所）"十五"发展规划出台，建设上海市中心图书馆是其中一项重要任务，由此中心图书馆建设拉开了序幕。中心图书馆建设的目标是在不改变各图书馆隶属的行政关系下，以上海图书馆为总馆，区（县）公共图书馆、高校图书馆以及专业图书馆为分馆，组建上海地区的图书馆联合体，满足读者的需求。此项工作涉及多个业务中心，为此，馆所成立了中心图书馆工作小组，成员有夏风、侯锦权、郑传红、应浩与我。工作小组直接由当时的吴建中副馆长分管。根据中心图书馆建设的目标，为全面实现真正意义上的资源共享，借鉴先进国家地区公共图书馆的流通模式，馆领导提出了与区馆全面实行图书借阅"一卡通"的要求，实现这一目标最为关键的是系统与网络技术问题。时任上海图书馆系统网络中心主任的刘炜，带领徐强等团队成员，经过调研、测试确认中心图书馆"一卡通"管理使用总馆的HORIZON系统，采用了安全经济的网络连接方式。这些关键技术为中心图书馆起步与发展奠定了良好的基础。

2000年12月26日，上海图书馆总馆与黄浦区图书馆、静安区图书馆、南汇县图书馆、上海音乐学院图书馆举行了隆重的签约仪式。之后相关工作紧锣密鼓地全面展开，问题也接踵而至。

彼时南汇县图书馆经费不足，离“中心图书馆总、分馆对等投入”要求有较大的距离。而静安区图书馆领导班子正在调整，老馆长已经离岗，新馆长还没有到任。通过协调，这些问题在区县政府部门的支持下很快得以解决。

（二）一波三折，落定黄浦区图书馆分馆

记忆较深的还数黄浦区图书馆（此时南市、卢湾、黄浦三区还未合并）。1993年，为配合延安中路高架市政工程建设，黄浦区图书馆刚建成四年不到的新馆大楼被夷为平地。1999年在外过渡整整六年的黄浦区图书馆，在福州路655号大楼重新对外开放。中心图书馆分馆建设的计划中，黄浦区图书馆将再增加一个楼层作为多功能文献阅览室。在这关键时刻传来一个消息，黄浦区区政府将考虑置换福州路655号大楼，以缓解区域内相关机关动迁用房的困境。惊闻此事，吴建中馆长立刻请见分管副区长沈祖炜。对于沈副区长叙说的市政工程动迁，我很有感触，我的娘家住所地处延安中路黄陂南路口，此时正面临动迁，区域内还有不少与民生息息相关的机关事业单位。在一个多小时的交流中，我们得知沈祖炜副区长之前是上海市社科院研究员，也是上海图书馆的老读者，大家对公共图书馆的重要性很快达成共识。沈副区长表态将慎重考虑吴馆长意见。不久区政府再次确认福州路655号大楼继续归黄浦区图书馆使用，并在原来开放的楼层基础上又新增了一个楼层。

（三）强强联合，开设第一家大学分馆

上海音乐学院图书馆是中心图书馆大学分馆的第一家，其图书馆规模与藏书质量方面存在一定的问题。在分馆建设过程中，院长杨立青、馆长徐孟东率领各系主任到我们总馆进行了多次座谈会，这些闻名遐迩的音乐家对总、分馆的联合共建提出了很多真知灼见。利用两家邻近的地域优势，音乐学院图书馆开通“一卡通”外借服务，总馆在馆藏老唱片的基础上新增乐谱收藏。这个策略不仅使音乐学院师生能方便利用上图资源，同时还使总馆的音乐资源更加系统，D区三楼的音乐区域服务更为完善，这是一次双赢的合作。

很快网络布线、计算机设备调试，大批量的流通新书配置、数据加工、专题图书调拨、人员培训等项工作在短短五个月的时间内相继完成，甚至插卡机底座、各种规章制度标识均由总馆统一制作配发。 2001年6月2日，中心图书馆总馆与四家分馆的揭牌仪式在上海图书馆隆重举行，各分馆以崭新的面貌对外提供服务。其中“一卡通”流通服务令人瞩目，分馆中黄浦区图书馆的多功能文献阅览室、南汇图

书馆的“科技兴农”网站，静安图书馆的“白领楼宇文化主题”都成了各自的服务特色。这些成绩得到了广大市民的高度评价，为上海市中心图书馆的发展形成一个基本的模式，奠定了良好的基础。

（四）攻坚克难，松江图书馆分馆如期开馆

中心图书馆建设首战告捷，要求加入中心图书馆分馆的申请接踵而至，我们没有丝毫松懈，迎接了一项项艰巨任务，其中最为艰难的要数松江图书馆分馆建设了。当时正值松江大学城建设全面启动，首批新生将在10月8日入学。此时6月初，大学城中教学楼、学生宿舍尚在紧张施工中，配套的图书馆还没有踪影。市教委和松江区领导决定，离大学城近在咫尺、还处于筹建阶段的松江图书馆新馆开馆与大学城学生入学同步进行。市教委、区政府强烈要求上海市中心图书馆，以松江分馆建设为切入点来共同推进松江图书馆新馆建设的速度。时间紧、任务重，总分馆的同事们共同投入开馆的准备工作中。

2001年国庆前夕，距离开馆仅剩两周时间，我们到松江图书馆新馆检查。此时新馆水电未通，建筑尘土飞扬，新的家具还未装配。侯锦权、郑传红当即决定回单位搬救兵。第二天早上，上图近60位同事乘着大巴赶往松江“突击”劳动。这些同事曾参与过上图新馆开馆的紧张工作，不但开馆准备经验丰富且“召之即来”。中午馆所领导闻讯赶来问候，并一起参加了劳动。两天的时间中，总馆参加松江图书馆新馆开馆突击劳动的有五个中心近70位人员，大家齐心协力完成了开馆的一切准备工作。2001年10月8日松江大学城新生入校，松江图书馆新馆暨上海市中心图书馆松江分馆也同步开馆，它的第一批读者就是松江大学城的学生。

（五）排除万难，建设崇明县图书馆分馆

难忘的还有崇明县图书馆。虽然崇明县图书馆是离市区最遥远的县图书馆，但较早加入了中心图书馆分馆行列。当时没有跨江大桥，往来全靠宝扬路码头和石洞口码头渡江轮船。我们多次到崇明县图书馆现场调研，每次到崇明还必须过夜。我们曾在大风天气封江的前一刻赶上轮船，也曾在雨雪交加的冬天因鞋袜湿透而四处寻找商店购买。

中心图书馆分馆规范有序地发展，总馆和交通大学图书馆在中心图书馆建设过程中进行了数据库联合采购与共享、制定了文献线上线下传递服务规范流程。和中科院生命科学院以理事会形式共建中心图书馆生命科学图书馆分馆。2002年下半

年，我离开了中心图书馆工作小组回到业务处，不久又投身于馆所文献提供服务筹备工作。回顾往事也留下不少遗憾，我的同事们在中心图书馆建设过程中更具智慧、更有创意，打造出如今叶茂枝繁的盛景。

如今我已退休多年，常带着小外孙去图书馆学习，拿着“一卡通”借阅书籍。从上海图书馆到市少年儿童图书馆，从长宁区少年儿童图书馆到新华社区图书馆，每每享受着中心图书馆的便捷服务，总会想起我曾为之付出的努力。

上海图书馆（上海科学技术情报研究所）

陈君辉

二丨“一卡通”引来的“金凤凰”

您一定想知道，像章家华老师这种“金凤凰”读者，是怎样落户到我们社区图书馆这样的“草窝”里来的呢？

2020年“世界读书日”前夕，我收到一条兄弟馆同行发来的微信：“石老师，恭喜啊，听说你们图书馆推荐的读者章家华老师获得‘海上美谈’市民演讲大赛十佳选手奖。”还没等我回复，她又来一句，“这是章老师第几次为你们赢得荣誉了？真羡慕你们馆有一只金凤凰。”

我马上得意地回复了一句，“草窝里的金凤凰！不是一只，我们有一群！”并配发了个捂嘴的表情包。

您一定想知道，像章家华老师这种“金凤凰”读者，是怎样落户到我们社区图书馆这样的“草窝”里来的呢？这事说来话长，故事可以追溯到11年前。

我至今还清楚地记得，遇见章老师是5月中旬的一个下午。我们图书馆老馆长退休前，将一个读者社团交给我管理。这是个原创文学社团，入社团门槛较高。由于社区图书馆读者层次的限制，成立3年来，成员一直在流失，已经到了活动快开展不下去的地步了。我抱着“死马当作活马医”的想法，在单位的大厅贴了张《江川文学社新成员招募启示》。

贴完启示要走时，一个从外借图书室走出来、六十岁左右文质彬彬的男同志突然叫住了我。他指着启示问我：“同志，我不是你们馆的读者，是否可以参加这个文学社？”我被他问得有些迷糊，心想，到我们江川图书馆来的怎么会不是我们馆的读者？一交谈才明白，他还真不是我们馆的读者，他手里拿着的是一张上海图书馆的读者证。他介绍说，自己姓章，酷爱阅读，以前住在静安区，从十三岁开始就一直在上海图书馆借书。如今他接近退休，迁居老闵行，想来这里的图书馆“打打样”。他发现我们馆里书籍不是很多，不能满足需要，就没有办理我们江川图书馆的读者证。又说自己爱好文学创作，在报刊上发表过不少文章，每月一次的文学社活动倒是可以来看看。若我们要求必须是本馆读者才能参加社团的话，那他就不勉强了。

我是“打瞌睡遇上送枕头的”，正发愁没有水平高的读者愿意加入文学社，怎么肯错过他这样的优质人选。我马上把刚刚在单位里得知的最新消息告诉了他：“章老师，您不需要办我们的读者证，从本月底开始，您就自动成为我们图书馆的读者了！”见他一脸疑问，我就解释起来：我们虽然是社区图书馆，但是已经被纳入“上海市中心图书馆”系统，很快就要“一卡通”了。到时候上海图书馆的书和我们社区馆可以通借通还，读者证也可以通用的。我一脸得意地说：“您是上图的读者，就是我们的读者！”就这样，章老师加入了我们这个社区图书馆的读者社团——江川文学社。

两周后，也就是2009年5月26日，江川图书馆作为上海市中心图书馆的“一卡通”街镇基层服务点，开始启动运行。当天下午，我们馆全体员工及许多读者代表，在市有关领导和上图专家的见证下，举办了隆重的启动仪式，正式成为上海市中心图书馆街镇基层服务点单位。

章家华老师也应馆里的邀请前来参加启动仪式。他不但自己来了，还带来了好几位和他一样喜欢笔耕的文学爱好者，他们中有交大的退休教授，也有高中语文教师和厂报的记者等。这些爱阅读、爱创作，志同道合的读者们，后来全部加入了我们这个小小社区图书馆的读者社团——江川文学社。

从那以后，这个文学社团人丁越来越兴旺，成员们的原创好作品也层出不穷。2014年开始，在接任的馆领导，特别是现任馆长的大力支持下，文学社还有了自己固定的高质量年刊《凭江临川》，各种荣誉纷至沓来，带动着我们江川图书馆的各种读者活动开展，可谓如虎添翼。

转眼十几年过去了，以“江川文学社”老师为代表的这些爱心读者，好像有无形的吸引力，为我们这个不起眼的社区图书馆引来了越来越多的“金凤凰”。这其中有作家协会成员，科幻小说创作爱好者，还有擅长写作古典格律诗的中华诗词传承人。这些热心的高素质读者不但为社区的美好生活笔耕不辍，还积极参加各种征文、朗诵、小品创作等创作比赛，获奖无数。他们还热心奔波在我们馆开展的各种读者公益活动中：为“我的上海，我的江川”乡土文化阅读推广出谋划策；在“中小学生名著阅读接力赛”中担当评委、裁判；为“我爱中华好诗词”担任点评嘉宾；不辞辛劳地担当着新增“城市书房”的志愿者……

就这样，这些由“一卡通”引来的“金凤凰”们，从“高大上”的上海图书馆飞入了我们这些“接地气”的社区图书馆。由他们衔来了“全民阅读”的桂枝，点燃了馥郁芬芳的“社区书香”。

闵行区图书馆江川分馆
石琦莹

三丨20年，我们风雨同舟，砥砺前行

隔离病毒但不隔离爱。大家都知道隔离对象在房间肯定很无聊，图书馆给93位隔离人员每人送了南翔图书馆出的“南翔古镇文化书系”中的一本——《南翔新韵》。93本书就有93个故事，有93种爱的传递。

带着我的16个子女，278个孙辈，我已经走过了20多个年头。遥记当初新馆开建，我的周身焕然一新，一段全新的征程开启了。20多年经历风吹日晒，我仍屹立在淮海中路的街头。

20多年的一路前行，离不开子女的支持，离不开孙辈的协助，今天来讲讲其中一个孙辈的故事和他们的心声。

他身处上海西北部，因寺得名，他就是有着1 500多年历史的文化名镇——南翔。南翔底蕴深厚、人文荟萃，我们的主人公南翔图书馆毗邻江南名园古猗园，是一个集文化休闲、阅读学习、亲子教育、艺术展示等功能于一体的街镇特级图书馆。

它的开馆时间虽然不长，但在这不长的岁月中，也留下了很多值得铭记的点点滴滴。

（一）过去

春去秋来，南翔图书馆新馆从2007年建成至今已有13年，馆舍面积在不断扩大，如今的808平方米的空间集成人和少儿阅读于一体，区域划分更加人性化。早期馆内员工只有一人，身兼数职，后来人员慢慢扩充。南翔图书馆一直保持着良好的工作作风，各项图书数据在全区乃至整个上海都排名靠前。在南翔图书馆前进路上，上图和嘉图提供了宝贵技术和丰富资源，在上海图书馆的大力指导下，在嘉图

的帮助下，2018年和2019年南翔图书馆在全市200多家街镇馆评比中，获综合考评第一名。南翔图书馆一直是上海市街道（乡镇）级图书馆示范馆，同时，南翔图书馆结合上图的工作计划，至今已经举办了12届“全民阅读季”读书活动，受到了当地市民的广泛好评和赞誉。

炎炎夏日，图书馆里有看书看报的老人，也有陪小朋友读绘本的家长，更有那些平时不能实现看小说愿望的学生……记得那是一个夏日午后，一个大学生前来办卡借书，借完书刚出图书馆门口，就中暑倒下了。这时前台的工作人员迅速做出反应，有扶人的，有递水的，有打电话的，这正体现了南翔人民淳朴的民风和善良的底色。

（二）现在

鼠年伊始，一场突如其来的疫情席卷整个中国，在人人闭户不出的时刻，曾经风雨无阻开馆的图书馆，也迎来了它开馆至今唯一休息的时候。长达1个多月的闭馆时间里，图书馆的所有工作人员都进入了疫情服务志愿者的行列。当时南翔镇接手嘉定区集中隔离点服务任务，图书馆几位志愿者为来自全国的93名留观对象提供服务。隔离病毒但不隔离爱，大家都知道隔离对象在房间肯定很无聊，图书馆给93位隔离人员每人送了南翔图书馆出的“南翔古镇文化书系”中的一本——《南翔新韵》。93本书就有93个故事，有93种爱的传递。

图书馆小伙伴们初心依旧，不管是疫情之前的日流量“1 000+”，还是疫情开馆初期每日预约30人，始终如一地践行着为读者服务的理念。借鉴上海图书馆疫情初期开馆的实践经验，南翔图书馆也摸索前行，从一开始的只开辟成人借阅到现在逐步开放成人阅览、读者证办理、少儿借阅（只限成人借还），慢慢跟随着上海图书馆的脚步一路前行。

2020年的“4・23世界读书日”，是一次特殊的读书日。南翔图书馆依旧践行着阅读推广的理念，但形式有了很大的突破，举办了“品书香・学新知”“‘我嘉书房’南翔联盟揭牌暨云直播分享”活动。从线下的一本书的分享，变为一场线上直播，一天在5家“我嘉书房”间辗转，一个书房一个主题，打造“一馆一品”的特色服务。活动当天从书出发，以自己书房的特色为主题，最后又回到书本，实践着图书馆人的初心——提供以图书为中心的文化服务。计划2020年6月底举办南翔镇“第十三届全民阅读季”系列活动，活动内容有：书香集市、书香有约、书香体验等。项目有15个，时间长达一个季度，参与对象包括有孩子的家庭、楼宇白领、企事业职工、辖区学校、驻扎部队、扶贫对口牟定县百姓（线上）等等。

（三）未来

不忘初心，牢记身为图书馆工作人员的使命，是南翔图书馆一直走下去的动力。

图书馆作为城市的一张文化名片，是读者的精神家园，在当下疫情还未完全结束的背景下，如何有序开展读者活动、恢复场馆开放是图书馆人的课题。为了更好发挥南翔图书馆的服务功能和效能，南翔图书馆继续紧跟上海图书馆的步伐，计划将从四个方面着手开展工作：一是推广特色品牌活动，二是增加社会媒体宣传，三是拓展数字流通空间，四是挖掘数字咨询内容。南翔图书馆和5家“我嘉书房”作为“小美南翔”的“第三空间”，将继续加强人力资源建设，加快新技术的试用和推广，做好迎接新技术挑战的准备。

如果说图书馆是全民阅读的中心，那么街镇图书馆就是组成中心的那些纵横线，南翔图书馆愿为“共推全民阅读推广区域一体化”发展出力。让我们再次携手共进，一起风雨同舟、砥砺前行，为上海市公共图书馆的明天再出发。

嘉定区图书馆南翔镇分馆

张向燕　高银虎

四 | 时光留不住，成长看得见

粘在书里的借书袋记录着20世纪这些书与读书人的缘分，而小小的条形码则展现了图书馆主动走入当代读者生活的决心。

在社区图书馆，我工作了13年，时光留不住，成长看得见。

十三年，让我对公共图书馆事业，从了解到熟悉再到深爱。如今，我与图书馆的情缘已无法分割。我的个人经历，见证了这个小小社区图书馆的巨大变迁。

刚踏上工作岗位的时候，这里只能说是一个乡村图书室。斑驳的图书鲜少有人问津，泛黄的书页诉说着它近半个世纪的寂寞。读者多半是来自附近小区的退休老爷爷。他们喝茶、聊天、读报，主要为了打发时间。偶尔有读者来借些书，也是看到什么拿什么，没有具体目的。图书馆提供的主要是一个空间。

后来，专门的少儿图书室建立，逐渐有家长和孩子进来。但是，没多久我就发现一个奇怪的现象：作文书和名著的借阅量格外高。原来每个家长手上都有一张清单，或是“学生必读书目”，或是“销量排行榜”。相比书店和网点的高价、难买，家门口的图书馆倒成了“小众宝地”。还有一种情况是家长对孩子课外阅读的干预。那些沉迷于课外书的孩子，在家长一次次说“别看没用的书”之后，逐渐失去了对阅读纯粹的兴趣。

深思之后，我决定行动起来，学习阅读推广的知识、方法，编写图书推荐，调整书架陈列，开展阅读指导等。更多的时候，我和孩子、家长深入沟通，倾听需求、剖析误区。最初家长们带孩子来图书馆的目的是“按书单借书”“溜娃”等，渐渐地大家喜欢上了这里。这里的氛围悄然变化。

2009年，我所在的社区图书馆正式加入上海市中心图书馆服务网络。为了顺利接轨上图，我经历了一次从未有过的考验，图书馆也迎来一次重大的新生。为了让所有图书都能顺利“入网”，我和同事把全部馆藏倒腾了四遍。所有的图书被重新贴标、加工，最终重新编排上架。对于非图书馆专业毕业的我来说，有很多时候需要边学边做。由于每天沉浸在书标、书号中，每晚梦里都充斥着字母与数字。那些日子让我终生难忘。工作模式也由以前的半手工模式升级为更先进的数字化手段。扫码枪、读卡器、小票机使得馆员服务台更加井井有条。粘在书里的借书袋记录着20世纪这些书与读书人的缘分，而小小的条形码则展现了图书馆主动走入当代读者生活的决心。

2011年，图书馆搬入了新的大楼。窗明几净、书香浓郁的新馆舍最先引来不是大批读者，而是附近参观的居民。这是重新树立图书馆公共形象的良好契机，也是图书馆与读者深入互动的契机。一个跟居民毗邻而居的图书馆，要如何才能真正成长为大家的“生活的一部分”？我和同事们决定从内着手“改造”它。我们纠正不文明阅读行为，向读者提供更便捷的图书馆使用手段，让无线网络覆盖全馆，开通微信公众号，组织策划贯穿全年的各类讲座、展览、故事会、读书会等读者活动。由退休老人组成的读书社和以青少年为主的志愿者服务队是常年活跃在图书馆的主要团队。再后来，图书馆向着附近的社区延伸，进入到有需求的居委会、企业、学校图书室。除了文献服务，也给大家带去精彩的活动。另一方面，作为上海市中心图书馆的基层服务点之一，“一卡通”服务体系建成后，读者感觉在这里借还书越来越方便了。以前为了找书要去市区，一折腾就是大半天。如今，一卡“通借”全市，也让我们和上海其他的公共图书馆联通了起来。这里主要提供的仍然是“空间”，但经历了硬件、环境和服务的大变化，这个“空间”有了更多甚至无穷的可能。读者笑称：小小的借书证“升值”了。

这些年我自己也在图书馆阅读了大量的书籍。除了《中国哲学简史》《牡丹亭：案头与场上》《漫长的告别》等印象极深的书，也有像《小猫杜威》这样不时温暖鼓舞我的书。而随着少儿阅读推广工作的深入，我开始深深地被绘本吸引，仿佛要重过一次童年。我如饥似渴地找寻动人的、逗趣的、惊喜的、精彩的绘本，给社区的孩子们讲故事，指导父母选书、读书，使读者误以为我是科班出身。其实，是读者触发了我的朗读开关，是读者成就了今天这个爱阅读、爱朗读、爱孩子、爱书本的我。

图书馆工作让我在飞速发展的时代依旧能沉下心来，我庆幸能在这里工作。时光留不住，成长看得见。

闵行区图书馆梅陇镇分馆

朱丽焉

五丨心归徐图

也巧，之后疫情居家，我天天与书为伴，一册在手，清茶绕香，聊慰寒雪，期待春风……

1984年我调入徐汇区图书馆工作。记得那时图书馆在漕溪北路33号，处于徐家汇西南拐角，在教会遗留的一幢老旧的三层房子里。它不大，掩映在绿荫丛中，与徐汇区工人俱乐部为邻，闹中取静。

老馆房屋的前身为徐家汇圣母院，始建于19世纪中叶。其建筑外形与徐家汇藏书楼等一脉相承，砖木构架，百叶窗框，风格上中西合璧。其时西风东渐，洋务运动兴起，中国在形式上已有了中外交流。也因此，老馆本身就是一个百年前徐家汇风云际会的窗口，它是一个有故事的地方，常引人流连，驻足寻幽。

二十世纪七十年代末、八十年代初，是中国刚恢复高考的时代，莘莘学子对书如饥似渴，对知识可谓狂热。每天清晨，图书馆还未开门，大门口就有人排队等候入馆，那一长溜的队伍常常像神龙般看得见头，却摸不到尾。无论寒暑，无论风雨，多少年都是这样。这奇景成了那个年代最时尚的中国符号。

伴随着徐家汇的改造升级，1990年12月，图书馆迁址南丹东路80号。新基奠定，一派繁荣盛景。

新馆为5 000余平方米的庭院式建筑，端庄可掬，涵养内敛。馆藏图书逾80万册，尤以人文科学、艺术类为上海地方文献特色。馆内设有外借、阅览、特藏、少儿、老年、盲人等服务项目，其中有展厅、自修室、多功能厅、学术报告厅及教室，年服务市民达数十万人次。升级版的新馆，俨然成了设施精良、品味高雅的区公共文化活动场所，读者近悦远来，不亦乐乎。

除了馆内活动，记得当年图书馆还注意发展自己的线下资源，充分调动社会力量，一起开展读书活动。

2007年图书馆和美罗大厦一起，创立了全国首家“商务楼宇图书馆”，而我有幸成为当时的宣传辅导员。美罗大厦在寸土寸金的楼宇中辟出80多平方米，向楼宇内3 000多位白领员工开放。大家只凭上海公共图书馆的借阅证，就可于此借书还书，足不出楼便有涉足上海各家图书馆的便捷体验。每年我们还与美罗大厦携手，一起在白领中举办各类读书活动。午间一小时休憩的时间，饮一杯咖啡，读几页新篇，赏心悦目。这一项目声名远播，各主要媒体都纷纷给予了报道。很多年过去了，许多白领的青春与此结伴同行。

作为图书馆老员工，我亲眼见证了图书馆图书查寻技术的突飞猛进——它发生了由人工找书到网上搜寻的巨大变化。

二十世纪八九十年代的时候，有一项重要的业务考核内容，是要在最短的时间里为读者找到所需的图书，标准就是速度和准确率。所谓图书馆专业的那两下子有没有，从找书这一基本功上就能看出来。我自己的专业是外语，但我生性好强，对图书馆的应知应会，从不马虎。除了钻研图书馆专业知识外，我还虚心向同事学习，对于本职工作尽心尽力，在日常每单的读者书籍找寻中刻苦修炼。功夫不负有心人，在当年的业务考核中，我获得第一名。而今退休了，有时说起往事，仍禁不住喜形于色。

人工查寻书籍的淘汰发生在二十世纪九十年代。电脑操控系统的普及推广，让传统成为过去。而管理提升的关键一步，是要求全体员工都要学习电脑操作和应用。

初始，我们学习的是DOS系统。对今天的同事而言，这可能太“小菜一碟”了。但在当年，我们除了在电影上见过电脑真容外，日常生活很少遇见什么“电脑”。因此，电脑启蒙学习，是一个十分枯燥、劳心的过程。每逢闭馆休息，全体员工都要去上电脑课，餐点是要自备的，大家以面包、咖啡等充饥。有时课时延长，还要坚持到晚上。那时电脑是个稀罕物，离开课堂，一切都是“纸上谈兵”了。对已经不再年轻的我而言，一脸茫然是常有的事。所以，那段时间的学习，我特别刻苦，特别专注。可能也是职业带来的紧迫感，我还特别给自己加压，刻苦学习电脑五笔字型输入法。天天琢磨，日日苦练，终有所获。而今自己意外傍有一技，电脑上与人笔谈，信手拈来，这是当年修下的福分。

电脑的普及应用推广，使现代化图书馆的功能日新月异。与上海图书馆联网后，各分馆通借通还。现在图书馆的大厅里都已安置了自助借还器，书籍可直接在电脑终端检索，馆藏均向读者开放，而且你只需于一馆便可查知全上海的图书资源信息，这种时代的进步，使读者畅享快捷，倍增愉悦。

2019年年底，欣悉徐汇区图书馆又将改造升级，以满足人们日益增长的精神文化需求。作为一名徐图人，一种强烈的自豪感油然而生。年前图书馆特别举办了一个十分有意义的“藏书于读者”的活动，在改造期间，将数以万计的图书归隐于千家万户。我积极报名参加了此项活动，带回百册图书。也巧，之后疫情居家，我天天与书为伴，一册在手，清茶绕香，聊慰寒雪，期待春风……

新馆的改造声隆隆响起，我由衷期待新馆新貌新气象，期待开馆的那天我成为第一批报到的读者。

徐汇区图书馆
高小琦

六丨忆

——见证镇图书馆建设的20年

每年的元宵节邀请“阳光之家”的残障人士和民办小学的学生来图书馆参与元宵主题活动，大家一起包汤圆、吃汤圆、做游戏。看到他们脸上露出天真无邪的笑容时，我们感到无比的欣慰。

从小受热爱书籍和摄影的父亲影响，我对充满书香味的图书馆有一种特殊的感情，觉得它们很熟悉、很亲切。想不到，长大后的我进入图书馆工作，见证了从单一的手工操作借还图书到现在的“一卡通”全市联网通借通还的互联网时代，我也从一名普通的馆员成了镇图书馆馆长。

作为和上海市中心图书馆共同成长了20年的变革亲历者，我感慨万千。接下来说说我们镇图书馆的发展历程吧！

马桥镇图书馆于1958年10月成立，原称群力人民公社图书馆，为上海市郊县首家公社图书馆，次年8月随公社改名，改称为马桥人民公社图书馆。1960年10月，业务暂停。1963年恢复开放。1963年11月，于紫藤镇、荷溪镇设分馆。“文革”初期闭馆，图书大量散失。1970年1月恢复开放。1987年，迁入乡文化中心站新大楼内。1960年3月图书馆被评为“上海市文化系统先进单位”，1984年被评为“上海市文化系统先进集体”，1985年被上海市文化局评为“为农服务”先进集体，1989年被上海市文化局授予“文明图书馆”称号，2005年至今，一直都是“上海市街镇图书馆一级馆”。

2001年我有幸进入镇图书馆工作，当时的图书馆在文体中心二楼，馆舍面积仅仅105平方米，图书只能在本镇范围内流通，而且都要靠手写录入借还，工作乏味单一。第二年，图书馆采购了两台方正电脑，我用半年时间把书架上的图书编入系统，借书卡也由纸质的变成了区馆统一定制的电子借阅卡，但图书借阅方式仍非常单调。图书馆的活动也只局限于老年读者，他们成立了一个“书友会”读书小组，每天也只是来阅览室看看报纸聊聊天。

2008年我们图书馆搬到了科普广场内，有了自己的独立馆舍，面积320平方米，在科普广场内经常会开展一些科普活动、法制宣传、文艺表演等等，给我们图书馆也带来了人气和活力。我们于2011年6月和2013年5月分别加入上图成人和少儿“一卡通”服务，成为中心馆成员馆之一，实行通借通还，大大方便了读者，借阅量也有了明显的增加。我于2011年9月接手图书馆的管理工作，那时我也经过了一段瓶颈期，虽然对图书馆流通业务比较熟悉，但在如何开展阅读推广活动上缺乏创新思路。于是，我想方设法，主动联系学校，设计活动，做好方案，积极地开展各类学生读书活动，逐渐受到了学校和学生的欢迎。每年安排“书友会”成员去附近的图书馆、博物馆等处参观学习，最令他们印象深刻的是青浦区图书馆。在开放式的楼顶花园，夏阳湖水与环湖园林的交相映衬，这座“水上图书馆”让我们的读者流连忘返。

2017年10月我们又搬到了景城文化活动中心内，馆舍面积增加到1 100平方米，图书馆的规模得到了进一步扩大，设立了外借室、成人阅览室、少儿阅览室、“书友会”阅览室、阳光阅览室、电子阅览室、书画室。同时我们读书主题活动更加丰富多彩，世界读书日活动，“小时光”亲子阅读活动，科普活动，“手工DIY”活动等，每月每周都有适合老百姓需求的活动，产生了良好的社会效益。我们还关心弱势群体，每年的元宵节邀请“阳光之家”的残障人士和民办小学的学生来图书馆参与元宵主题活动，大家一起包汤圆、吃汤圆、做游戏。看到他们脸上露出天真无邪的笑容时，我们感到无比的欣慰。随着马桥大居的开发，新成立了许多居委，在居委图书室普遍资金欠缺和图书不足的情况下，我们每年配送图书、报纸、杂志到各村（居）图书室，既方便了读者，又提升了我们的借阅量。每年我们都积极开展市级的市民诵读活动，热心组织读者参加，参与者年龄跨度很大，从五岁的孩童到七十多的老叟都踊跃报名。我们会先举行镇级的选拔赛，从中选拔出来的出色的读者再由专业的老师进行指导，代表镇区进入市级的决赛。这些优秀读者已经连续几届取得优异成绩，为我们马桥镇赢得了荣誉，收获了非同一般的社会效应。

如今，我们正在建设智能化小镇，明年图书馆又要搬迁到一个崭新的现代化设施愈发完备的文化中心，届时将为社区居民提供一个更安静、更舒适的阅读环境。未来，可能会有机器人服务于读者，让智能化体现在老百姓精神生活的各个领域。

闵行区图书馆马桥镇分馆
顾春燕

七 | 与中心图书馆的20年情缘

崇明图书馆成为中心图书馆分馆后，我们把这些“独此一家”的珍贵资料信息录入了中心图书馆书目查询系统，它们终于从沉睡中被唤醒。

阿根廷作家博尔赫斯曾说过:“如果这个世界上真的有天堂，那天堂应该是图书馆的模样。”我有幸能在图书馆工作,更叫我感念的是，20年的图书馆人生，我与中心图书馆一直相伴，我全程参与和见证了中心图书馆的建设。

廿年时光荏苒，那时候我才二十多岁。至今我还清晰地记得那时正是互联网兴起的新世纪之初，不少读者想来我们图书馆借阅计算机方面的资料，但因为馆藏资源的匮乏，一些读者借阅不到他们所需要的书籍。望着他们离去时遗憾的背影，我感到深深的无奈。我想，实力不济的崇明图书馆，什么时候能拥有更多的书籍，让每一位热爱读书的人都能各取所需、各得其所啊！不久喜讯传来，上海图书馆为进一步扩大图书馆的服务功能，将把服务范围辐射到本市高校和各个区县，建立跨行业、覆盖城乡的上海市中心图书馆。这一“金点子”般的创意，无疑给我们这些图书馆人和郊区的读者带来了福音。经过上海图书馆考察，我们崇明图书馆被列入全市第二批建设上海市中心图书馆分馆名单。在经过方案设计、分馆布局、设备采购、网络布线、书库搬迁、人员培训等一番筹备工作后，上海市中心图书馆崇明分馆于2001年年底正式对外开放。筹建过程中，上海图书馆为我们图书馆无偿采编了3万册新书，并提供了价值10万元的借阅设备，大大增强了我们馆的藏书实力。同时，通过网络通联，极大地丰富了共享资源。

上海市中心图书馆崇明分馆的建成，是崇明图书馆事业发展史上具有里程碑意义的一件事。尤其是“一卡通”业务开通后，海岛居民不出海岛就能查询和借还上海图书馆和其他分馆的书刊，为读者提供了极大的便利。就在去年，我遇到了这样一件事：我们岛上有一位从教育岗位退休的老先生，平时喜欢集邮，手上收藏了很多联合国发行的《濒危物种》系列邮票，他希望在有生之年举办一个个人的《濒危物种》系列邮票展。在策展阶段，为了标注每枚邮票的信息，他经常到我们图书馆来查资料，一来二去我们熟了。在与之闲聊的过程中，他向我诉说搜集这些资料的不易，特别是像他需要的这种小众的专业类图书。我了解到他的困惑后，告诉他可以试试从中心图书馆书目查询系统中找找其他馆有没有这方面的资料。后来他通过书目检索，发现了上图总馆有一套珍贵的“濒危物种”系列邮票的资料。在我的帮助下，他借回了书，补全了每枚邮票的信息。为此，老先生特地来我办公室感谢我，还说准备把他的个人邮展放在我们崇明图书馆举办。

自唐以来，崇明地区历朝历代出了不少文人墨客，有些还是声名远播的大师、大学者。崇明图书馆收集、珍藏了不少他们的作品、墨迹以及历代对他们研究的资料。但崇明岛相对比较封闭，交通不便，所以这些作品、墨迹和资料一直束之高阁，没能被外界很好利用。崇明图书馆成为中心图书馆分馆后，我们把这些“独此一家”的珍贵资料信息录入了中心图书馆书目查询系统，它们终于从沉睡中被唤醒。记得有一天我接到一位读者的电话，她是一位研究清朝时期崇明文人的台湾学者。她说在上海图书馆查找资料时，从中心图书馆的书目查询系统中看到了相关资料，希望得到我们的帮助。这位学者还特意从市区赶来崇明，我们为她提供了相关资料，给她最终完成研究提供了方便。后来，类似情况我还遇见过几次。其实，像我们郊区，特别是崇明这样一个地理位置、历史沿革等相对比较特殊的地方，本土文化以前很难在其他图书馆中找到相关记载与资料。只有在建立分馆后，中心馆与分馆形成了梯度格局、建立了共享渠道，才让市区乃至全国的读者都能很方便地看到我们的本土文化史料。

我们已经进入了5G时代，5G技术的运用，必然会为图书馆系统带来进一步的革命。我想，以上海图书馆为龙头，带动各区分馆、各街镇服务点，通过5G技术，服务将向更纵深延伸，覆盖所有社区、家庭的每一个细胞，每一位读者不出家门就能享用全市的所有图书资源，并不是一件不可能的事。展望未来，如果这件事真能实现，那对崇明这样一个情况比较特殊的郊区来说，意义更加深远。这似乎让我看到，我与中心图书馆的情缘还将延续下去。因为，我们一起要做的事还有很多很多。

崇明区图书馆

施颖华

第九章
面壁廿年图破壁

我们畅想在不久的将来，人脸识别与流通相结合，大数据和读者需求直接挂钩，用科技为读者定制专属个性化图书馆，实现人人拥有图书馆，人人丰富图书馆。

陆丽峰

图书馆编目人员的工作是默默无闻的，很少人用文字谱写华丽的赞歌，但是每年一串串总结的数字，数字背后每一条marc数据都是专业、敬业的体现，都凝聚着编目人员的心血和付出。

李芸

届时，读者证的表现形式也将不拘泥于二维码，通过AR和VR技术，读者证变得拟人化的同时，搭配上图书馆的引导服务和阅读推广也可能是未来的发展方向。

褚堃

一 | 风雨载“图”，砥砺前行

我们畅想在不久的将来，人脸识别与流通相结合，大数据和读者需求直接挂钩，用科技为读者定制专属个性化图书馆，实现人人拥有图书馆，人人丰富图书馆。

时光荏苒，岁月如梭，“上海市中心图书馆”已走过20年的风雨历程。年轻的“一城一网一卡一系统”体系日趋成熟，上海逐步形成了全国乃至全世界最大规模的三级图书馆服务网络体系。上海图书馆（以下简称“上图”）中文书刊外借室作为先行者，引领着“上海市中心图书馆”不断壮大、不断完善，见证了其一路走来的点点滴滴。

（一）“通借通还”将服务延伸到家门口

记得那是一个风雨交加的下午，一位中年大叔衣衫尽湿，他冒雨从浦东新区骑自行车来到上图外借室还书。小心翼翼地把包裹在塑料袋里的图书交到我手里时，他如释重负，“总算是还掉了，不容易不容易”。当大叔得知图书已经可以在就近图书馆“通借通还”时，脸上扬起灿烂的微笑道：“那我今天一定要多借几本，太方便了！”

上海市中心图书馆“一卡通”服务体系构建的初衷是为了打破图书单馆借还的局限性，盘活中心图书馆兄弟馆的馆藏资源，实现资源共享。上图从方便读者的角度出发，制定“通借通还”服务政策。读者无论在哪家图书馆借书都可以就近选择任何一家公共图书馆归还，彻底解除了读者“还书难”的后顾之忧。在此基础上，中心图书馆单卡的借阅册数从4本升级为10本，让读者可以一次看到“饱”，这一举措得到了广大读者的充分肯定。“通借通还”的服务政策，不仅盘活了各馆的馆藏资源，实现图书流动共享互补、打破馆际界限，而且方便了读者，将服务延伸到家门口，实现了“双赢”。

（二）“无线射频”把借书流程缩至20秒

2010年，有位老读者来到外借室，发现人工借书的柜台都不见了，代替它的是一排崭新的蓝色机器。大叔询问了一下，发现手上所有的书后面都贴了张白色的“标签”。借书的流程从以前人工一本本翻开扫描，变成了直接把书放到机器上点两下。大叔直呼“太神奇了！”

“世博”期间无线射频技术，正式在上图应用，受到了读者的广泛欢迎。这种最早应用在物流领域的射频芯片，彻底释放了图书馆流通工作方面的人力。仅需一台自助借书设备就能将原来人工借还的时间从几分钟缩短至20秒。作为第一批使用无线射频技术的图书馆，上图本着“先试先行，大胆尝试”的原则，将无线射频技术运用到借书领域，不断探索研究，向第三方设备厂商提出修改意见，使无线射频技术逐渐成熟稳定。同时将使用的经验及结论分享给中心图书馆的兄弟馆，为无线射频技术在上海市中心图书馆的普及打下了坚实的基础。

（三）“互通有无”共享中心图书馆服务经验

自2001年上海市中心图书馆成立以来，上图制定了一系列的中心图书馆服务标准。但由于各兄弟馆的制度不同，在实践的过程中难免会产生各种各样的问题，比如：赔书政策、发票开具、书刊剔旧等等。为了能更好地服务读者、解决各兄弟图书馆产生的各种问题，上图外借部竭尽所能予以帮助，除了平时接听中心馆各个馆的咨询电话以外，还在服务政策的改进方面提出了建议。外借室也积极参与协调辅导处举办的每年两次的中心图书馆培训班，派出骨干为中心图书馆的员工进行业务讲解，并分享中心图书馆的服务经验。2016年至2019年，外借部连续四年策划组织召开了“一卡通”服务研讨会，就公共图书馆服务中出现的新问题及发展方向与中心馆的各位同仁深入探讨，共享中心图书馆服务的成功经验和创新实践，共同寻找存在的问题和对策建议，共同研究公共图书馆“一卡通”服务的发展方向。

（四）“手机借书”引领图书馆未来

在科学技术高速发展的时代背景下，上海图书馆也在不停地顺应时代，与时俱进地进行拓展与创新。对先进技术，上图先试先行，从设想、研发到落地都走在前列，为上海市中心图书馆的同仁找寻能够在公共图书馆中可复制可推广的新兴技术，为公共图书馆实现更人性化、更便捷、更高效的借阅体验而不断努力。

2018年8月15日的中文书刊外借室格外热闹，室内人流如潮，许多读者聚集在工作人员身旁，借书机旁一反常态，格外冷清。原来这天是“手机扫码借书”第一次登台亮相，读者们都迫不及待地向馆员学习使用方法。“手机扫码借书”，顾名思义，就是手机“扫一扫”就能直接借书，无须借助其他任何设备。读者们再也不用挨挨挤挤排长队，有效缓解了节假日借书大排长龙的窘境。这项技术在保证读者高效借书的同时，也大大改善了读者的借书体验。

经过两年多的开发实践，“手机扫码借书”已经进入成熟期，上图和第三方公司共同申请了软件著作权，保证中心图书馆各兄弟馆同样能够享受到该项技术带来的便利。目前，已有多家兄弟馆将手机扫码借书排上议事日程，相信不久的将来中心图书馆“手机扫码借书”的覆盖面将会更大更广。

在信息技术蓬勃发展的今天，改革创新成为这个时代的主旋律。上海市中心图书馆体系已走过20年的风雨历程，如何均衡促进信息服务、文献管理、读者需求等图书馆职能的不断改善，实现图书馆的转型升级；如何加强“中心图书馆”各馆之间的紧密合作、共同创新，需要我们共同努力。

风雨载“图”，砥砺前行，我们畅想在不久的将来，人脸识别与流通相结合，大数据和读者需求直接挂钩，用科技为读者定制专属个性化图书馆，实现人人拥有图书馆，人人丰富图书馆。我们可以预见，在未来，图书馆不仅仅是文献流通的载体，图书馆的设施会越来越先进，智能技术应用水平会越来越高，内涵会越来越多样化，图书馆的社会效益也变得越来越突出。而那时，“上海市中心图书馆”体系必定大步走向更加辉煌的第二个“20年”。

上海图书馆（上海科学技术情报研究所）
陆丽峰

二 | 坚守初心，一路前行

——记中心图书馆编目加工提速的那些事

图书馆编目人员的工作是默默无闻的，很少人用文字谱写华丽的赞歌，但是每年一串串总结的数字，数字背后每一条marc数据都是专业、敬业的体现，都凝聚着编目人员的心血和付出。

大学毕业那年，也就是2008年，我入职馆所采编中心文献配置部，一转眼，已为中心图书馆馆配服务了近12载。值此中心图书馆建设与发展20周年之际，回到原点，回顾过往，记录下我所经历的编目加工提速的那些事。

（一）少儿书简编，编目“从无到有”

2008年11月刚入部门，就面临艰巨任务。当时中心馆有大量少儿书需要编入“一卡通”系统，但由于我们馆不采购少儿书，也就没有少儿书编目数据，而莘庄图书馆仅有数据套录岗位。所有无数据图书都要运到淮海路中文采编部，彼时中心采编目工作量已饱和，如何解决中心馆少儿书的数据成为棘手问题。

中心和部门领导带队组成调研小组，大家通过实地察看、编目规则研读、与专业少儿馆数据比较等，短时间内提交了少儿书简编方案。馆所通过后，立即在莘庄组建少儿书简编小组，着手执行编目。半年时间内圆满完成了积压的近一万种少儿书编目工作，少儿书数据得以顺利进入“一卡通”。此次编目，也形成了莘庄编目团队的雏形。

（二）人“动起来”，中文书编目提速

随着中心馆建设的稳步发展，加工量每年创新高，编目速度也成了急需解决的

“痛点”。

从组建少儿简编团队开始，我们逐步培养编目团队，同时引进资深审校老师，所有中文图书不再运送至淮海路中文采编部，全部在莘庄完成编目数据。省去了物流来回运输时间，编目提速已有成效，但还远远不够。

莘庄的编目团队和加工团队分别在两栋楼内，无数据图书要靠小电梯在楼栋间运送，要提速必须得打破固有的观念和流程。中心领导提出：原来是书动人不动，提速我们需要人“动起来”，要人随书动。说起来就是这么一句话，但执行起来对于每一位编目审校老师来说是切身的非常大的改变。工作的场地从原来比较宽敞的办公桌搬动到加工流水线，工作节奏从原来可以自行调节变为完全由加工情况决定，还要增加一道每条数据手动传入系统的环节。中心馆图书加工的情况又特别繁杂，很多时候会出现前半天完全没活，后半天又来活需要加班加点赶完近一天的工作量的情况。

编目审校老师用他们个人的“牺牲”带来的提速效果非常显著，原先抽样书送编一天，编目审校一天，转入horizon系统加耗一天。现在直接在加工线上10分钟就能完成，从72小时变成10分钟，中文书编目速度大大提升，每家馆每批次图书都能加工完即打包，再也不用因为等几本无数据的书耽搁时间了。

（三）跨部门合作，解决外文书编目积压

近年来，随着外文图书阅读需求的日益增加，中心馆也开始增大外文图书的采购量。然而外文书订购到货周期长，各馆年中通过订单采购的图书，往往年底结算的时候才集中到货，再从莘庄送到外文采编部统一协调完成编目再加工，送达各馆都是跨年度了。外文图书编目加工速度慢又成了我们要重点攻克的难题。

为此，由中心牵头，我们积极思考调研，2019年7月开始，先后推出了一系列方案。其中，在外文书编目方面，主要通过跨部门编审合作和前置编目来提速。

莘庄在原先中文编目团队的基础上，整合部门人才资源，抽调精兵强将成立了外文小组，小组内成员拥有硕士学历的占50%，着手学习外文图书编目。同时，在中心的大力支持下，由外采审校老师每周直接到莘庄进行实地审校，大大节约了图书往返运输的时间成本。

另一方面，我们与供应商积极沟通，获取各馆订单信息，在图书到货前预先进行数据查重和预下载修改，把编目工作提前几个月来做，如此，年底到货后马上就能数据整合审校，大幅提高加工速度。

图书馆编目人员的工作是默默无闻的，很少人用文字谱写华丽的赞歌，但是每年一串串总结的数字，数字背后每一条marc（机读编目格式标准）数据都是专业、敬业的体现，都凝聚着编目人员的心血和付出。在为中心馆服务的12年里，在不断思考编目提速的过程中，我更多了一份使命感与责任感。

回首12年，记录下我所经历的少儿书编目的诞生，中、外文书编目提速的那些事，既是记录我职业生涯不断成长的12年，也是记录中心图书馆推陈出新越来越好的一年又一年。十二年我在路上，二十年中心图书馆也在发展完善的路上，我们都在路上，坚守着初心，一路前行。

上海图书馆（上海科学技术情报研究所）

李　芸

三 | 磨砺以须　再创辉煌

——上海市中心图书馆20周年有感

届时，读者证的表现形式也将不拘泥于二维码，通过AR和VR技术，读者证变得拟人化的同时，搭配上图书馆的引导服务和阅读推广也可能是未来的发展方向。

上海市中心图书馆“一卡通”服务体系自2000年创立以来，历经了二十年的发展与完善，形成了以市、区、街道（乡镇）成员馆构成的三级公共图书馆服务网络。中心图书馆成员馆也从2005年的22家发展至现今的近300家。成员馆棋布星陈，服务范围辐射上海地区的个个村镇，条条街道，真正实现了“一卡通”100%的覆盖。读者证作为读者和图书馆之间联系的桥梁，其重要性不言而喻，而这也促使着我们办证处不断地升级完善办证服务，从而使读者享受到更高效便捷的公共图书馆服务。

（一）办证形式多创新，线上线下共前进

在不断的探索和改进下，实体读者证已从最初的无芯片照片卡转变为便利快捷的非接触式感应卡。读者证卡面也从起初的单一封面，逐渐趋向多样化、个性化，比如中心馆个性卡、智慧女性卡、徐汇志愿者卡、党员个性卡、纪念共青团建团90周年的“上海青年卡”、2010年“世博会”个性卡等，不仅多彩美观，更是承载了满满的纪念意义。

近年来，“互联网+”理念在各个领域迸发火花，上图办证处也紧跟行业发展趋势，推出电子读者证，办理此卡读者无须到馆，只需在线上进行注册申请，就可远程访问上图数据库，享受图书馆资源。而对于到馆读者，除了使用实体证，还可

以在移动端绑定个人信息生成二维码入馆阅览外借。读者证多样的形式不仅丰富了读者证的使用环境，更满足了不同读者的使用需求。

截至2018年底，上海市中心图书馆累计办理读者证达528.5万张，上海市市民持证率达21%，也就是说每五个人中就有一人持有读者证。在这令人欣喜的数据背后，是中心图书馆办证服务人员的不断尝试和不懈努力。

（二）诚信服务广推行，社会责任铭于心

2020年3月刚恢复开馆，一位老大爷便来到办证柜台询问，想退回先前缴纳的押金。他说自己从社区老人们的口中听闻，现在可以通过查询诚信的方式免押金添加借书功能，便特意前来办理。当他从工作人员口中得知自己的诚信记录良好时，老大爷眉开眼笑。待他拿回自己的押金时更是喜笑颜开，当即竖起大拇指称赞道："你们这个服务好，不仅给我们带来福利，还鼓励了社会上的人要更加守法守诚信！"

上海图书馆自2014年推出诚信免押金办证服务以来，经过多渠道宣传推广，现已成为一项常态化办证模式。在图书馆与上海市公共信用信息服务平台的合作下，读者只需签署《授权书》，在查询结果良好后即可通过诚信免押金办理普通外借读者证。截至2020年5月，已有30余万名读者通过诚信免押金的形式成功办理读者证，实现了"一卡通百馆，诚信胜押金"。未来，在上图办证处的带动下，全市中心馆将继续加大诚信办证推广力度，肩负更多社会责任，推动行业健康发展。

（三）同心同行，共享共赢

为了使中心图书馆馆员熟知办证细则，明确办证流程，办证处积极参与中心图书馆的相关培训，在会上为兄弟馆就办证流程、集体卡权限、预制证申请、电子学生证使用情况和诚信免押金服务等一系列业务进行了细致的讲解。

自2016年起，办证处连续参与四届"一卡通"服务研讨会。借研讨会的机会，我们与各馆一直线上沟通却从未谋面的同仁们聚在一起分享工作经验、交流创新思路、探讨业务不足、促进彼此友谊。通过这个平台分享展示了我们的业务研究成果，更好地解决中心图书馆信息不对称问题，促进了"一卡通"服务体系的稳步发展。

（四）思则有备，再登新高

在上海市中心图书馆的"一卡通"服务体系运行的二十年中，办证流通频创佳

绩，读者证相关新兴服务层出不穷。但是这并不代表我们可以就此驻足不前。随着5G通讯基站的加速建设、5G技术的试用覆盖，图书馆数字化发展将面临更多的机遇和挑战，中心图书馆“一卡通”系统也需要针对新形势进行全新的思考和展望。

我们设想，随着5G时代的来临，可以推出线上虚拟读者证办理业务，并同时连接人口库及诚信免押金的查询端口，真正地将办证业务由单一的阵地形式转变为线上线下的同步进行。当读者在线上申请办卡后，系统就能通过面部、语音等方式进行身份识别和诚信核验，在线上完成办证流程。如此一来，读者无须实体证，甚至可以放下手机，仅凭面部识别就能享受中心图书馆的各项服务。届时，读者证的表现形式也将不拘泥于二维码，通过AR和VR技术，读者证变得拟人化的同时，搭配上图书馆的引导服务和阅读推广也可能是未来的发展方向。同时，中心图书馆数据也将在通讯速度的提升下实现更多的同步和整合，成人少儿外借功能合二为一，主分馆办证业务进一步融合。这种转变将为读者提供更多便利，使“一卡通”业务的运转效率提升，进一步将传统服务接轨互联网，最终实现业态的转型升级。

这二十年一路走来，中心图书馆办证处业务内容愈加丰富，服务形式愈加多样，但从未改变的是对读者“一视同仁、耐心细致、及时快捷、想方设法”的服务核心。所以我们也坚信在不久的将来，随着FOLIO平台的顺利开发，以东馆建成为契机，中心图书馆“一卡通”办证服务，将因各馆办证人饱满的热情、细心的服务和积极的创新而再创新的高峰！

上海图书馆（上海科学技术情报研究所）
褚　堃

四 | 全天候全覆盖　读者服务持续性升级

——浅谈嘉定区图书馆菊园新区分馆服务模式的变迁

我享受着公共图书馆服务网络全覆盖带来的便利，欣喜地看到每一项服务带来的便利，也更愿意去每个图书阵地去坐坐，感受“教化嘉定”的文化氛围。

我是一名读者。依稀记得2012年在嘉定区图书馆裕民南路分馆首次办理了该馆的读者证，还是嘉定区图书馆“最美图书馆”纪念版读者卡，此后每天它都陪伴在我的身边。

我也是一名馆员。2014年7月，通过菊园新区工作人员面试选聘，我正式成了嘉定区图书馆菊园新区分馆的一名窗口工作人员，日常负责借还图书、办证退证、协助读者使用馆内书籍查询系统、举办读书活动等工作。我参与着各项图书工作，见证着读者服务的持续升级。

（一）开设首家“我嘉书房”全天候服务不再难

2017年1月，首个“我嘉书房”在嘉定菊园新区正式揭牌启用，成为嘉定区公共图书馆“全覆盖”服务网络中的新生力量。作为全市首个以政企合作模式运行的24小时图书馆延伸服务项目，“我嘉书房”（菊园·绿地天呈）采用“政企合作、资源共享、文化增值、百姓受益”的共赢模式，以嘉定区图书馆、菊园新区文化体育服务中心、上海绿地嘉唐置业有限公司为运行主体，由菊园新区社区党建服务中心、菊园新区成人（社区）学校、菊园新区社区志愿服务中心等社会主体共同参与管理运行，并接受运行主体的监督与管理。该书房兼具交流品读、亲子共读、静谧自读的空间设计，融合了24小时自助图书室、社区文化空间、市民科创实践基地、志愿者自治基地、公益休闲区域等多元功能，不但纳入了上海市中心图书馆“一卡通”系统，与全市公共图书馆通借通还，还提供了自助借还图书、自助办理读者证等便捷服务。此外，免费的无线网络也让市民能够畅快使用各类终端设备。

随后，该模式在嘉定区全面推广，而菊园新区结合实际又相继推出了三个“我嘉书房”（菊园·双创街、菊园·嘉筱、菊园·嘉悦），较好地覆盖了菊园新区读者的需求。

（二）打通线上线下功能 实现服务零距离化

2014年起，嘉定区图书馆菊园新区分馆充分结合“菊园有戏”社会化行动，先后开展了“书童故事会”“真人图书馆”“童乐美工坊”“书声朗朗”“越说越开心”“菊园讲座”等读者喜闻乐见的线下读书活动，形成了特有的菊园读书品牌项目。同时，菊园新区结合嘉定读书月活动，先后开展了“青少年传统文化知识竞赛”“微阅读行走”“IDO·爱读”朗读比赛等各种精彩赛事和活动，持续吸引着很多菊园新区的市民读者。

2020年以来，由于疫情防控的需要，菊园新区及时调整了读者活动服务功能，读书活动从线下转为线上，先后开设了“《娓娓道来》故事云课堂”“《箫课堂》非遗项目”等线上读书活动，使市民们在家也能享受到读者服务。

同时，结合读者的需求，我们还开设了“菊园图书馆读者QQ群”等线上交流平台，并通过“菊园有戏”微信公众平台及时发布新书咨询及相关读书活动，方便读者们及时知晓和参与。此外，2017年，菊园新区采购了歌德电子书借阅机，读者凭借证件即可登录，登录后即能借阅系统内电子书，为市民们提供了方便的看书途径。2019年，菊园新区还采购了朗读亭，读者们通过设备完成录制后即可在自己的手机上进行收听，从而进一步激发了读者们的阅读兴趣。

服务永远在路上。作为一名馆员，我见证着图书馆从街镇分馆、村（居）图书室、百姓书社、农家书屋到24小时街区智慧图书馆再到“我嘉书房”等服务阵地的全覆盖，我参与着每一项服务工作，见证着越来越浓厚的全民阅读氛围。作为一名读者，我享受着公共图书馆服务网络全覆盖带来的便利，欣喜地看到每一项服务带来的便利，也更愿意到每个图书阵地去坐坐，感受“教化嘉定”的文化氛围。

嘉定区菊园新区图书馆
鲁　敏

五 | 在上海市中心图书馆的引领下大展宏图

首次来到新馆的读者激动地说:“这么优美的图书馆建在小区边上，十分感谢政府为老百姓造了一个精神家园，在家门口就能读书看报，我们感到无比快乐。”

上海市中心图书馆成立至今，已经走过了20年的不凡之路，取得了辉煌的成就。18年前，虹口区图书馆自豪地成了上海市中心图书馆的一员。中心图书馆引领着本市公共图书馆实现了一次又一次跨越，推动着虹口区图书馆由小到大、由弱变强。

2002年以来，虹口区图书馆在上海图书馆的大力支持下，在虹口区文化局的直接领导下，在全馆职工的辛勤努力下，紧紧抓住我国文化事业发展的最佳机遇，开拓进取，砥砺前行，实现了三大方面的提升。

（一）以积极姿态加入中心图书馆，提升服务能级

2001年，当市委领导做出“要加快中心图书馆建设步伐”的指示后，虹口区政府、区文化局领导十分重视这项任务。经过调查研究，决定把虹口区图书馆加入中心馆一事列入全区文化发展的主要目标之一。

1. 消除顾虑，统一思想向前看

2001年6月，黄浦区、静安区、南汇区、音乐学院四家图书馆率先加入了中心馆，虹图职工十分羡慕。当时在图书馆领导班子会议上，就加入中心馆一事有着两种不同意见。一种认为加入中心馆是公共图书馆发展趋势，是市委领导的要求，晚加入不如早加入，早加入早享受上图的优厚政策；另一种认为加入中心馆会打乱本馆原来的借阅模式，无法管控图书流向，会影响资产的管理、图书的统计和盘点。

为了消除个别同志的思想顾虑，馆领导走访了中心图书馆黄浦分馆和静安分

馆，了解他们加入中心馆后的感受。得知“一卡通”通借通还的服务模式不仅能节省读者的时间，而且还能共享各分馆的所有文献资源；对于各馆资产管理上的问题，“一卡通”Horizon系统能明细各馆的图书流向，分馆无须担忧。

2001年9月27日，虹图领导和上图业务处领导就加入中心馆事宜进行了协商，同时表达了加入中心馆的意愿。上图领导认为，只要虹图增加开架图书数量，扩充阅览席位，完善基础设施，完全可以在2002年进入中心馆成员馆的行列。上图领导表示，为支持虹图改善服务设施的工程，上图将赠予一批价值与改建经费等同的图书、设备。这一举措为虹图赶上一流的服务水平注入了强大的动力。

2. 虚心求教，想方设法解决难题

虹图自1996年改扩建后，虽然建筑面积由原来的1 430平方米增加到2 931平方米，但实际对读者开放面积只有1 200平方米左右，阅读座位400个，开架图书10万多册，不能满足读者日益增长的阅读需求，也不能达到中心馆分馆的基本要求。

为筹建中心馆虹口分馆，虹图向区政府申请了改建硬件设施、添置网络设备的专项经费，获批了200万元的专项资金。但工程最终报价超过了专项经费总额，这个难题让馆领导一筹莫展。基建组同志主动向别的区图书馆请教，得到了兄弟馆的参考意见，加之基建组同志的集体智慧，决定采用一个勤俭节约的方案，即把部分可用设备修旧如新。首先，把外观较好的桌椅、书架贴面翻新，既美观又好用；其次，请专业人员对电器设备进行维修，延长使用寿命；再次，复制其他图书馆的内部结构，采用大空间小隔断的格局，对原有建筑不做大规模的改动，节约了不少成本。

3. 合理布局，扩大读者使用面积

2002年4月29日，中心馆虹口分馆的筹建工作正式启动。按照设计方案，把虹图六楼大厅改建成以现代文学作品、文化名人专著、犹太人在上海史料、文史哲工具书为主的休闲式的参考咨询阅览室，配备电脑查询系统及阅览设备；把五楼隔成四间以文史类精品图书为主的典藏书库，供研究人员阅读；将整个四楼改为普及类图书外借处，扩大了书库面积；将三楼改建成图书、报刊阅览室，扩充阅览座位；把二楼报告厅改建成多功能的演示厅，可供讲座、影视放映、绘本剧之用。改建后的馆舍，扩大了书库面积150平方米；添置书架100只；新增阅览座位100个；总开架图书达到了16万册，进一步满足广大读者的阅读需求。

2002年7月23日上午，虹图举行了隆重的中心馆虹口分馆开馆仪式，上图党委书记亲自为虹口馆加入中心馆授牌，这一天标志着虹图进入了“一城一网一卡一系统”的服务体系中。

（二）精神文明和业务建设一起抓，提升办馆效益

在中心馆的大家庭里，虹口分馆利用文化发展的大好时机，精神文明、业务建设两手抓，取得了一个又一个好成绩。

1. 虹口区又添一座新的图书馆

“十一五”期间，文化部要求特大型城市的区级公共图书馆建筑面积应达到10 000万平方米以上，虹图在全国公共图书馆第四次等级评估中，因两个图书馆面积相加只有5 300平方米，险些失去“一级图书馆”的头衔。

在2007年区人大会议上，有代表递交了《关于新建一座区图书馆的建议》，得到许多代表的赞成。与此同时，新一届区政府领导提出了“人文虹口，文化强区”的口号，同意新建一座区图书馆的建议。就在“十一五”文化发展规划收官之际，区财政投入了1.4亿元资金，在虹口区的北部新建了一座区内最大的图书馆。场馆布局方面，新馆听取了上图专家的建议，把新馆设计成集学习阅读、信息交流、专题研究、艺术展览、文化活动等功能为一体的图书馆。

2010年12月28日，虹口区水电路新馆正式对外开放。不少首次来到新馆的读者激动地说：“这么优美的图书馆建在小区边上，十分感谢政府为老百姓造了一个精神家园，让我们在家门口就能读书看报，感到无比快乐。”

2. 连续三年获得全市业务排名第一

根据虹口区文化发展规划，区机构编制委员会确定了水电路新馆为虹口图书馆总馆，乍浦馆、曲阳馆为虹口图书馆分馆的体制，三馆实行“统一平台、统一管理、统一服务、统一采编”的总分馆运行机制和工作模式。

三馆合并后，优势很快就凸显出来，读者借阅量的增长就是其中一个表现。因为这三个馆的地理位置，正好均衡分布于区内，基本覆盖全区各个街道，社区居民可就近享受公共文化服务。由于馆舍就在居民区附近，所以每年的进馆人次、借阅册次明显增长。据中心馆业务量统计，在2011至2013年间，虹口分馆各项基础业务数据排名连续三年位居全市区馆第一，荣获“中心馆工作先进集体”称号；人均持证率、年图书流通量、新书入藏总量等数据连续四年（2011—2014年）位列全市三甲。

3. 喜获全国及本市多项荣誉称号

虹图在做好基础业务工作的同时，还广泛开展读书活动、科普讲座，延伸服务，扩大了社会影响，赢得了群众的赞誉。

2010年起，虹图在全区26家标准化菜场建立了“菜场书屋”。利用图书馆专业优势，为菜场务工人员提供信息咨询、专题讲座，组织务工人员子女开展暑期读书活动。2016年，“菜场书屋”被评为“上海市公共文化服务体系示范项目”；2012年起，虹图连续举办了八届“虹口区青少年阅读节”。本着“阅读推广为己任”，努力在阅读形式、推广方式上不断创新，一些少儿阅读品牌通过“阅读节”的平台得到家长的认可。其中极具上海特色的“阿拉一起读童谣、唱童谣”少儿活动荣获“2013上海童话节最佳活动奖”；2011年2月19日，第一场“虹口科普讲坛”在虹图总馆成功举行。接下来每周六下午举办一次，报告厅内经常是听众满座，一座难求。“虹口科普讲坛”至今共举办了296场讲座，听众53 583人次，上座率达到83.8%。2015年，虹图被评为“推进公民科学素质先进示范单位”。

在上海图书馆的关怀下，虹图各项业务工作取得了较好的成绩，各级政府给予了虹图很高的荣誉。自2005年虹图被评为“2003—2004年度上海市文明单位”后，直至2015年，连续六次荣获“上海市文明单位”称号；2015年2月，中央精神文明建设指导委员会授予虹图第四届“全国文明单位”称号。2017年，虹图再次被评为“国家一级公共图书馆”。

（三）主动参加中心馆业务活动，提升专业水平

近十年来，中心馆举办的各类业务学习、研讨活动，对提高成员馆职工的专业素质、服务水平起到了很大的帮助。

1. 参与中心图书馆业务竞赛活动

从2013年起，上图工会精心策划、组织、举办了三届馆员业务知识、岗位技能大赛，虹图职工参加了每一次比赛。

比赛通知下达，虹图三馆职工都踊跃报名。工会根据报名情况，先在三馆分别进行选拔赛，选出每馆的前三名选手进入决赛，再选出成绩最佳者参加中心馆比赛。虽然虹图职工在比赛中成绩不一定是最好的，但比赛的精神状态总是最棒的。通过紧张激烈的主题演讲、知识问答、动手能力比拼，各馆职工之间比出了精神，比出了意志。馆员之间探讨了专业精神，分享了业务技能，增进了彼此的友谊。

通过比赛，虹图参赛职工学到了兄弟馆团结协作、爱岗敬业的正能量精神，表示要把兄弟馆的工作经验、业务技能带回图书馆，并传授给同事，以更好的业务技术对待读者，进一步提高读者服务水平。

2. 接受中心图书馆各类业务培训

为统一各区分馆、各区基层服务点文献分类著录标准，推动文献管理的规范化、标准化，加强区、街道（镇）图书馆工作专业人员队伍建设和业务建设，上图

每年举办图书馆工作人员岗位进修班，虹图职工精研细磨，收获颇丰。

每年，虹图都会选派一批不同岗位的新职工报名学习文献分类、编目、信息检索、连续出版物管理等科目，学成回馆后再当小老师，开班培训本部门的馆员和派遣制员工，让在岗的职工都掌握必要的专业技术要领，保证窗口服务工作人员的良好服务水平。

二十年来，虹图每年都有业务骨干参加上图“图书情报高级研修班”。在这个班上，馆员了解了图书馆学、情报学发展的历史及其最新发展动向，学到了图书馆学、情报学研究的主要方法。研修班为虹图培养了一批年轻的业务干部，他们现在在虹图各个业务岗位上发挥着重要作用，为虹图的发展做出了成绩。

3. 积极参加中心图书馆业务研讨活动

中心馆除了举办各类业务培训班之外，还经常举行“‘一卡通’服务研讨会”“公共图书馆微服务研讨会”“中心馆馆长论坛”等业务交流活动。

为了加强中心馆业务管理，提升整体服务质量，共享“一卡通”服务的成功经验和创新实践，共同研究公共图书馆“一卡通”服务的发展方向，从2016年起，中心馆举行了四届“‘一卡通’服务研讨会”。每一届研讨会虹图都派出业务骨干参加，并且在每一次分组讨论会上都上台发言，与大家共同探讨存在的问题和对策。

已连续举办六届的“图书馆微服务研讨会”为微服务编辑人员提供了一个很好的交流学习平台。虹图的小编们不愿放弃任何一次学习机会，每次参会他们都感到收获颇丰。在新冠疫情期间，他们把研讨会上学到的经验展现在新媒体平台上，用娴熟的编辑技术、精美的图文版面，及时把区文旅局讯息、中心馆公告、阅读活动信息、图书馆开馆公告等信息推送至虹图微信公众号上，让广大读者即时获悉图书馆开馆情况、活动安排，有选择性地参与活动。

上海市中心图书馆的二十年，是开拓创新的二十年，是与时俱进的二十年。虹口区图书馆在中心馆的大家庭里，逐步成长为一个综合业务能力位列本市前茅的区级公共图书馆。这与上海图书馆的关心、指导是分不开的，与兄弟馆的交流、合作也是分不开的。目前，虹图在数字资源服务上、人才队伍建设上、街道馆业务建设上还落后于兄弟图书馆。虹图人决心利用“十四五”文化发展的大好时机，加强数字资源服务，创新读者服务工作，完善人才培养机制，提高街道图书馆服务能力，把“文化强区”的口号落实到每一项服务工作之中。

虹口区图书馆
张　雄

六丨中心图书馆建设回眸

把握世界城市图书馆的发展动态，以全球视野来谋划未来的新发展。

在新的信息技术发展的时代背景下，图书馆也面临读者需求越来越多元化的挑战。为谋求新技术环境下城市图书馆的创新发展，打破旧有机制的障碍，满足读者日益增长的信息和知识需求，上海提出了建设特大型城市中心图书馆的发展目标，并提出应当打破行业的界限，形成公共图书馆、大学图书馆和专业图书馆资源共享和读者服务联盟，提升图书馆的管理水平和服务水平。这是个意义非凡的开端。

（一）升级服务体系，顺应融媒时代

从2000年起，上海地区开始启动了中心图书馆建设，到如今形成了“一城一网一卡一系统”的公共图书馆服务体系。上海市中心图书馆的建设格局以上海图书馆为总馆，本市现有的各区图书馆为分馆，并逐步与总馆建立起文献资源共建共享的联系。各分馆既保持各自现有的体系与结构，同时又有资源共享的快捷与便利。例如中心图书馆各成员馆在全市实行统一的借阅卡制度，读者凭借“一卡通”就可实现异地借还书，这一创新服务措施作为中心图书馆建设的切入点和重点，盘活了各馆资源，实现了“一卡通”在上海市、区和街（镇）三级图书馆基本全覆盖，极大方便了读者。

经过多年的建设与发展，上海市中心图书馆经历了多次发展跨越，逐步发展为全球最大的城市图书馆单一群集系统，一些服务数据进入全球城市图书馆的先进行列，一系列成果惠及人民，也激励着中心图书馆各馆成员。

（二）对标中心图书馆，与时俱进谋发展

闵行区图书馆对标中心图书馆建设，多年来不断加大投入，改善设施，增加文献，扩充数字资源，提升馆员专业能级。

在网络体系方面，闵行区图书馆实现了同城“四个一”的发展目标，即“一城一网一卡一系统”。在实行“一卡通”的前提下，本区各级分馆的原有网络系统与全市的统一网络平台融合，最终走向一体化的信息网络平台，使本区市民可以便捷地共享全市的资源。

在服务体系方面，闵行区图书馆以“一卡通”为物理空间服务的主要载体，进一步完善预约、物流，提高图书馆的利用率。中心图书馆“一卡通”在闵行区内实现了街镇全覆盖，在街镇和社区直接实现了一卡通办，方便了读者就近借阅。除了落实“一卡通”外，闵行区图书馆还统一规范服务的各项政策，形成了统一的形象文化、行为文化和制度文化，加强了区馆的专业主题特色，如增设“春申文化阅览室”和“非遗阅室”，着力挖掘展现地方特色的民间文化。同时增加了新技术的运用，陆续开通了“微博”“微信”“抖音”等多种与读者互动的平台，拓展了网络服务的空间，扩大了图书馆服务的辐射渠道。

在人才体系方面，闵行区图书馆着力培养专业人才，提高图书馆专业人才的专业化水平，以适应信息技术的飞速发展。面对文化层次越来越高的读者队伍以及载体多样化的文献资料，图书馆所提供的服务从单一化向多元化发展，这对馆员提出了更高的要求。因此建立并完善了各类人才培养和培训的通道，采用馆内业务培训、部门岗位培训、外出学习培训等多种形式相结合的方式，不断提高职工的业务能力和服务水平，为图书馆事业的可持续发展奠定了坚实的基础。

经过二十年的发展，我们已经站在了一个新的发展起点。在未来的发展中应当着力于提升管理和服务的内涵品质，完善文献、网络、服务和人才等四大体系。我们应当把握世界城市图书馆的发展动态，以全球视野来谋划未来的新发展，同时结合实践，以创新精神描绘城市图书馆的美好明天。

闵行区图书馆
钱海荣

七丨中心图书馆、共建共享和我

图书馆领域的一站式检索，使读者能够在一个入口、一个检索界面，经过一次检索就能以最快的速度和最简单的方法，从种类繁多的原始数据资源的海洋中得到其所需要的有价值的所有资源。

上海市中心图书馆成立二十周年了，这二十年来中心图书馆的成长伴随着互联网技术的飞速发展，图书馆资源建设和服务模式也产生了革命性的变化，我作为上海图书馆的一位馆员，亲历了这一变革，感触很深。

（一）文献资源共建共享之基——《华东联合目录》

今天，如果读者想要查阅外文期刊，可以通过上海市文献资源共建共享网平台上的《华东地区外国和港台期刊联合目录》（以下简称《华东联合目录》）数据库搜寻到上海市中心图书馆成员馆外文期刊的馆藏情况，读者可以根据需求找到拥有自己所需外文期刊的图书馆，实现了图书馆外文期刊资源在上海市中心图书馆的共享。

《华东联合目录》最早出版于1989年，由华东地区“六省一市”（江苏省、浙江省、江西省、安徽省、山东省、福建省、上海市）图书馆和科技情报研究所联合编辑出版，每年出版一册，到2018年已经出满三十期。《华东联合目录》数据的变化基本上与该地区图书馆资源建设的演变同步，也反映出上海地区图书馆文献和信息资源共建共享工作的发展过程。1994年首批20家上海地区高校、科研单位、情报机构和公共图书馆共同建立了上海地区文献资源共享协作网，开展了馆际文献资源共享建设、完善了咨询服务手段，加强了外文期刊采购协调，实现了馆际互借、馆际互阅等功能，以满足各层次读者的需求。《华东联合目录》作为实现馆际文献

互借的重要环节，推动了上海市文献资源共享工作的展开，同时通过上海市共享协作网开展的外文期刊采购协调工作，优化了上海地区国外和国内以及港台地区期刊的资源建设，使有限的宝贵资源得到最大化利用。这一模式成为上海市中心图书馆建立和发展的雏形。2000年，在上海市文献资源共建共享工作基础上，由上海图书馆牵头，与上海高校和各区（县）图书馆共同联手建立“上海市中心图书馆”。

2002年，我有幸加入了《华东联合目录》编制团队。那时候，读者如果到上海图书馆查询所需外文期刊，若上图无该刊馆藏，可以通过翻阅《华东联合目录》，查询到拥有该外文期刊的其他图书馆。通过电话联系预约，读者可以到该图书馆去查阅，或者由上海图书馆通过馆际互借把该外文期刊借至上海图书馆，再通知读者来查阅。当时已经实现了馆际互借、互阅等功能。

2009年在《华东联合目录》发行二十周年之际，《华东联合目录》编制团队对20年来外文期刊资源共建共享工作进行了总结，撰写了《外文期刊资源共建共享的过去和未来——〈华东地区外国和港台科技期刊预订联合目录〉实践案例》的文章，该文章获得“2011年中国图书馆学会年会”论文一等奖。

我认为，《华东联合目录》的创建为上海地区境外文献资源共享工作打下了基础；文献资源共享平台的建立优化了本地区外文期刊资源的配置；资源网络化建设提高了上海地区外文期刊资源共享的效率；数字资源的引入改变了资源建设和资源共享工作的格局。文章还对上海地区图书馆资源建设和资源共享工作的推进提出建议：（1）加强外文期刊的研究和挖掘；（2）推动外文期刊的整合与分享；（3）建立开放式联合目录系统。

近年来，网络信息资源的发展，改变了图书馆传统外文期刊文献资源建设的格局。《华东联合目录》不断更新观念，充分利用网络新技术，开展外文期刊资源共建共享工作。作为外文期刊共建共享的主要资源数据库，《华东联合目录》的发展和变革与上海市中心图书馆的发展进程是同步的和互联互动的。

（二）“一站式”检索上线，查资料删繁就简

从2016年开始，我主要从事参考咨询工作，编制《华东联合目录》和参与中心图书馆资源建设的经历，给我在新的环境中开展参考咨询工作带来了很大的帮助。

上海图书馆是上海市中心图书馆成员馆中拥有外文期刊资源最丰富的一个，正因如此，资源整合尤为重要。目前上海图书馆外文期刊馆藏资源建设已从纸质馆藏

资源建设向纸质馆藏资源和电子资源建设并重的方向拓展。在工作中使用采样分析的方法，跟踪每一种外文期刊出版和馆藏变化情况，充分了解现有外文期刊馆藏结构。馆藏结构由纸质外文期刊为主，向纸质外文期刊和电子外文期刊共存，再向以电子外文期刊为主的结构发展，形成了纸质外文期刊查询和各个期刊数据库查询平台并行的多平台服务模式。

但是多平台期刊查询不可避免地会产生检索效率较低的问题，由于各种电子外文期刊分布在各个不同的数据库中，查阅时需要打开不同的数据库逐一进行搜寻，而且每一个数据库揭示的电子外文期刊或者 iPac 揭示的纸质外文期刊的信息大多不是完整馆藏，给读者带来很多不便。为了完整地揭示采样中发现的三种形态馆藏结构（纯纸质期刊馆藏、纸质期刊加电子期刊馆藏和不同数据库中电子期刊叠加馆藏）的外文期刊馆藏，我参与了“馆藏外文期刊资源一站式服务平台”的建设。

图书馆领域的一站式检索，就是通过对馆藏电子资源做最完整、最大限度的整合，使读者能够在一个入口、一个检索界面，经过一次检索就能以最快的速度和最简单的方法，从种类繁多的原始数据资源的海洋中得到其所需要的有价值的所有资源，并可直接浏览，达到简化检索界面，去除重复操作，节约读者时间，提高检索效率的目的。

上图外文期刊查询系统平台的建设，是为充分利用上海图书馆外文期刊的馆藏而进行的一种新的探索，通过纸质外文期刊查询、结合纸质期刊－电子期刊查询、电子期刊在不同数据库中的查询，能够揭示外文期刊在上海图书馆的完整馆藏，扩大外文期刊信息资源的利用和服务，为读者和馆员提供统一的信息获取平台。

2019年，外刊资源平台研究小组对“馆藏外文期刊资源一站式服务平台”的建设经验做了总结，写成题为《图书馆多媒体外文期刊揭示和一站式服务》的论文，论文被收入《2019年国家图书馆110周年优秀论文特辑》。

上海市中心图书馆二十年的历程，离不开每一位图书馆工作者的辛勤耕耘。随着5G网路、人工智能、智慧城市等新技术的建设和应用，上海市中心图书馆未来二十年的发展，需要更多年轻人的探索和努力！

上海图书馆（上海科学技术情报研究所）
桂飒爽

第十章 志不求易不避难

人生的角色不断变化，身上的责任越来越重，幸运的是，图书馆中可爱的人、有趣的书，给我以慰藉，推动我不断成长。

张晓晶

图书馆的各项工作如春风化雨，浸润读者的心灵。我个人也从对图书馆事业知之不多，到深入了解，进而成为为图书馆事业贡献力量的工作者。我真切地感受这一行业的魅力——用真诚的心为读者服务，每天都如此，还是乐此不疲。

杨竹君

儿时的梦想竟成真了！对于我来说，还得在实际工作中，脚踏实地地去践行一个普通的基层图书馆管理员应尽的职责，成为一名称职的为读者热情服务的“店小二”。

陈婷

一 | 承载希望　梦想启航

当我刚踏入图书馆时，它的模样，令我震撼。磅礴的气势和漫漫书山，让我这种文化爱好者如痴如醉地想去守护它。

回首20年，一幕幕往事犹在眼前。2000年12月正式启动的上海市中心图书馆，至今已走过了20年的发展历程。这漫漫长路、这一路的荆棘坎坷终于在这一刻得到了永恒的纪念。这一国际大都市图书馆创立创新之举，顺应了上海市大繁荣的发展趋势，引领了21世纪中国公共图书馆的发展方向。

我很幸运能成为闵行分馆外借部的一员。当我刚踏入图书馆时，它的模样，令我震撼。磅礴的气势和漫漫书山，让我这种文化爱好者如痴如醉地想去守护它。我们部门紧紧围绕图书馆的规则进行工作，坚守理念，创新思维，攻坚克难。“读者至上，服务第一”，就是我们基础服务工作的要求。“满足读者需求，保障开放时间”，便是我们这些年来一直守护的宗旨。迄今为止，上海图书馆经历了较为顺利的发展之后，一直为建设书香城市进行顶层设计。上海是一座历史人文深厚沉积和开放度较高的城市，我们的目标就是打破传统的阅读体制，满足读者日益增长的读书需求，这是一个难度非常大的课题。从树立起中心图书馆分馆的示范典型到创建网上联合知识导航站，上海市的公共图书馆经历了多次的跨越式进步，创立了理事会体制下的专业分馆发展模式，为其他城市图书馆的建设做了一个良好的示范。

上海市中心图书馆犹如力量源泉注入上海市，上海图书馆行业的发展也是蒸蒸日上，在文献体系、服务体系、人才体系、网络体系方面逐步完善。上海图书馆在经历了20年的跨越式发展步入新世界之际，面临着新的读者需求挑战和新的发展机遇，以及新的技术环境发展等一系列问题，图书馆工作人员为解决这些复杂的问题，给出了许多解决方法，这也是我们可以借鉴与继续传承发展的目标。启动工作从定位、切入点、经费、流程、启动仪式等方面进行了细致筹划，扎实推进工作，给中心图书馆做了一个良好的定位。让读者大众感受到了中心图书馆的存在，对图书馆以后的发展影响深远。

上海图书馆行业的未来愿景，就是要在世界级城市图书馆的目标指引下，继续建设优秀的具有发展力的上海市中心图书馆，在过去20年注重量的发展的基础上，在未来发展中，着力于各个方面质的全面突破，进一步完善城市图书馆发展各个设计，构建并完善文献、网络、服务和人才四大体系，引领全国城市图书馆的科学持续发展，跻身世界城市图书馆的先进行列，成为创作动力、城市经济发展、推动进步的智慧泉源。

图书馆未来的路途一片光明。我们图书馆面对的，就是那些热爱书籍文字、对中国文化、世界文化充满着热情的人，他们对图书馆饱含深情，我们的存在就是对他们热爱的回应。在将来，图书馆里的文献信息资源实现全面网络化，大家可以做到不用来图书馆就能利用图书馆里的文献资料。在未来图书馆可以利用网络通信功能，为用户进行信息的传递服务，借助互联网上丰富的信息资源、功能强大的搜索引擎和快速的文献信息传递方法，给用户提供需要的文献资料和创新思维信息。

当然，随着现代技术的发展在图书馆中的应用，人们对图书馆的要求也在不断地提高。我们工作人员在工作中，必须提高图书馆的业务知识水平和现代技术水平，努力地跟上图书馆发展脚步。

图书馆像是一个世外桃源，能让人如痴如醉；图书馆又像一位循循善诱的老师，陶冶人的情操；图书馆是人与书之间沟通的纽带，是我们与未来发展的桥梁。它是充满着诗意、涌动着芳香、流淌着旋律、憧憬着希望的地方。图书馆本身就是一种内涵深厚的文化，这种文化是由过去现在未来传承和发展的。过去的图书馆发展跟随着上海脚步；现在的它，充满希望；未来的它，是人类智慧的海洋，培养人才的摇篮。它平静、从容、淡定，它以宽广的胸襟容纳百川，它以自己的方式回报着世界。

闵行区图书馆
吴燕丽

二 | 敦煌飞天入“书房”

读者们热情地参与，提出的问题那么专业，发出的建议又是那么诚恳，开馆时间不长的“我嘉书房”，俨然成了市民的文化客厅、城市里有人气的“第三空间”。

阿根廷作家博尔赫斯曾说：“如果这个世界上真的有天堂，那天堂应该是图书馆的模样。”虽然没有人知道天堂的样子，但图书馆在读书人的心里确实是一个精神家园，是点燃希望的圣地；于一座城市而言，图书馆是惠及大众的文化空间，也是一座城市的文化灵魂。

2018年12月底，隶属于嘉定镇街道文广中心、也是嘉定区构建市民身边公共图书馆服务体系探索项目之一的“我嘉书房·教化嘉定馆”（以下简称“我嘉书房”）开馆了。我有幸成了“我嘉书房”文化活动的策划者、组织者之一。一年多来，“我嘉书房”通过不断探索，逐渐形成了“大咖讲堂”“口述历史”“情传雅艺”“R星分享”“嘉定故事”等主题板块。“我嘉书房”开展的一系列活动，得到了读者们的喜爱，我也从中受益匪浅。其中，2019年2月开始，每月一次、历时四个月的三场关于西域敦煌《失落与追寻》的讲座和一场《我与敦煌》读者分享会，让我久久难以忘怀。

当时，讲座确定以敦煌文化为主题源于两个原因，一是作为以“教化嘉定”为主题的“我嘉书房”，其文化活动需要有中华传统文化的滋养。二是2018年8月在徐汇区艺术馆参观《敦煌壁画乐舞专题展》时我认识了敦煌文化传播志愿者葛信晔老师，想请她过来作一场关于敦煌的分享会。让我感动的是，与我仅一面之缘的葛老师当即表示大力支持，来来回回的沟通和交流之后，我们确定了“西域敦煌《失落与追寻》”讲座的时间。

随后的日子，为了把讲座及讲座的报道做好，尽管以前曾实地游览过敦煌莫高窟，但我还是从图书馆借来了有关敦煌的书籍阅读，在“喜马拉雅”上收听关于敦煌的故事，在微信上查阅葛老师以前讲解敦煌的内容。敦煌成了我生活中的一部分。

清楚地记得，因为是第一次经办这样的讲座，从活动预告到会场安排，我反复推敲、反复与相关人员切磋。活动当天，自己忐忑不安。我早早来到现场，电脑、投影仪、话筒、室内灯光，还有读者座位等等，一一协调、准备好。距开讲还有半个小时的时候，有读者“C位”入席，还摆出摄像机，一聊，他竟是个敦煌文化的爱好者，让我一下子对讲座有了信心。讲座中，葛老师渊博的知识、富于激情的讲解和对敦煌文化独特的看法深深地吸引了大家，原定一个半小时的讲座虽然延长了半个小时，但读者们没有一个退场。在最后的互动环节中，大家踊跃提问，更有读者提出我们还想听下一集的要求。看着大家期盼的眼光，我和葛老师略作商量，当即决定了连续举办“西域敦煌”第二场、第三场的讲座。

在后来的第二场和第三场讲座中，看着听了第一讲后再来“二刷”“三刷”的读者和自始至终没有离场的中小学生，还有那为“拖课”的葛老师准备了可口点心的热心听众，我除了满满的感动之外，还有了个大胆的设想：举办一场完全由读者唱主角的“我与敦煌”读者分享会。经过精心的筹备，活动当天，在“文化嘉定云”上招募的将近20位读者，大部分都是有备而来。一个半小时内，大家侃侃而谈，在交流关于西域敦煌的众多感受的同时，还纷纷为“我嘉书房”建言献策，提供关于文化活动的资源和信息。

三场讲座和一场分享会，让我感受颇深的是，所有的主讲者都是文化志愿者，这与“我嘉书房”公益的属性、交流的平台非常契合。选择的主题是敦煌，让具有浓厚文化底蕴的嘉定与世称“文化宝藏”的敦煌来了一次近距离的约会。读者们热情地参与，提出的问题那么专业，发出的建议又是那么诚恳，开馆时间不长的“我嘉书房”，俨然成了市民的文化客厅、城市里有人气的“第三空间”。

有人说，图书馆是人们开启卓越智慧的宝库；有人说，敦煌是一个人一生中必须要去一次的地方。让我倍感幸福的是，因为有“我嘉书房”这个平台，因为有葛信晔老师的无私奉献，让我在“我嘉书房”里收获了不一样的敦煌：由于在筹备、组织、报道讲座和分享会中做了大量案头工作，让我感受到了敦煌文化千百年来积淀的精神和灵魂上的美。活动结束后，我撰写了2000多字的“我与敦煌”留作纪念。而在读者分享会上，两位小学生对藏经洞的讨论；带着1995年8月8日在《人民日报（海外版）》上刊登的《唐代寺庙文学——变文》来参会的老先生的发言，让我深切感受到千年敦煌魅力的同时，恍然竟有在“我嘉书房”中与敦煌一起远行的诗意。

从设想到完成西域敦煌的系列活动，于我而言，是一次宝贵的文化修行的过程。而一年多来近30场的文化活动，则给了我知识的拓展和文化的沉淀，并且在读者的反馈中收获动力和感动。一位家住外区的读者在看到我们每个月的文化活动预告时发出感慨：我要“移民”到嘉定！还有好多位读者在参与了我们的活动后感言：这里是讲好嘉定故事、中国故事的乐土！

“我嘉书房”已经成为包括我在内的许多嘉定人的精神家园！

嘉定区图书馆嘉定镇街道分馆
朱华英

三丨轮椅上的读者

从前在老馆，我对那里的一砖一瓦如数家珍，而今是你带着我路过一草一木。你知道吗，我们老一代图书人，最愿意看到的就是读者可以在一个巨大的图书馆里像鱼一样畅游！

五月的阳光泛着一层淡淡的金色，像薄纱般笼罩在碧绿的枝头。带着暖暖气息的微风拂面而过，拂过图书馆外面的水池，泛起层层涟漪……白发苍苍的阿段坐在轮椅里，西装笔挺，布满沟壑的脸上有一双精神矍铄的眼，轮椅的黑色轱辘安静地滚过平整的地面。

“停下，停下！”阿段扬扬手，示意推着轮椅的护工停在嘉定图书馆的大门口。他抬头，看着图书馆建筑群那蜿蜒的屋檐，层层叠叠宛若浓缩的江南水乡。布满皱纹的脸上露出了一丝欣喜，他低头看看脚下平坦宽阔的前门广场，他回头对着护工点点头，轮椅缓缓向前，一路平坦直达安检区。经过简单的安全检查，阿段终于进入了这个他牵挂了很久的空间。只见大堂宽敞明亮，灯光柔和处，是图书馆的前台，两个女孩见他进来，主动对他微笑。

“姑娘你好，我……”

“阿段叔！！”

话音未落，边上一个柔和的女声传来，只见一位穿着制服的女子快步前来。“阿段叔，你怎么来了？来看看我们的新馆舍吗？”

“阿音，我来看看我们嘉定图书馆的新馆舍。以一位退休老馆员的身份，更是以一位普通读者的身份，来借一本书！”说着，他转头向前台馆员，“请替我找一本书，我想借王波写的《图书馆及其左邻右舍》。”

“好的，先生您稍等！”

“等等，我亲自去给阿段叔找！”阿音笑着操作电脑，找到书籍。不一会儿，书便被调送到了前台。

“阿段叔，你要的《图书馆及其左邻右舍》。”

从阿音手里接过书，阿段抚摸着封面，轻轻笑了……

“阿段叔，我带您去看看我们的新馆舍可好？”阿音接过护工手里的轮椅把手，推着阿段缓缓前行……

这个阳光柔和的下午，阿音推着阿段走过墨色玻璃窗、走过布置活泼的少儿馆、走过亲水平台、走在蜿蜒的屋脊下、走在洒满光斑的绿荫小道……

阿段笑着听阿音介绍每个区域的功能性，笑着打趣：“阿音，从前在老馆我对那里的一砖一瓦如数家珍，而今是你带着我路过一草一木。这里宽敞明亮，这里幽静雅致，还有那么多高科技的门禁、借阅查询系统和智能朗读亭……”

“是啊，阿段叔，这个图书馆还被热情的网友和读者评为‘最美图书馆’呢！”阿音笑着说。

“阿音，你知道吗，我们老一代图书人，最愿意看到的就是读者可以在一个巨大的图书馆里像鱼一样畅游！而今，这个理想，终于实现！”阿段激动地说。

阿音笑着点点头，“阿段叔，当代图书人从你们手中接过接力棒后，就像运动员一样，不断奔跑向前。为了给读者提供舒适雅致的阅读环境，为了给读者提供更多的便捷，我们在不断努力哦！”

“时代在不断变迁，从前借一本书，用的是纸质借阅卡，借哪本书都要用手来写，很容易遗失或损坏，闹出了很多啼笑皆非的故事！后来卡还是卡，但变成了电子借阅卡，现在这卡可有创新？”

阿音没有马上回答，而是推着阿段继续前行，来到了一处“我嘉书房”面前，笑着说：“阿段叔，你瞧！”

阿段抬头对上“我嘉书房”四个大字，带着满脸疑惑。

阿音忙解释道，“这个‘我嘉书房’，是市民家门口的书房。在我们嘉定共计开了30家，每个街镇根据自身特色，打造风格各异的书房，为读者带去实实在在的便捷的同时，也把多元化阅读空间这个概念推广给更多市民知晓……”

阿段听着阿音的解释，随后，阿音拿过阿段手中的读者证，对着门禁上的一个小黑框刷了一下，随着“嘀”的一声，门禁自动打开，一个全新的阅读空间呈现在他的面前。

……

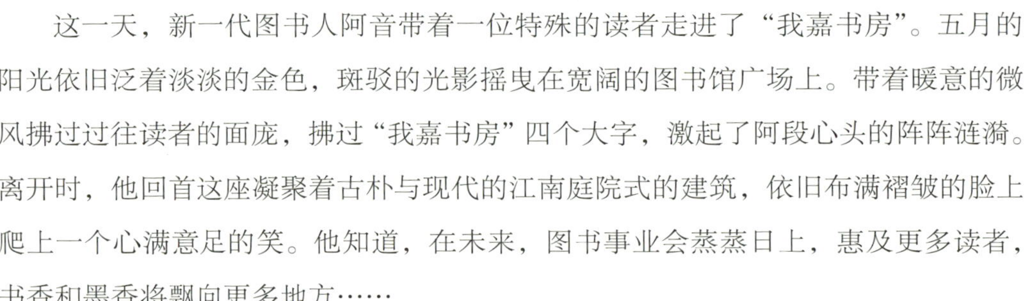

这一天，新一代图书人阿音带着一位特殊的读者走进了“我嘉书房”。五月的阳光依旧泛着淡淡的金色，斑驳的光影摇曳在宽阔的图书馆广场上。带着暖意的微风拂过过往读者的面庞，拂过“我嘉书房”四个大字，激起了阿段心头的阵阵涟漪。离开时，他回首这座凝聚着古朴与现代的江南庭院式的建筑，依旧布满褶皱的脸上爬上一个心满意足的笑。他知道，在未来，图书事业会蒸蒸日上，惠及更多读者，书香和墨香将飘向更多地方……

嘉定区图书馆工业区分馆

唐　珏

四 | 人生有味是书香

人生的角色不断变化，身上的责任越来越重，幸运的是，图书馆中可爱的人、有趣的书，给我以慰藉，推动我不断成长。

二十年来，随着上海改革开放和社会经济的飞速发展，上海市图书馆行业在为国际大都市服务方面的创新也越加显现，成为上海市的一张靓丽的名片。2015年，我从山东来到上海，机缘巧合，进入江桥镇图书馆工作。虽然它只是一个镇级图书馆，却也让我有幸参与到上海市图书行业的发展中来。在这里，我经历了怀孕、生娃这些人生中最重要的事情，人生的角色不断变化，身上的责任越来越重。幸运的是，图书馆中可爱的人、有趣的书，给我以慰藉，推动我不断成长。

（一）人情味：亲爱的团队 可爱的人

身处图书馆中，总能感到浓浓的人情味。遥想当年我初来乍到，对这里的一切都不熟悉，图书馆的同事们会向我推荐上海的小吃、分享地道上海人的日常生活、解释我听不懂的上海话。正是有了同事们的帮助，我才更快地融入了这里的生活，找寻到了归属感。工作上，每个人都在适合的岗位上发挥着自己的聪明才智，可在上新书、阅读活动这种需要集体协作的工作上又能做到团结一致。也许是因为长期受到书香的熏陶，图书馆内从馆长到馆员再到志愿者，大家都能亲近互助、平等相待。

（二）烟火气：琐碎的工作 更好的我

之前未进入图书馆工作时，总觉得图书管理员每天就是帮读者借还书、办退读者证，闲暇之余读读书，轻松惬意，就像不食人间烟火、不识工作辛苦的神仙。然而，在图书馆工作的这5年，让我亲身体验到了图书馆员的烟火气与不容易。精心采购、认真编目、辛苦上架、移动沉重的库存等，书架上的每一册书都汇集了馆员的辛勤汗水；资源整合、精心策划、组织协调，每一次阅读活动的完美落幕都蕴藏着馆员们的努力付出。正是这些琐碎又来不得半点马虎的工作，才更好地锻炼了自己的心性，让我更加细致、严谨、有耐心。

此外，图书馆来往人员众多，他们来自五湖四海、性格各有不同。偶尔会有读者遇到一些小难题，比如不懂借还流程、不会操作自助借还机、不会按索书号查找书籍等，这时我们都会细致讲解甚至亲自示范。有时读者也会对馆员产生一些小误解，这时我们会换位思考、耐心解释，将误会消除在“萌芽”中。

（三）凡人心：温暖的陪伴 幸福的家

俗话说得好：“近水楼台先得月。”因工作便利，我总是在下班时顺便借几本书带给老公和孩子看。晚饭之后，我们放下手机，一家三口共享亲子阅读时光。有时，是我和老公分角色为3岁的女儿朗读绘本故事；有时，是我和老公交流对某本书里某个人物的看法；有时，是我们三人各捧一本书沉浸在各自的时光里……家庭阅读，收获的不仅仅是孩子的成长，更是家人之间互相陪伴带来的幸福感，是卸下一天的疲惫后得以放松的凡人心。

腹有诗书气自华，人生有味是书香。每天沉浸在书香里，穿梭忙碌于图书馆中，为人服务、充实自己，在烟火气里寻找属于自己的诗和远方，何其惬意！生命不止，奋斗不息，与上图一起迈入下一个辉煌的20年，何其有幸！

嘉定区图书馆江桥镇分馆
张晓晶

五 | 三书三意

因阅读深探疁城印记，因阅读拓展报国胸怀，因阅读立志文化惠民。深观时变，守护一份书香，完善一个体系，传承教化文脉。

2007年，我成为嘉定区图书馆的一名职工。转眼13年过去了，还记得我的第一个工作任务就是和范并思老师一起调研公共图书馆基层延伸服务点的建设情况，这也是我与上海市中心图书馆结缘的开始。我在图书馆岗位上的“奋斗”从整理一排书架，解答一个咨询开始。因阅读深探疁城印记，因阅读拓展报国胸怀，因阅读立志文化惠民。深观时变，守护一份书香，完善一个体系，传承教化文脉……案头三书，与君共勉。

（一）《嘉定城乡建设》：新嘉定人的使命担当

第一次来到嘉定，爱上的是这里的恬静园林、绿树成荫。尽管离家千里，但嘉定的江南古韵让一颗忐忑的心稍有安慰。在嘉定，我收获了一个温暖的家庭，一个可爱的孩子，以及一份“嗜书之人”至爱的工作岗位——图书馆员。如何了解一个城市？最好最快的办法就是阅读关于这个城市的书籍。我之幸运，即是甫入图书馆就参与了地方文献特展筹备工作。从江南园林到科技卫星城，从嘉定对“剃发令”的惨烈反抗到抗日战争中的外冈游击队，从嘉定三状元到外交英才，从马陆葡萄到“汽车嘉定”……嘉定的城市发展、历史文化、名人逸事令我着迷，更让我找到了一个新闻学专业的毕业生在图书馆中的发展定位：让更多人通过阅读了解嘉定，用书籍传承一个城市的文化记忆和发展基因。

事隔经年，我仍记得在州桥老街旧书店里巧遇《嘉定城乡建设》的惊喜。这本出版于1983年的画册，详细记录了1981年竣工的嘉定区图书馆清河路分馆的馆舍设计和建筑特点。彼时，“400个阅览席，可藏书40万册。总体布局的位置闹中取静”已经反映出政府对公共服务需求的重视，而“螺旋梯”“拱形屋架”等建筑设计更透露出时代科技进步的信息。时隔32年，嘉定区图书馆新馆在嘉定新城远香湖畔跃然亮相。拥有“最美图书馆”之称的新馆，将江南水乡书院的风格概念从室外延伸到室内，融入读者阅读习惯及偏好的整体设计，让读者感叹“古朴风韵与现代气质相融合”的建筑外观，更满足于高科技、人性化的功能设置。

1914年6月，当时的嘉定县教育会在孔庙文昌阁开办图书馆，定名为“嘉定图书馆”。1979年，“嘉定县图书馆”启动新馆建设。1993年4月，嘉定撤县建区，县图书馆改称“嘉定区图书馆”。回望历史，更能感受到公共图书馆已经成为市民生活中不可或缺的文化空间。现在，公共图书馆早已不是提供简单的图书借还服务的文化设施，公共文化也早已不是热闹一下就好的唱唱跳跳。公共文化服务已是老百姓直接共享国家建设成果的重要途径，更是区域软实力建设的重要组成部分，需要来自不同地方、掌握不同专业知识和文化素养的我们共同努力，在一个个看似简单的岗位上，尽己所能。

（二）《近忧远虑》：图书馆员的胸怀天下

“人无远虑，必有近忧。”语出《论语·卫灵公》，这句话除了警示要对眼前事物深思熟虑、深度思考外，还提示应筹划未来。作为一个图书馆员，前复旦大学图书馆馆长葛剑雄，一直是我倾慕的前辈。《近忧远虑》一书，收录了葛剑雄先生的近百篇评论随笔，内容涉及历史人文、地理风俗、时事热点、经济民生、城市建设、教育文化等诸多领域。作为一个图书馆馆长，葛剑雄先生在海量信息之中，极尽收集、整理、推荐、参考的图书情报专业职能，用自己的专业知识来对社会问题提出自己的看法，正如书籍封面的对联所言，“心怀天下，长评短议非多虑；笔蕴真情，社风民情实有忧”，彰显的是他强烈的文化自觉和使命意识。

很多人说，图书馆是最清静之所。但在我看来，这里承载了很多的社会责任。纵观林林总总的设施机构，有几处能像公共图书馆一般，全免费、零门槛地接纳老老少少在这里阅读、学习、休闲、交流？对所有读者“一视同仁、耐心细致、及时快捷、想方设法”，不仅仅是行业服务规范，更是图书馆员持之以恒的自我定位。当文明服务成为一种习惯，当每一位读者能在图书馆里共享社会建设的成果，图书馆员的爱国之情便有了依附之处，“建功立业”便找到了最实在的土壤。细想，我是何其幸运，能够在图书馆之中，找到自己的位置，发现自己的能力，拓展自己的空间，将爱国之情、强国之梦化于公共服务之中。纵览现在，“姿势分子”和“砖家”随处可见，不负责的言论更是随“网”而来。面对社会上、网络上纷杂的言论，图书馆员是坦然自处，还是发挥图书情报行业的职能和优势，从一事入手，尽展事件全貌，引导社会舆论？我想，后者更切中当下有理想的图书馆员内心所想。身处宁静的图书馆却胸怀社会时事，敢于、善于说正派言论，不轻易嬉笑，不随便传播，始终坚持主流舆论导向，应当是公共图书馆发挥社会职能的新途径。

（三）《习近平谈治国理政（第二卷）》：公共服务者的文化自信

“落红不是无情物，化作春泥更护花”，作为一名活在当下的公共服务者，我们很幸福。不同于古人的借景抒怀，我们可以将对祖国的一片深情化作对于公共图书馆服务事业的钻研和探索，能够让实现个人价值与表达爱国情怀最好地结合起来。现在，公共图书馆的阅读推广活动早已不是“我们给，读者接受”的简单模式，我们必须更加重视读者是否便于参与，是否能够通过活动收获一些实效，努力让读者在读书活动中“唱主角”，让他们自然地产生心灵上的共鸣。

认真研读《习近平谈治国理政（第二卷）》中关于“坚定文化自信”的内容，让我深深感受到的，穿越时空具有巨大生命力的坚定文化自信，不仅源于中华优秀传统文化沐仁浴义、修德养性，更基于公共图书馆从业人员创新传承中华优秀传统文化的强烈责任感。近年来，《中华诗词大会》《我在故宫修文物》等文化类综艺节目广受追捧，现象级文化事件不断地告诉我们，中华优秀传统文化其实并不缺乏受众，关键在如何通过诵读研习传统经典，增强对我们国家、民族历史的深入了解，如何通过创新呈现新形式，拉近与普通民众特别是年轻人的距离。2014年开始，我们相继策划开展“上海市民文化节”“中华传统经典诵读大赛”“中华语言文字大赛”“中华古诗词大赛”“中华诗词文赋大赛”，引领35万余市民参与其中。今天，我们创新策划“走心”的推广阅读活动，就是希望引领公众重温经典，再拾岁月留华，唤起集体的文化记忆，增强公众对国家、民族历史的深入了解和衷心热爱。我们始终思考如何用老百姓喜欢的形式说好中国文化，如何在阅读推广活动当中引导公众主动阅读、主动参与，如何通过公共文化服务做好积极向上的舆论引导工作。我们注重汲取传统经典中孝老爱亲、诚实守信、与人为善、公道正派、敬业奉献等优秀道德观念。大赛所选定的经典篇目，代表了中华数千年历史长河中最核心、最璀璨的文化与文明成果。竞赛过程中，台上选手紧张答题、专家精妙点评，台下观众轻声应答、相互争论，不仅对参赛选手来说是一个学习和重温经典的过程，对广

大观众来说也是一个普及经典的过程。

“苟日新，日日新，又日新。”常怀爱国之情，常怀服务之心。读者需求在变，社会生活在变，只要爱国的心不变，我们就能在创新中收获图书馆发展的动力和活力。只要我们始终拥有建功立业的愿景，无论来自哪里，来自哪个民族，我们都能够在自己的岗位上找到实现梦想的舞台，都能在嘉定的每一步发展中发现自己奋斗的价值。

嘉定区图书馆

黄　莺

六 | 书香伴我成长

平淡艰苦中只要拥有一本好书，其实就是一个好日子。

罗曼·罗兰说："从来没有人为读书而读书，只有在书中读自己，在书中发现自己或者检查自己。"作为一名社区图书馆的工作人员，不知不觉已经走过6个年头了，和众多爱书人一样一直坚守在做分享好书、点亮众人、共筑智城的快乐事！

酷爱看书的父亲生于20世纪50年代，他出生不久后，也就是1952年，上海图书馆在南京西路325号开馆，这标志着普及全民阅读在中华人民共和国成立后迈出了具有历史性的一步。其实对于像父亲一样插队落户过的"知青"来说，岁月何尝仅仅是一种磨炼呢。平淡艰苦中父亲只要拥有一本好书，就是一个好日子。乡村田埂的劳作之余，阅读着实令人向往，既可以在苦涩中得到安慰，在孤独中赶走寂寞，也可以在疑惑中找到答案，在彷徨中寻找到目标。是阅读让父亲走上人生奋斗之路，考上了大学，也改变了一家人的命运。

自然，我的童年时光也深受父亲影响，浸透在书香之中。小时候，父亲会给我讲连环画中各种有趣的故事，多少个夜晚我的脑海中满是那些栩栩如生的英雄形象。等我上学后，看书便成为我的最大乐趣。父亲也会经常和我讨论书中的各种情节，窥探对于人性的思考。我也深信"书中自有黄金屋，书中自有颜如玉"。记得第一次走进图书馆是读初一的时候。那时候图书馆在学校综合楼的一个小房间里。借书登记是手工操作的，而且不像现在是开架式借阅，所以经常是同学之间互相换书看。二十多年过去了，手中的校园借书证已换成了上海市中心图书馆的"一卡通"读者证，但不变的是我对书的喜爱。

时间回溯到七年前。2013年，我参加了甘泉路街道的社工招聘，有幸成为所在街道图书馆的工作人员，又续写了我与图书的不解之缘！在工作中我主动帮助读者

寻找他们想要的书籍，当看到他们脸上的喜悦笑容时，我也体会到了帮助他人的快乐。在“4·23”世界读书日、“全国公共图书馆服务宣传周”、“全民读书月”等重大纪念日，我配合馆长做好系列读书活动。同时我还做好文化信息发布工作，招募我们图书馆的志愿者小分队和读书会，讨论所学、分享所用。我们利用与社区百姓小广场开展“图书漂流”活动的机会，动员社区居民看书和捐书，也向社区居民推荐好书，吸引更多的居民群众和中小学生走进图书馆。从“甘泉杯”群众文化活动，到公益图书走近千家万户。我们希望通过多种形式的宣传活动，搭建更多的阅读平台，把一本本书送到一双双手中，让读书活动成为一项长期的、群众喜闻乐见的市民修身活动；让一盏盏文化灯光照亮我们这座城市。

我一直觉得，图书馆就像一座知识的宝库，那里有无穷无尽的精神财富。它似乎将整个宇宙都囊括在内，以一种平面的方式，立体的视角，向我们娓娓道来那源自整个宇宙的奥秘。我们每个人或多或少都会受到来自图书馆的养分的滋润，图书馆那博大的襟怀也深深地感染着我们每一位学子。也是因为阅读，我成了上海市民文化节“中华优秀传统文化知识大赛”百强选手。

图书馆代表着一座城市的文化生气，它的存在让市民有了更多元的精神食粮，也让城市有了安宁沉静的文化底蕴。从上海图书馆的落成到父亲培养我的读书习惯、再到我从事社区图书馆工作，承载这些点滴光芒的背景，是这座城市注定永远在前进的不停脚步！

普陀区图书馆甘泉路街道分馆

朱　琴

七 | 四十而已，圆梦安图

每年八月坐在图书馆内，空气芳香中带着一丝甜意，沁入心扉，使人久闻不厌，心也就沉静下来了。

午夜梦回，梦中常会出现高中时代的嘉定二中，学校里有我最爱停留的图书馆。那是一处一进式的四合院，院内左右各一株桂花，金桂和银桂的树龄已经无处查询了。每年八月坐在图书馆内，空气芳香中带着一丝甜意，沁入心扉，使人久闻不厌，心也就沉静下来了。我是一个喜欢安静独处的人，也想过毕业后能找个沉静的工作，图书管理员就成了我的梦想。

时光如梭，20年就这么一晃眼过去了，毕业后投身了外资企业，忙碌的高压的工作节奏已经让我养成了雷厉风行的习惯，什么都要追求效率和速度，偶尔不加班的时候已经没有太多精力拿出珍藏的书籍翻阅了。陪孩子的闲暇功夫，出差的路上，工作的闲余，能看的也就是手机上的电子版小说，许久没能安静看书了，只能在床头放上一两本书以慰我心。

2018年，一次偶然的机会看到招聘图书管理员，我如久旱的沙漠植物看到水一样，激动得要跳起来了，立刻查找资料登入网站，一分钟也不愿意等，即刻报名了。岗位年龄限制40周岁仿佛是为我设置的，因为此时的我已经是39岁“高龄”了呢。后面一个多月的备考时间，几乎每天都会手写策论和应用文，翻阅大量的题库，语数外地理历史逻辑题等等，不停地看，让我觉得自己一下子回到了高考那一年。功夫不负有心人，经过笔试、面试、体检和政审，我顺利地进入了图书馆。

没有做图书管理员之前，对图书馆的印象还停留在借还书采编整理书架这一块，因为在嘉定二中时帮图书馆老师做过。因工作家庭的忙碌，去上海图书馆的次数屈指可数，去嘉定图书馆也是陪孩子去的，一开始记得借书卡还是馆员在书背后做个小卡袋，手工写的借书卡，借书数量只能三四本到后面能借五六本，在图书馆除了借还书和安静的自习也没别的事情可以做了。

2018年7月我正式成为了安图一员，跟着前辈老师学习才知道现在的图书馆功能远远超过我的想象。除常态化的借还书、报纸杂志阅览、电子阅览区之外，我们还有丰富多彩的活动：白领手工课，各类品鉴展，读者摄影培训，“白领英语角”；针对孩子的有“悦读树”故事会，围棋亲子讲座，艺术绘画课堂，高考讲义等；还有定期下社区下乡村的“骑游队”活动等。另外借书卡也是全上海市通借通还，一卡能借10本，借期28天，续借一次最长可以56天，这都是近几年来的巨大变化。

成为图书管理员的这两年不到的时间里，我有幸参与了“长三角阅读马拉松大赛”，我既是组织准备人员也是一名参赛者；见证了“朗读大赛”的总决赛；见证了4家“我嘉书房”的筹备开业，为了“我嘉书房”的书上架，馆员们一起奋战采编，充满了劲头和成就感。此外，馆内还能给学校和企业单位提供做志愿者的机会，让志愿者们通过服务更多地了解图书馆。

对于未来，作为一个从读者转变为图书管理员的人，我来说几点建议：

第一，目前上海图书馆已经做到一卡全市通借通还，哪里方便市民就可以哪里借还，缺憾是逾期费和押金还是要求读者使用现金，没有电子支付。每当读者遇到没有现金可以支付时的尴尬，他们几乎都要求开通网上支付。现在就算是60多岁的中老年人也会用支付宝、微信等电子支付了，期望不久的将来能有电子支付这一选项。

第二，这两年“我嘉书房”的遍地开花让不少读者欣喜，有在经济城的，有在大学城的，有在生活广场的，更有在咖啡屋里的，家门口就有书香袅袅。方便的同时也许我们能做得更好，“我嘉书房”目前只能借还书，还不能处理读者的逾期费，读者为了逾期费而非要来镇图书馆或区图书馆。就如城市最后一公里的开通一样，希望未来能做得更细更到位一些。

第三，关于读者证，现在用的大多是芯片插入式的，给读者录入这个卡是免费的，成本由政府买单。那是否能变为绑定手机号码，无卡化设计呢？读者借还书只要输入手机号码，密码设为读者专有的读者证卡号。在图书馆前台做的这大半年来，几乎每天都有读者忘记带读者证和丢失读者证的事情发生，也有读者补卡8次了。现在的读者证对读者来说还是存在不便，对政府来说成本无形中增加了，电子版的读者证应该也是未来的趋势。上图加油！未来期望上图能越来越好，我将与您一起努力。

我的梦圆了，现在的生活慢慢沉静下来，放慢脚步身边的美好无处不在，在家有书香加咖啡香，在图书馆有书有可亲的馆员伙伴，还有可爱的读者。“一视同仁、耐心细致、及时快捷、想方设法”牢记于心，像朋友一般。

嘉定区图书馆安亭镇分馆
王熙凤

八 | 图情界“90后”的别样青春

图书馆的各项工作如春风化雨，浸润读者的心灵。我个人也从对图书馆事业知之不多，到深入了解，进而成为为图书馆事业贡献力量的工作者。我真切地感受这一行业的魅力——用真诚的心为读者服务，每天都如此，还是乐此不疲。

我出生在静安区华山路，地地道道的土著。静安区是个文艺气息浓郁、学习氛围浓厚的地方，走两条马路就能到上海市图书馆，我从小就在书香中成长。因为搬迁，小学一年级搬到了普陀区少儿馆旁，一直住到现在。

说到我与图书馆的渊源，可真的是长。从小就不怎么喜欢看电视剧、动画片什么的，就喜欢看书。读小学时一直在图书室借书，放学就去借几本，那时候最喜欢的书就是科学科技类的，感觉很有意思。几个小女生结伴去，没开门就在门口等着，就怕别人先到把我们想看的书挑走了。到了中学，学校门口当时开了好多借书的店铺，我一借就是好几本，回家看、上课看、同学之间相互换着看，读书考试的书不看就看“闲书”，也没学到什么有用的。之后就到家门口的普陀区少儿馆借书，借过几次，我记得那时候还要付钱办卡才可以借的，还都是手工操作的。想想有意思，小时候不懂事，竟然还有一本书一直没还，时间长了也不能再还了，那就当作另一种回忆珍藏在家里。到了高中看了那么多书，因为上课太累的原因吧，还看了许多小说，自己没事也开始写，可最后都没写完。那时候的网络开始兴起，流行玩QQ，书上还有作者的QQ号等联系方式，我还因此认识了一位作家。我刚毕业也没事做，就帮着他校对文字，理顺写作思路等。现在整理电脑的时候还会找到当年写的小说，自己看看就觉得好笑。而我的同学笔耕不辍，在起点中文网上发布了小说。

现在在甘泉图书馆工作，有幸加入到图书馆员的行列中，成为其中的一员，感到无比自豪。在古代图书管理员叫作“守藏史”，传闻历史上从事过这个职业的还有彭祖和老子，有据可循的如毛主席、华罗庚、李大钊、都曾经在图书馆中做过图书管理员。如今我在书的海洋中学习工作很幸福。

未到图书馆工作前，我一直以为图书馆就是借书还书，最多就是把新书加工下的工作。

刚加入图书馆时，我每天都有浓浓的兴趣，对每项工作都有新鲜感。翻看当时的照片，各种活动奖项和活动内容，我都为当时的自己而感动。六年过去了，工作热情依然不减，六年，我见证了图书馆事业的繁荣与发展，见证了我们齐心协力力争保持“先进集体”的称号，见证了我们脚踏实地工作，获得“巾帼文明岗”荣誉，见证了图书馆工作人员服务社会、服务读者的辛勤工作。图书馆的各项工作如春风化雨，浸润读者的心灵。我个人也从对图书馆事业知之不多，到深入了解，进而成为为图书馆事业贡献力量的一员。我真切地感受这一行业的魅力——用真诚的心为读者服务，每天都如此，还是乐此不疲。

最近全国开展“四史”学习，馆内有30多本很好的书籍，我为它们拍摄视频，编入“好书推荐”系列在甘泉图书馆“抖音”的官方账号上发布。下午这些书就被街道的同事们借走好多。再好的书不被世人知道，永远没人会去关注，只有被宣传了才会被知晓，才有人去看。好书不能被埋没，以后我还会拍更多的“好书推荐”。

我们图书管理员还需要为社区居民服务，所以要为读者着想。如果我们时时以读者为中心，处处把读者的需求放在第一位，经常设身处地替读者着想，真心实意地为读者办事，那么我们就能及时纠正工作中的失误，有效地化解与用户的矛盾，最终真正地与用户构建起和谐、融洽的关系。这份工作要求我们每时每刻必须有忧患意识、危机意识。面对读者对我们的服务水平、服务质量与服务能力的要求；面对大数据时代用户对我们提出的要求；面对创新时代给我们提出的新挑战，我们应该认真反思。通过反思，可以看出我们的内在素质和能力在哪些方面还需要提高、还有多少差距，方能与时俱进，更好地服务大众，满足读者所需。我们要时刻走在时代的前列，不断汲取新的知识与方法，使图书馆充满生命力。

图书馆每天的工作是平凡的，把每项平凡的工作做好就是不平凡，由于我们各项工作扎实有效，每年被评为“先进集体”。我的工作是平凡的，但我很自豪，我馆各项荣誉的取得，都有我的点点滴滴的贡献。

六年躬行实践，我见证图书馆事业的繁荣与发展，我与图书馆共成长。让我们用短暂的青春担负起历史的使命，让我们的青春挥洒在图书馆事业上，让图书馆的明天更加美好。

普陀区图书馆甘泉路街道分馆
杨竹君

九 | 为梦想努力的人不会被辜负

儿时的梦想竟成真了！对于我来说，还得在实际工作中，脚踏实地地去践行一个普通的基层图书馆管理员应尽的职责，成为一名称职的为读者热情服务的“店小二”。

读书的时候，每次走进学校小小的图书馆，见到一排排整齐有序的书籍，内心都会有种莫名的欢喜。从那时起我就有了一个美好的梦想——长大后能在图书馆工作，整日与书籍为伍，这是一件多么美好的事啊！成年之后，虽然刚开始从事其他行业，但我仍然一直追逐儿时的梦想。有志者事竟成，通过招录考试我终于成为石泉路街道的一名社区工作者，有幸被安排在社区图书馆工作，成为一名图书管理员，儿时的梦想竟成真了！

记得工作第一天走进社区图书馆时，不禁惊叹，作为社区图书馆，石泉路图书馆的规模还真不小呢！馆长向我做了简单介绍：我馆藏书有6万余册，报纸杂志也有几十类之多，图书馆分为儿童和成人阅读区两大块。我环顾图书馆的四周，窗明几净，灯光明亮，桌椅整洁，借书区那排放的整整齐齐、密密麻麻的书籍，想起小时候学校里那小小的图书馆，可真是天壤之别啊！进入改革开放新时代之后，我们的党和政府更为重视国民科学知识的普及，在社区中就建有环境良好的图书馆供人求知之用。每天上班，看着白发苍苍、步履蹒跚的老人或是牙牙学语、背着书包的孩童遨游在知识的海洋中，老少皆读，这是多么美好的场景！

2018年的元月，《中华人民共和国公共图书馆法》正式实施。从总则到附则，总共六章，精辟的条文，宗旨是保障公民基本文化权益，提高公民科学文化素质和社会文明程度，传承人类文明，坚定文化自信。图书馆也立之于法，可依法管理，这充分表明强起来的中华民族的道路自信、理论自信、制度自信、文化自信。对于我来说，还得在实际工作中，脚踏实地地去践行一个普通的基层图书馆管理员应尽的职责，成为一名称职的为读者热情服务的“店小二”。

作为社区图书馆，我馆有一个特点，平日里来图书馆的读者以老年人居多。好多老年读者几乎天天光顾，似乎这里是他们的第二个家。特定的服务对象要求我们管理员工作精心、服务热忱，突出“以老年读者为中心”的工作思路。如何热情服务好这些老年读者对我来说也是一种考验。

记得第一次在春节期间上班，我觉得十分新奇，心想着春节期间来图书馆看书的人会不会很多呢？会不会有什么事情发生呢？怎么样“坚持以人民为中心”，在春节中更好地做好工作呢？大年初一，我没有像往年那样沉浸在家中温馨的过年气氛里，一大早就在赶去图书馆的路上。那天的大街格外热闹，人们拎着礼品有说有笑走亲访友拜大年。相形之下，来图书馆看书的人明显比平时少了。像往常一样，我巡视了一遍图书馆的环境，目光不由地落在一位老太太的身上。这位老太太满头白发，岁数看起来比我的外婆还要大。她坐靠在窗边的座椅上，闭着双眼，好像睡着了。虽然图书馆开着暖气，但是靠在窗边打瞌睡，还是有些凉意，对一位这么大岁数的老太太来说，万一吹了冷风着了凉可不好。想着这些，我赶紧走过去，轻轻地唤道：“阿婆，醒醒啊，这样睡觉会着凉的。”唤了几声，老太太似乎睡得很沉，没有醒来。正想着要不要拍拍老太太把她唤醒，但又担心这样会不会惊吓到她，忽然看到老太太身边放着的外衣，我灵机一动，拿起外衣轻轻盖在老太太身上。这时，老太太睁开了双眼，很迷茫地看看我，又看看身上的衣服。我轻轻说道：“阿婆，你靠着窗口睡觉很容易着凉的，年纪大了一定要保重身体啊！”此时，有目睹事情经过的热心读者，连忙向老太太解释了事情的始末。老太太听罢，忙不迭地连声说道：“谢谢啊，小姑娘，侬真好！”“这是我应该做的！”我微笑地说道。通过此事，在以后的工作中，我更加关注这些老年读者，希望他们在图书馆能感受到更好的服务。

《公共图书馆法》的第三条，“坚持以人民为中心”对图书馆的工作人员提出了更高的要求。处处、时时、事事想着来图书馆熟悉的或陌生的读者，不仅使读者在这知识的圣殿中采撷知识的精华，汲取博大精深的中华文化精髓，而且还能让他们感受到像家一样的温暖。我想这是时代变迁赋予图书馆工作人员的新使命吧！今后我会循着新颁布的法律条文努力践行自己儿时的梦想，做一名称职的图书馆管理员，应该是任重而道远吧！

普陀区图书馆石泉路街道分馆
陈 婷

十 | 我的图书馆情缘

当图书馆与更多民众的阅读、思考、创新相依相伴时，我们才能无愧于这个伟大的时代。

2015年初春，我采访宋桂煌的儿子宋亚林。著名翻译家宋桂煌翻译的《高尔基小说集》被学界认为是高尔基第一本传入中国的小说集，他是通过英译本翻译为中文的，人称宋桂煌为“中国翻译高尔基小说第一人”。为一睹这本1928年出版的翻译小说真容，我来到乍浦路上的虹口区图书馆，求助于工作人员。他们搜索后说，“上海唯一的这本书”，在上海图书馆（以下简称“上图”）。我立马打车直奔上图，果然寻觅到了《高尔基小说集》，只是这本馆藏的书不提供读者翻阅，只能在电脑上阅读电子版，而且不能拷贝只能打印。我迫不及待地阅读全书，选了其中一篇打印出来。

如愿以偿的我，这才了解上海市中心图书馆的架构。原来中心馆各馆可以通过互联网实现馆藏书籍资源共享，提高资源利用率，为读者、作者提供便利。

论及图书馆，相信绝大多数人与之有过交集。小到所在工作单位或居住区域的图书馆，大到市级、国家级的图书馆。当我们怀揣求知欲，携带新奇感踏入图书馆，在书香萦绕中体验浇漓世道外的淡定和沉着，内心的丰富多彩油然而生。我最近一次到上图是2019年11月，作为听众参与第四届“上海国际诗歌节”诗歌朗诵会，这场有众多国内外诗人的盛会，令听众如痴如醉。

我的图书馆情缘，可回溯至20世纪60年代，在甘泉新村少年之家的图书室，小学三年级的我，阅读到《天体地球和人类的起源》，由此迷上了探知宇宙奥秘的书籍。我将压岁钱买了《海底世界》《潮汐》《日心说》等科普读物；上初中后，省下零花钱，买来康德的《宇宙发展史概论》、海克尔的《宇宙之谜》等书籍硬啃。

那些年，书店里很少有文学类书籍，而科学书籍，我尽管读得懵懵懂懂，却充分体验到徜徉书中的快乐。

后来，我被分配到嘉定的工厂住读技校。技校里有图书馆令我暗自兴奋，业余时间几乎都泡在图书馆，我为能够“博览群书”欣喜不已。改革开放后，我们这批属于“七字头”的初中毕业生，需要补习文化知识。那时，上海市民的住房普遍窄小，我们晚上或者上夜校，或者到图书馆占据座位看书做作业，每晚图书馆都是灯火通明座无虚席。我为了参加华东师范大学中文系的自学考试，夜班下班不是急着回家睡觉，而是先到图书馆自修。在频繁进出图书馆的岁月里，我获得了中文专科和企业管理专科文凭。置身图书馆里，我常憧憬属于自己的书房。

到社区工作后，我与图书馆再续情缘。2000年左右，我负责筹备社区文化活动中心，其中包括筹建一所小型图书馆。我所在的社区是老城区，借用一幢老旧厂房改建成了文化活动中心，我们因地制宜，将最上层坡顶的三楼辟为图书馆。添置了一排排的书架，开设了阅览室；利用坡顶的斜处，专门设计了一长溜彩色的小方桌子和座椅，张贴彩色剪贴画，营造一方小读者的阅读园地。如此设计受到读者喜爱，图书馆开张以来始终读者盈门。我作为筹建者和管理者，工作之余近水楼台浏览查阅资料，着实过了一段美好的“畅读”时光。

企盼多年，我终于有了自己的书房。每每环视书橱里的书籍，翻阅这本、摩挲那本，为能够从容阅读而兴奋，也为写文章查资料的便利而窃喜。孰料，“书到用时方恨少”，经常在遇到关键问题的时刻，书房满足不了我的需求，图书馆成为解决燃眉之急的重要去处。比如那次，我应约为《上海档案》杂志采访老“劳模”全昭妹，因为年代久远，有些事情她也记不准确。我赶到上图，看到我需要的报纸和刊物，通过智能控制，从庞大的书架系统被选出，远远地通过缆索传送至服务台，送到我的手里，令我赞叹不已。我准确地写出了全昭妹当年技术革新项目和获奖情况，当文章发表后送到她手中时，老人家异常激动，连声说好。

我与老公都是爱书之人，有了自己的书房，对书籍分门别类排布，整理出不少同类的，由此我与居住地的甘泉路街道图书馆结缘。那次，我看到街道图书馆正在举办“图书漂流”活动，就将家里同类的书捐赠出来，总有四五百本。看到自家的书随众多的书籍进学校、下社区、到企业、入营房，我颇有自豪感呢。

我在上图办理的借阅卡，在街道图书馆亦通用。我由衷地感叹：上海市中心图书馆犹如功能全覆盖的大网，将浩瀚的图书“一网打尽”，即使在家门口，亦能穿越空间觅得所需的书籍。我的身影融进了图书馆，参加甘泉路街道图书馆举办的

“社区读书会”活动，担任“中学生讲故事比赛”评委；还应邀参观与街道图书馆结对共建的“海航基地”，创作了《写给海航场务连战士》的诗歌。诸如此类的活动，让我成为街道图书馆的志愿者。在“纪念新中国成立70周年”活动中，经街道图书馆推荐，我参加了普陀区的“苏河十八湾故事大赛”，以《电话铃声里的发展密码》荣获大奖。

“问渠那得清如许，为有源头活水来。”现代化的社会，我们的图书馆无论硬件软件都堪称先进，而当图书馆与更多民众的阅读、思考、创新相依相伴时，我们才能无愧于这个伟大的时代。

普陀区图书馆甘泉路街道分馆　推荐

张林凤

十一 | 我与“静图”共前进

——写在上海市中心图书馆20周年之际

在上海市中心图书馆迈向20周年之际、在我国全面建成小康社会的决胜之年，静图正向着“多元创新、智慧包容”的方向发展，既迎来机遇，又充满挑战。

2020年，上海市中心图书馆已走过了20年的历程，可喜可贺。静安区图书馆（下称“静图”）于2001年首批加盟上海市中心图书馆。本人虽于21世纪10年代才成为静图一员，但与静图之缘却早已结下。

馆藏丰富，假期生活快乐充实

由于家离静图（新闻路馆）较近，学生时代的假期经常在馆内度过。21世纪初，我还在念中学，当我发现馆里采购了由贵州出版社出版的全套“阿加莎·克里斯蒂小说”时，作为“阿婆”迷，我兴奋不已。那年暑假，我几乎都泡在馆里，读得废寝忘食，甚至把自己也当作“波洛先生”和“马普尔小姐”的助手了。

2009年，新闻路馆经过较大规模的整修，形成目前的格局。等我成为馆员后更发现，这里的馆藏真丰富，有许多还很高档、很珍稀。文、史、哲、艺门类众多，地方文献收藏齐全。两区合并后，南面的“海关主题馆”同北边的“商务印书馆版本主题馆”更是交相辉映，馆藏进一步扩充。

热情接待，结识读者成“忘年交”

读研毕业考进静图，经过不同岗位的实践，我一直以图书馆“16字方针”服务读者，热心、耐心、细心的服务态度赢得不少读者的认可。

有一位姜老师为一所围棋学校编写“绘画中围棋题材”的相关图书，经常来我馆寻找资料。一次他问我有没有关于“四王”（清初画家）的画册。我当时正在专题阅览室工作，立刻为他推荐一本“四王”专题画册、一本在中国古代美术系列中的“四王”图册、两本分别介绍“虞山派”和“娄东派”的图书（与“四王”相关，需要比较熟悉才会知道）。新书出版后，姜老师与围棋学校特地来我馆送上锦旗，肯定我馆资料丰富，并表扬我服务周到。

又一位姜老师专研中国古代美术作品考证方面的问题，在我馆专题阅览室与参考阅览室翻阅资料。听说我学习了相关专业后，他毫不吝啬、十分信任地将尚未出版的作品原稿交给我，让我提提意见和建议。姜老师的研究切入点小，但“以小见大”，涉及面十分广；“大胆设想，小心求证”，富有创新精神；论述严谨，又不乏趣味。我为他找过一些美术、历史方面的资料，他十分感谢我。新书出版几经曲折，最终成书，我为他感到高兴。

邵老师的专业属于理科，但在上海历史、地理等领域研究颇深。有时他为弄清一个问题，几乎每天来我馆查阅。他十分肯定我馆的地方文献收藏，觉得收集范围广、质量高。每当有相关新书到我科室，我也都会及时告知他，他深表谢意。

此外，我与海关专家张老师，资深读者姚老师、李老师等都成了“忘年交”。

在工作人员没被“机器人”完全取代时，人工服务的质量很大程度决定了图书馆的人气。我馆领导十分重视馆员综合素质，经常开展各类培训，提升服务水平。

活动多样，馆内馆外推广阅读

目前，静图已成为“藏书、借阅、活动交流”等功能兼备的复合型的公共文化空间。除提供纸质图书的借阅、报纸杂志的阅览外，还举办文化讲座、文艺展览、朗诵沙龙；开展“世界读书日”活动、“静安读书周”活动、“阅读马拉松”活动；建设楼宇“都市书坊”、建立“艺术分馆”；拥有24小时自助图书馆、流动服务车；联合文史馆、文化馆；联系出版社、书店、学校，馆内馆外进行图书馆的重大任务——阅读推广。

利用科技，线上线下开展服务

科技日新月异，图书馆也不断适应“大数据”“云计算”“物联网”“人工智能”“5G”等时代的到来。除阵地服务及线下资源，静图还提供数字资源的查找、借阅、下载；利用网站、微信、手机APP等平台发布消息、举办活动，线上线下开展服务。2020年新冠疫情期间，静图一段时间闭馆但不停服务，依靠的就是高新科技。馆里领导想方设法，馆员们脑洞大开，我也积极参与“写书评”“荐馆藏”等活动，在线上推送各类图书。

我和静图一同走过20年。这些年里，作为读者也好、成为馆员也罢，看着静图设施完善、设备更新、馆藏增加、活动扩充、服务提升……在上海市中心图书馆迈向20周年之际、在我国全面建成小康社会的决胜之年，静图正向着“多元创新、智慧包容”的方向发展，既迎来机遇，又充满挑战。

习近平总书记强调“读书的民族是厚重的”，“要‘爱读书’‘读好书’‘善读书’”……国务院政府工作报告连续7年提出“全民阅读”理念。作为公共图书馆职工，我们要以习近平新时代中国特色社会主义思想和党的十九大精神为指导；要弘扬中华优秀传统文化、继承革命文化、发展社会主义先进文化；要按照党和政府、公共图书馆及相关公共文化服务的法律、法规提出的要求，树立“文化自信”、打响“文化品牌”；建设国际文化大都市、提升城市文化软实力；勤学习、善思考，坚守文化阵地，弘扬社会主义核心价值观；不忘初心、牢记使命，适应新时代、开展好“阅读推广”工作；尽自己微薄之力，满足各类读者对美好生活的需求。

静安区图书馆
吴佳蔚

十二 | 我在甘泉那些年

每当读者穿过小区走进甘泉图书馆时，心情悠然开朗就如同回家的感觉！

随着社会的发展进步，作为知识和信息集散地的图书馆，越来越为大众所关注，图书馆与社区、家庭、个体的联系越来越紧密，已然成为社区文化公共服务的重要一环，成为普及科学文化知识、提高全民素质、提供市民终身教育的最有效的场所之一。

甘泉路街道图书馆便是其中一个。该馆始创于1982年，改建于2005年，坐落于绿树成荫、花香鸟语、环境优美、文明和谐的全国文明小区内，馆舍实用、典雅，具有浓郁的文化气息。图书馆功能设置合理，设有外借区、阅览区、读者区等12个区域，可同时容纳120余人。馆内有无线网络系统，可上网查询资料、阅读电子读物，每当读者穿过小区走进甘泉图书馆时，心情悠然开朗就如同回家的感觉！

2005年3月，由于工作调动，我来到了甘泉路街道图书馆。哎！真是隔行如隔山，初来乍到的我对图书馆工作一点也不熟悉，自以为图书馆工作内容就是借书、还书。经过一段时间对业务的学习和领会，了解到图书馆的服务内容及各项读书活动，我豁然开朗，并深深地体会到图书馆工作的重要性。它为满足广大读者的文化需求提供便利，为打造社区广大居民群众的美好生活发挥着应有的作用。

2005年至今已15年有余，在市、区图书馆的业务指导下发生在甘泉图书馆的大事一幕幕一件件浮现在眼前，令我回味无尽！

2005年10月27日，甘泉路街道图书馆作为上海市首家街道图书馆与上海市中心图书馆联网，以“一卡通”形式实现通借通还，并举行了基层服务点揭牌仪式，这标志着甘泉路街道图书馆的建设与发展站在了一个新的起点，开启了公共文化服务全面发展的新格局。

在“一卡通”服务的带动下，甘泉图书馆的品牌活动不断推陈出新，2006年甘泉图书馆品牌活动——全国首家“图书漂流”活动启动。这项活动是第七届“甘泉杯”群众性文化活动主要内容之一，学校、部队、企事业单位等的捐书赠书活动在甘泉盛行。此次活动参与面广，参与人数多，使整个社区变成了一个大的图书馆，并上升为普陀区品牌活动。

2007年我担任了图书馆馆长一职，责任更大，担子也更重。为了社区图书馆的发展，我带领全体馆员为社区广大读者努力认真服务，从点点滴滴小事做起！

2007年10月，迎来了上海市文广局对全市街道、乡镇公共图书馆新一轮的考评。我们带领全体馆员在实际工作中，不断完善、改进，制定了“图书馆工作守则”“工作流程”“岗位责任制”等七大类56项制度内容。我们做到“分工不分家”，责任落实到人，互相配合，互相补台。由于图书馆工作人员具有强烈的责任心和过硬的业务能力，具备良好的政治、文化素质，爱岗敬业，思想上全心全意为广大读者服务，开展了丰富的读书活动，得到了市、区有关领导和专家的一致好评，最终以优异的成绩被评为“上海市街道、镇特级图书馆”。

从此，我们馆的各项工作严格按照特级图书馆的标准展开，馆员按照标准服务于每位读者，使图书馆的工作不断攀上新台阶。我们重视青少年读书辅导活动，建立健全图书馆四级网络体系，形成社会合力。网络体系以区少儿图书馆为指导中心，以街道图书馆为骨干，以社区中、小学校及居委会图书室为基础，以业务交流、共同组织开展大型读书活动，共同服务好校内校外学生为目标，逐步走资源共享的道路。通过不定期召开协作网络会议，及时传达上级精神、交流信息。在创建学习型社区、学习型家庭及“小手牵大手”等系列活动中制定活动计划，宣传发动使任务能够得到有效的落实，并能发挥各级机构的作用，有序地开展工作，从而服务于广大青少年的各类文化需求。通过活动的开展，增强了青少年的法制观念，陶冶了高尚的道德情操。甘泉路街道图书馆于2008年被授予“上海市青少年维权岗”称号，2010年被评为区级“优秀青少年社会实践基地”，2011年被评为区级“市民文化活动修身基地”和“志愿者服务基地”等。

我们注重团队建设，开展温馨服务，关爱弱势群体，不断满足不同群体的文化需求。甘泉图书馆依托社区人文资源优势，营造温馨和谐的读书氛围，推进社区文化事业的蓬勃发展，于2010年10月创建上海市街道、镇首家“励志人生”残疾人文学社，2011年11月成立上海市街道、镇首家无障碍电子阅览。

我们重视品牌活动的创建。一是依托甘泉社区图书馆协作网，以创建文明社区为目标，以家庭读书活动为主线，内容贴近居民群众的生活。在时间跨度上，贯穿全年，活动主题鲜明、时代感强、参与面广、社会效益显著。二是上下结合，形成系列，甘泉路街道与上海市文广局、普陀区文明办、文化局、图书馆联合举办“‘甘泉杯’上海市家庭读书风采录专题片展评”等活动，创建了“甘泉杯”群众文化品牌。2017年迎来“甘泉杯”群众文化品牌二十周年庆典，借此机会，对“甘泉杯”读书系列活动进行回顾和盘点。“甘泉杯”二十周年纪念以“缘聚甘泉杯 共筑同心梦”诗歌朗诵大赛的形式进行，以共同建设美丽和谐的家园为内容，采用诗歌、散文等体裁，以朗诵形式来抒发对老师、朋友、家人的感恩之情，或者赞美身边好人好事，讴歌社区居民美好生活，表达对幸福的家园的情感，在全社区掀起读书的热潮。“甘泉杯”读书活动，就是探索社区读书活动发展趋势，研究和推进社区文化建设新途径和新措施，以科学的理念，逐步建立全方位、多层次、宽领域的学习型社区创建，努力构筑以文化为媒、以读书为本的社区文化氛围，倡导终身学习理念。

甘泉图书馆基层服务点的运作实施15年以来，极大方便了广大市民获取上海市中心图书馆的“网上联合知识导航站”参考咨询、服务信息的便利。中心图书馆担负着全市“一卡通”各网点的业务指导以及各项培训、服务工作，我们基层服务点就必须为满足广大市民日益增长的精神文化需求做好各项工作。2013—2019年，甘泉路街道图书分别在上海市中心图书馆基层服务点新闻报道采用量、“一卡通”文献入藏量、流通数量等项目考核中名列前茅，连续七年总评均在前十名，并荣获上海市中心图书馆基层服务点“先进集体”称号。

2020年年初，新型冠状肺炎病毒来袭，全中国人民团结一致，万众一心共同抵制疫情，发生了许多感天动地的事迹，深深地烙在每一个中国人的心中。图书馆为给隔离在家的孩子们提供阅读便利，为便于青少年系列读书活动的开展，5月28日首家街道图书馆“抖音”号上线，标志着甘泉图书馆又以崭新的面貌、创新的理念、紧跟时代的步伐，为社区广大读书爱好者提供更便捷的服务。

15年弹指一挥间，回首过去，展望未来，甘泉图书馆可谓我人生的重要坐标。我将在新的征程中，带领全体馆员积极发挥图书馆优势，为社区居民提供一流、时尚的读书环境，让社区居民在“身边的图书馆”享受一流的文化环境和优质服务。

普陀区图书馆甘泉路街道分馆

韩淑兰

十三 | 沿"图"有你

面对渴望已久的职位，无法做到云淡风轻。所幸，我最终考入了安亭图书馆。最美好的事情莫过于你的理想就是你的工作。那一刻，我真是欣喜若狂。

二十年前，正值青春年华，图书馆是我最喜欢的去处。那里有整洁的环境、有序的书籍、和蔼的馆员……书籍可以分享我的喜悦，抚平我的痛楚，从希区柯克到王小波、从刘鹗到李碧华，或惊悚或唯美，或悬念或扼腕，在成长的疼痛期始终伴我左右，而我从小的梦想便是成为一名图书馆管理员。

然而，事与愿违，工作常有，而图书馆工作不常有。毕业后，在财务兼人事的岗位上，一干便是七年。2013 年年底，一个很偶然的契机，我看到了图书馆工作的招聘。报名后，我在网上买了好几套时事热点、申论，彻夜长读，考试前三天还专程请了年假在家复习。也算是守得云开见月明，非常幸运，通过了笔试。面试的时候，我紧张到舌头打结，心脏感觉植入了无数个起搏器，用颤音不知所谓地回答着面试官的问题。当被问及"为何选择图书管理员这个工作"时，更是用马斯洛的需求层次原理来解释，事后想想真的不知所谓。面对渴望已久的职位，无法做到云淡风轻。所幸，我最终考入了安亭图书馆。最美好的事情莫过于你的理想就是你的工作。那一刻，我真是欣喜若狂。

入馆后发现原来图书馆的工作和自己设想的并不相同。想象中，图书馆的工作应该是书籍的整理、报纸杂志的归档、读者的借还书等等。但实际上还有各基层图书室的辅导、"嘉定读书月"的活动、"全国阅读年"的比赛、每个月丰富多彩的读者活动、上图数据整理、新书采编等等。原来图书馆不仅有眼前的书籍还有远方的比赛，这给了我很大的惊喜。在安图的七年，不仅结识了摄影高手、英语达人，还挖掘了手工达人、成立了诗社，从中受益匪浅，结交了不少知心好友，有些人真的可以"闲看落花与朝霞，漫谈金庸和余华"，与你从柴米油盐聊到育儿心得，从诗词歌赋谈到人生哲理。

中心图书馆的二十年也是我成长的二十年。依稀记得，没有“一卡通”的时候，读者证是带有照片的塑封卡片，纯属馆员手工自制。没有电脑的时候，馆员将读者办卡信息全部手抄在本子上（我们安亭图书馆还有几本老脚本，上面有我们王志华老师漂亮的书法），读者一次可以借两本书，在每本书的封底，有个类似小信封的牛皮纸，里面有考勤卡一样的卡纸，手工记录着每次读者的借还日期。而馆与馆之间并不能通借通还，很不方便。后面刚开始办理“一卡通”的时候，安亭图书馆并没有相关设施，需要将读者的信息统一汇总，然后请嘉定图书馆帮忙办卡。等读者证寄过来之后，再由馆员电话通知读者前来拿卡。从办卡登记到取证，一来二去，可能要等上大半个月，很是烦琐。到如今的立等可取，相较过去，效率是提高了很多。

中心图书馆发展的二十年，每张读者证的借书量也从原先的两本发展到六本，再到现在的十本，读者的选择更多了，“选择困难症”的读者们不必纠结到底是借这本还是那本。而藏书量的丰富，也让读者欢呼雀跃。自从有了索书功能和微信公众号读者信息查询功能，给了读者不少便利，他们不再因为是否续借、何时归还等问题来回辗转。而这发展的二十年，图书馆更是从原先的收集、整理、收藏、查询等功能，发展为更为开放和多位一体的公共文化空间。你可以在图书馆听讲座、学国学、参加书友会、加入英语沙龙，甚至在图书馆学围棋、听绘本故事、进击“阅读马拉松”。较之之前的一板一眼，现在的图书馆显然更为活泼、更接地气、更加吸引读者。

中心图书馆的二十年，是发展迅速的二十年，从读者到馆员都在悄然发生变化，我感触尤深。特别是2019年嘉定实事项目“我嘉书房”的落地，让整个嘉定地区的爱书小伙伴狂喜，咖啡店、经济城、商场，有人的地方就有书，带来的不仅是便利，更是生活方式的改变。每年读者爆棚的“上海书展”“大众书局”“朵云书屋”“钟书阁”等大大小小定位不一的书店落户上海，个人认为，上海市中心图书馆功不可没。是图书馆，让越来越多的人走近图书爱上图书。上海不仅是一座经济实力雄厚之城，也是一座有底蕴的文化之城。

未来，我希望我们上海市中心图书馆发展更好，如果可能，我希望每个小区都可以有个24小时借还书点，就像现在的快递柜一样。我也希望除了“阅读马拉松”外还有“阅读短跑”，比如半小时阅读写一篇读书笔记；除了“诗词文赋大赛”外，还有“谚语大会”、节气认知、英语朗诵。腹有诗书气自华，希望现在的孩子看书的胜过“吃鸡”的，写作的多过“带货”的。

上海市中心图书馆，未来可期，而作为图书管理员的我，一起努力！

嘉定区图书馆安亭镇分馆

王艳萍

十四 | 一个图书馆员的自白

该升级的不只是设备，更多的是思想。

说起和中心图书馆的缘分，其实很奇妙。在该常去图书馆的少年时期，我并不太去。虽然也是个爱书之人，但是我更喜欢把书买回家。直到我走上工作岗位，一段难堪的经历把我和图书馆联系到了一起。

（一）一份街道通知，意外结缘

在工作的最初几年，我都是一名历史网站编辑，直到一家自媒体公司邀约，让我成为独立编辑。但是一个月后，公司经营出现问题，又进入一家自媒体却遇上公司解散。两段不到一个月的工作经历使得我成了职场上的“弃儿”，这其中的无奈“更与谁人说”。直到一次家庭聚餐，我看到了一份街道通知：杨浦区图书馆招募服务外包人员。已经茫然无措的我抱着一线希望报了名，成功成为一名外包的工作人员。

（二）一位九旬老者，触动心灵

在入职前的日子里，我并没有对图书馆有着明确的认识。在我的想象中，随着网络时代的到来，这就是一份终将消亡的工作。谁承想，我接待的第一位读者就深深地触动了我，改变了我的想法。这是一位年逾九旬的老者，来借阅关于习近平总书记讲话内容的书籍。印象中，九旬老者应已迟暮，能在公园里走走已然算得上身体康健。思想政治方面的书籍对他来说意味着什么呢？他迈着坚定的步伐来了，我帮着在架子上找到了几本。老人却说大多已看过，最后就只找到了一本，还让我跟领导反映有些新出的书需要采买了。生命不息，阅读不息，我第一次开始思考阅读和图书馆的意义。

（三）一位军迷读者，发挥优势

如果说一位九旬老者让我开始思考起阅读的含义，那么一位军迷读者让我开始真正融入这份工作里。这位军迷读者需要借阅与拿破仑相关的书籍，馆内有两个译本的《拿破仑传》和马骏教授著的一本讲拿破仑军事的书籍。作为曾经的军事历史编辑，我向他推荐了路德维希的译本，这是《拿破仑传》最经典的版本，并建议他另借《戴高乐传》和《贞德传》。三位拯救法国的英雄的传记一起看有助于他更好地领略法国历史。看到读者满意的笑容，我觉得我好像还挺适合这个岗位的。

（四）一次无语投诉，反思自己

作为窗口一线工作人员，我待人谦恭有礼，对于读者的要求几乎是有求必应，但我却碰上了一起投诉。所有人都说不出我错哪里，但是我知道自己一定是有责任的。对于这个问题我苦苦思索却毫无结果，于是选择报考了上图的图书管理员培训，希望从经验丰富的老师那里学到避免重蹈覆辙的方法。在半年的系统学习中，我逐渐认识到自己有错，我错在，在日常的工作中就没有把小事管好，才会爆发冲突。这时，我渐渐地意识到我不再是当初那个无所适从的失意者，我想为图书馆事业奋斗终生。

（五）一次全面升级，不止硬件

在我写这篇内容的时候，我供职的图书馆正在进行全方位整修。很多先进的设备进入了我们这个小小的分馆。它所催生的改变是无穷的，表面上看，我们减轻了很多负担，实际上这意味着我们将从一个“录入器”变成一个真正的服务者，我们肩上承担了更多的责任。该升级的不只是设备，更多的是思想。面对一座设施上现代化了的图书馆，我觉得我要做到三点：1. 了解读者需要什么；2. 帮助读者解决他们的问题；3. 告诉他们我们有什么。我们不能再候在柜台前等待他们来借阅，因为更重要的服务需要被前置。可能在未来的某一天，纸质书将不再是图书馆服务的重点，但只要人们还有阅读的需求，图书馆都不会消亡。

我并不优秀，可能庶竭驽钝也无法成为一名最好的图书管理员，但是我愿意殚精竭虑为读者提供更好的服务。图书馆曾经是我生命中的“过客”，但现在它已经成为我生命中不可或缺的部分，我也希望我所做的能够让越来越多的读者领略阅读的魅力。

杨浦区图书馆
邹逸俊

十五 | 缘分让我伴你一起成长

就这样我实现了"看书自由"的梦想，并有幸与镇图书馆一起成长。

我是一个上海市、原上海县的普通农村人，出生于20世纪70年代初。小时候由于城郊差异大，在那个凭票购物的年代，农村人买东西非常不方便，因此常听父母老一辈说：如果你想做城里人，想拿"豆腐卡"，你就要好好读书，争取"书包翻身"。可是那时候我们除了学校的课本外，基本上没有课外学习的地方，课外书也只能从镇上的新华书店买或者从学校那小得可怜的图书室里找。农村家庭收入有限，除了必需的工具书外，一般家长很少会同意给孩子买"小人书"，每月一次进校图书室的日子也就成为我们翘首以盼的节日，里面的图书管理员是我们争相"巴结"的对象。

随着中国改革开放，经济大发展，农村家庭的经济条件也开始好转。有了钱就会想着让孩子得到更好的教育，女儿出生后，除了送她上兴趣课外，还带她去上海书城"蹭书"、买书成了我们经常性的消遣方式。但由于路程远，来回要3个多小时，我们常常是一早出门天黑才回家。陪女儿在书城逛呀逛，拿一本喜欢的书找一个角落静静地翻看，遇到实在喜欢的不得了的就买回去慢慢品味，就这样，几年下来家里的藏书居然有上百本。

缘分总是在不经意之间到来，2001年初，随着工作调动，领导安排我到浦江镇图书馆上班，就这样我实现了"看书自由"的梦想，并有幸与镇图书馆一起成长。

犹记得当时的浦江镇图书馆蜷缩在社区学校一间不到80平方米的教室里，总藏量不超3 000册。每本书后面附一张卡片，写着此书的书目信息；借书也是用卡片手写的，一本本记下读者的借、还书日期、计算借书费用。所有的一切手续都烦琐且枯燥，而前来借书的读者也是寥寥无几。原以为图书馆工作就是这样的。直到某一天闵行区馆辅导部的老师过来指导工作后，我才知道，我们真的太落后了。原来图书是可以用数据库管理的；原来借书是可以用电脑操作的；原来书不单有纸质书，还有电子书的；原来图书馆工作不仅仅是单一的借还书，还有读者活动……所有的一切让我大开眼界，为了更好地适应新工作，我利用业余时间参加了上海市公共图书馆从业人员专业培训并取得从业资格，所学专业知识在日常工作实践中不断完善。

2006年，浦江镇图书馆搬迁至立跃路3 889号，浦江青少年活动中心3楼，360平方米的空间看起来宽敞明亮，一排排书架、一张张阅览桌排列有序，服务区、自习区、电子阅览区、藏书区，所有格局一目了然。环境的改善吸引了更多读者前来咨询、借阅。而图书馆真正的电子化服务也即将开始。

2007年1月，经过多年努力以及上级各部门领导的支持，我馆正式并入闵行区公共图书馆服务网络，且具备了与区内各公共图书馆图书通借通还的功能，馆藏资源得以共享，大大地方便了周边读者的阅读。为确保馆内所有藏书能正常流通外借，我们抢时间、争速度，克服了工作人员严重不足的困难，在最短的时间内把馆内现有的1.2万多册书目逐一输入电脑并按类上架。为了让读者不但能来图书馆，而且还要坐下来、经常来，我们经过调查了解，订了100多份读者喜欢看的报纸杂志。通过以上措施，我们图书馆在居民中的影响越来越大，办证率、流通率得到大幅度提高，而且还吸引了相当多的阅报读刊读者，高峰时期阅览室座无虚席。同年我馆首次申报“上海市公共图书馆街镇一级馆”的评定并得以顺利通过，这是浦江镇图书馆一个里程碑式的节点。

前进的步伐还在继续。2010年3月，我馆正式加入上图“一卡通”，一张借书证可以通行全市所有公共图书馆，开启了与市中心图书馆连接的大门；2013年加入市“少儿一卡通”，实现成人卡与少儿卡的分开管理，使读者服务得以细化。

除了基本业务之外，我们的读者活动也开展得有声有色：每年都会举办“农家书屋”征文、传统节日特色活动；组织读者参与上海市民文化节、“世界读书日”等读书活动，特别是利用“沪谚”这一非遗项目开展的“节气美食遇上非遗”系列活动受到周边居民的广泛好评。

网络化的当下，我们所有的业务基本上都能通过电脑操作，还能通过上图知识系统了解其他成员馆的活动开展情况，从中汲取经验，拓展服务领域，提升业务水平。2020年初的一场疫情让人始料不及，为了安全起见图书馆只能暂时关闭，但是我们的读者服务却没有停止。其间我们利用微信公众号，组织举办了“诵读中华经典，品味书香感悟”“云上阅读，为爱留声”等线上读书活动，取得了良好的社会效应。我相信，随着5G时代的到来，会有更多智能化服务运用到图书馆领域，数字图书比例会进一步加大，给当前的阅读模式带来变革。到时我们就不能仅仅只想着让读者进来，而是要紧跟时代，不断创新，满足读者云上阅读的需求。而我，也将不断学习，自我充电，与图书馆共同成长。

闵行区图书馆浦江镇分馆

范育文

十六 | 真情伴依行

上海图书馆东馆正在建设中，我们每一个上海图书馆员都尽己所能，用自己精致的服务，为创建国际大都市的文化家园出一份力。

“放慢一点……对！停！！就是她！！！”保卫处的施老师紧紧盯着监控屏幕，狠狠一砸桌子。这是发生在上海图书馆监控室里的一幕。图书馆怎么用上了刑侦技术呢？故事是这样的。2018年7月的某天，有读者致电反映，自己的读者证在上海图书馆遗失后被人冒用借了8本图书，失主心里焦急万分。

得知这样的情况，上海图书馆中文书刊外借室的梁老师即刻联系了保卫处施老师，加班加点，调出事发当天的监控，一一排查、逐个比对，最后锁定了嫌疑人刘某。

“老师，我要投诉。”那天在总台值班的我接待了这样一位女士。她压低嗓子，向我投诉我们上海图书馆的员工致电“恐吓”她。当我要求她具体描述投诉对象以及电话内容时，她语焉不详，眼神闪烁，只是一味强调对方态度生硬地催她还书。原来她就是盗用他人读者证借书的刘某。馆员老师致电联系她，批评她盗用读者证的行为，责令她尽快归还他人的读者证和图书。她因此心怀怨恨，想利用投诉渠道，模糊事实，给馆员们“添些堵”。还原真相后，再一次对其进行了批评教育。刘某终于向失主和图书馆员表示了歉意。上海图书馆为维护读者正当权益，对这种不良行为制定了处罚规则：禁用此人的上海图书馆读者证并上传个人不良诚信记录。

如果您问我，读者服务的宗旨是什么？我会大声说出：“是维护读者正当权益，利用一切技术手段，日夜兼程，为读者排忧解难；是面对质疑和责难，认真分析、剥茧抽丝、还原真相，给读者真正优质的服务，让读者安心、放心地使用图书馆资源。”

“您好，我是残疾读者朱某某。我要最近几期的《知音》杂志。”电话那端传来熟悉的声音。这是我们图书馆的特殊服务对象朱阿姨。老人身体不便，一直由我们中文书刊外借室为她挑选图书，通过物流送书上门。朱阿姨喜欢看《知音》杂志，是忠实粉丝。几乎每次新到的《知音》刊物，我们都会即时传递一份给她。和阿姨核对了一下她已经看过的《知音》有哪几期，我提出了这样的建议：“阿姨，近期的《知音》您都看过了。您是否考虑一下《爱情、婚姻、家庭》之类也比较受欢迎的大众刊物呢？”“好呀好呀。”可是，第二天下午，电话铃又一次响起：“你这个小姑娘呀，你推荐的那个期刊没有《知音》好看。你就是不想让我看《知音》。我跟你说，我以后只看《知音》，你给我换了，换成《知音》。”我暗叹一口气，“可是最近的那些您都看过了呀？”“算了算了，那我就今年年初的再看一遍。反正有点忘了，再看一遍好了。”于是，我按照朱阿姨的要求，又一次从书刊架上选出当年年初的《知音》，打包快递寄出。

如果您问我读者服务的核心是什么？我会大声告诉您：“是耐心细致的询问，是不厌其烦地探寻读者的真正需求，是不畏责备、为满足读者需求不断调整完善服务，让读者获得真正称心满意的文献资源。”

“您好，我想找一些关于中世纪骑士文化的书。”一位大约十八九岁，有些腼腆的女孩站在我的咨询台前。

“您是要写这方面的论文吗？”我根据女孩的年龄和她的措辞，推测她找这些资源的目的。

“是的呀。”她的眼神中透出一些欣喜。“好。”我打开上海图书馆的电子资源库，向女孩展示了登录图书馆数据库“维普中文科技期刊”的方法，并向她简单介绍，如何根据其需求选择检索词、制定检索策略。很快，“读秀学术”资源上的相关图书资源，“维普中文科技期刊”上的论文资源，“EBSCO数据库”中关于该主题的英文文献资源，以及对应的馆藏图书资源都一一展现在读者面前。“谢谢您，真是太好了。原来图书馆有这么多资源。我以为只有书呢。”女孩兴奋地叫起来，“谢谢老师，我以后自己也可以用这些方法找资源了。图书馆真是宝库呀！”

如果您问我如何做好一个图书馆的咨询员？我会大声告诉您：“是想方设法，揭示馆藏资源，利用各种载体平台，挖掘到读者需要的资源，为读者设计优质的检索策略，选择更切合需求的资源库，让每个问题都找到更匹配的答案。”

十二年的图书馆工作，我遇到过各种各样的问题、形形色色的读者：有为拆迁找相关法律条文的老人家，有为写毕业论文找资料的大学生，有在馆内找失踪儿童的家长，有被人盗用读者证急哭的人……有欢笑，有泪水，有责备，有赞美，点点滴滴都是真情，是一步一个脚印的前行。

时代在发展，从藏书楼到图书馆，从竹简到电子数据库，技术推动图书情报业不断改变，而始终不变的是我们图书馆员为读者服务的真心与热情。

上海图书馆东馆正在建设中，我们每一个上海图书馆员都尽己所能，用自己精致的服务，为创建国际大都市的文化家园出一份力。

上海图书馆（上海科学技术情报研究所）
金奇文

附录1

上海市公共图书馆行业2019年度大事记

1月份	
2018年12月—2019年1月	为贯彻落实上海市文化广播影视管理局等四局委联合印发的《关于推进上海市区级图书馆总分馆制建设的实施意见》文件精神，上海市文化和旅游局公共服务处、上海市图书馆行业协会和上海图书馆开展对本市各区总分馆制建设的中期督导和2018年度上海实施国家公共数字文化工程建设工作的督查。
4日	徐汇区图书馆召开理事会成立大会暨第一届理事会第一次会议，秦畅当选为第一届理事会理事长，房芸芳为副理事长，韩筱芳、蔡迎春、周立民等被聘为理事会成员。
8日	以“传承 开放 共享——携手打造高品质城市文化生活”为主题的第九届浦东图书馆学术论坛暨中国图书馆学会数字阅读推广专业委员会合作论坛，在浦东图书馆1号报告厅成功举办。
24日	上海市图书馆行业协会第三届第二次会员大会在上海图书馆召开。
27—31日	上海图书馆为上海市第十五届人民代表大会第二次会议现场设置“上海图书馆信息服务点”，这是上海图书馆连续第十五年为人大代表现场提供信息服务。
2月份	
1日	由上海图书馆、上海博物馆、上海书法家协会联合主办的“墨彩斑斓 石鼓齐鸣——石鼓文善本新春大展”在上海图书馆第一展厅开幕。
18日	中国国家图书馆理事会在京成立,上海图书馆馆所长陈超被聘为第一届理事会理事。
3月份	
6日	金山区图书馆少儿活动部荣获“全国巾帼文明岗”称号。
12日	上海图书馆等21家市区级公共图书馆在2019年上海市公共文化建设会议上被授予“一级图书馆”称号；静安区图书馆荣获上海市五一劳动奖状、打通公共文化服务“最后一公里”先锋集体称号。
23日	上海图书馆联手上海市民文化节指导委员会、上海市图书馆行业协会，首次在“上海市民文化节”中新增“大阅读”板块，举办“老建筑的故事”市民创意创作大赛，包括城市阅读行走、全媒体线上征集、故事（微小说）征集和应用开发大赛。期间，举办各类阅读活动133场次，参与人次达8 553；征集故事901篇，全媒体平台访问人次达462 966；开放数据应用开发竞赛作为专业赛事，吸引了各大院校和企事业单位对历史人文数据感兴趣的数据创客，来自全国13个省（自治区、直辖市）的155个团队439人报名参加。

（续表）

3月	浦东图书馆正式启动浦东地方文献中心的筹建工作。此次筹建将通过与新区档案馆、史志办的合作实现资源共享。浦东地方文献中心预计于2020年建成，将为浦东开发开放30周年和浦图新馆开馆10周年献礼。
3月	沪苏浙皖三省一市的科技情报学会在安徽省合肥市召开“2019年长三角地区科技情报学会合作调研交流会”。
4月份	
2日	上海市委组织部、市委宣传部在上海图书馆召开干部会议,市委常委、宣传部部长周慧琳出席会议并作重要讲话。市委组织部宣教科技干部处处长陈雪强宣读市委的任免决定，任命楼巍同志为上海图书馆（上海科学技术情报研究所）党委书记，市委宣传部副部长胡佩艳主持会议。
10日	上海市公共图书馆行业在上海市精神文明建设工作会议上被授予第十届（2017—2018年度）上海市文明行业；上海图书馆等16家市、区级公共图书馆获得上海市文明单位称号。
17日	青浦区图书馆正式启动“书香上海”之“文进万家 书香青浦”阅读服务项目，本项目立足服务中国国际进口博览会、长三角区域一体化发展两大国家战略，联合浙江省嘉兴市嘉善县、江苏省苏州市吴江区正式成立“长三角一体化阅读联盟”，旨在整合青浦区、嘉善县、吴江区三地的文化资源优势，通过开展主题丰富的阅读推广活动，提升文化合力。
19日	为响应中国图书馆学会4·23全民阅读活动，在第24个“世界读书日”来临之际，嘉定区文化和旅游局、江桥镇人民政府共同开展的“2019年世界读书日‘阅’在一起”“科创阅读与百姓生活”展览开幕暨“情报服务进‘我嘉书房’”签约仪式在北虹桥时尚创意园举行。
20日	奉贤区阅读节以“奔跑吧阅读——向建国70周年华诞献礼”为主题，在推广全民阅读的同时，进一步激活“美育修身阵地”“圆梦驿站”“爱心书屋”等项目职能，主动融入区委区政府“千百十”精准扶贫行动，为贵州务川、余庆、凤冈的孩子们和读者朋友圆读书梦、成才梦、小康梦。
22日	由上海市残疾人读书指导委员会主办的“‘读书·与国同梦’——2019年上海市残疾人读书系列活动启动仪式”在上海图书馆举行，上海市残联副理事长郭咏军、上海图书馆副馆长周德明以及16个区残联、康复中心、残疾人代表约120人参加启动仪式。
21—23日	崇明区图书馆推出主题为“全民阅读 书香瀛洲”世界读书日系列活动，包括举办瀛洲大讲坛《我眼中的“表达力”——互联网时代的交流》、联合新东方优能中学举办“小初衔接政策解读与择校攻略”讲座、举办《兔子先生去散步》绘本阅读活动、第二届崇明区读书团队微书评交流表彰会、“读美文，猜经典”活动、开展“让书回家”特别还书日活动和维普数据库检索技巧培训。
23日	上海图书馆积极响应中国图书馆学会和国家图书馆联合全国图书馆界共同发起的“服务全民阅读 共创美好生活——中国图书馆界4·23全民阅读活动倡议”，馆长陈超带领馆员宣读倡议书，向社会发出图书馆人对于服务全民阅读、推进学习型社会建设的倡议。
23日	上海图书馆联合上海知名文化沙龙“克勒门”，开展“韵语阳春 上图之夜”4·23世界读书日阅读推广活动，邀请上海京剧院国家一级演员王珮瑜等深受大众喜爱的戏曲演员演绎中国古典诗词，为读者带来全新的阅读体验。此次活动联合“央视新闻+”、哔哩哔哩视频网站等推出网络直播，总点击率达到78.1万。

23日	主题为“阅无界·悦动力”的第九届浦东图书馆读书节正式拉开帷幕。在当天读书节开幕式上，浦东图书馆全新的品牌活动——文化阅读栏目“阅见东方”举行首讲。浦东新区政协学习和文史委员会、史志办、文史学会向浦图捐赠地方文献资料，助力浦东地方文献中心建设。馆长曹忠及馆员代表共同宣读世界读书日活动倡议书，浦东图书馆阅读推广联盟宣告成立，首批11家联盟成员单位集中亮相。
23日	“和颂70——阅读在闵行”全民阅读主题活动在闵行区图书馆城市书房正式启动。该系列活动由闵行区图书馆承办包括老建筑的故事创意写作比赛、行走老建筑、老建筑绘画摄影比赛以及“我和我的祖国”诵读大赛。在此期间，闵行区图书馆还在区内十座城市书房中推出十大讲座。
24日	“礼赞新中国，建功新时代”第二十一届上海读书节开幕式在上海世博会博物馆举行，由浦东图书馆选送的“锦绣读书会”项目荣获第二十一届上海读书节示范项目。
24日	2019松江区第十二届读书节暨全民终身学习周开幕式在视觉艺术学院德稻大师楼隆重举行。开幕式上，上海市松江区图书馆承办的“文明修身·文化寻根”家庭阅读系列活动正式启动，顺利开启了2019年度松江市民线上线下交互阅读的新模式。
4月	上海图书馆完成手机借书公测平台的开发工作，读者用已绑定上海图书馆读者证的手机扫描上海图书馆馆藏条码，即可成功外借图书。
4月	世界读书日期间，徐汇区图书馆携手区内公共图书馆、实体书店以及各类阅读组织，共同打造“汇悦读 在行动”书香徐汇主题活动，以书为媒，聚焦中华人民共和国成立70周年、改革开放40周年伟大成就、红色文化、江南文化、海派文化及徐汇特色，发布10份特色书单，近2 000人次读者参与活动，以5折的优惠价格购买了近6 000册书单推荐书籍；开展“书香漂流 悦享换书”公益捐换书主题活动，以书换书，以书会友，活动剩余的捐书则投放至由公用电话亭改造而成的徐汇“悦读亭”进行漂流，与更多的读者分享阅读乐趣。
4月	静安区图书馆开展“阅读阅美”世界读书日主题活动。静安区图书馆闻喜路馆联手上海书舟信息科技有限公司举办“生活中的常用手机软件教学”活动；静安区少儿图书馆携手上海阅读派文化交流中心举办名为“从阿尔罕布拉宫到百年孤独 ——中国西班牙的跨文化阅读体验”活动；静安区图书馆创新服务手段，携手上海图书馆采编中心举办“新书抢鲜看”活动；图书馆工作人员现场给市民辅导24小时自助图书馆等自助借还设备的使用。
4月	虹口区图书馆及8个街道图书馆共同开展以“共享阅读、数字阅读、多渠道分享”为主题的4·23世界读书日阅读推广活动，在区内各级公共图书馆、社区文化活动中心、海派文化中心、鲁迅公园等场所联合推出文化名人讲坛、电影导读、洄游集市、作家现场交流会、诵读经典、“阅然指上”数字阅读体验等十几种不同形式的读书活动。
5月份	
16日	“回望来时路 奋进新时代”嘉定区爱国主义教育基地授牌仪式暨中国百年搪瓷文化主题活动在八分园·中国百年搪瓷展览馆举行。嘉定区图书馆被授予“嘉定区爱国主义教育基地”荣誉称号。
5月19日—6月15日	浦东图书馆联合上海市图书馆学会推出儿童阅读推广人培训试点项目。该项目已连续举办五年。

（续表）

25日	2019长三角阅读马拉松大赛开赛，本次大赛覆盖上海、江苏、浙江和安徽三省一市的115个公共图书馆和公益场馆，7 000名选手参加了国内乃至世界阅读马拉松规模最大的一次公共赛事。
5月26日—6月4日	上海图书馆携手上海广播电视台共同打造新时代文化普及新体验，从馆藏近3万种19万册古籍善本中精心遴选出10种古籍精品，于东方卫视“诗书画”栏目推出“古籍今读”特别节目。
6月份	
1日	上海少年儿童图书馆联合全市各区公共（少儿）图书馆、学校图书馆及社会主体，以“喜迎七十华诞讲好中国故事”为主题拉开为期四个月的“2019上海童话节”序幕，此次童话节推出少儿讲座、阅读推广、阅读竞赛、教育培训、科普园地、暑期展览、影视剧场、志愿服务等九大板块，共计200余项活动。
1日	“长三角少儿阅读联盟”正式揭牌。该联盟由上海少年儿童图书馆、嘉兴市图书馆、南通图书馆、合肥少儿图书馆共同发起，从顶层设计、机制完善、平台建构、资源调配、组织方式等方面，整合四地少儿阅读资源优势，以期提升文化服务合力。
1日	中国图书馆学会未成年人图书馆分会、上海少年儿童图书馆、金山区文化和旅游局以及魔法童书会启动“2019亲子朗读声音档案大征集”活动。2019年的活动由上海地区向浙江宁波、嘉兴、江苏南通、安徽合肥等长三角区域延展。
6日	“敏读会”作为闵行区图书馆阅读推广品牌项目正式完成商标注册。
12—13日	由上海图书馆主办的第六届图书馆微服务研讨会在普陀区图书馆召开，主题聚焦“微悦读 · 新互动”，共有来自全国101家图书馆的194名图书馆员报名参会，参与人数和参与馆数均达到历届最高。
19日	上海市普陀区图书馆理事会成立大会暨第一届理事会第一次会议在区图书馆召开。上海戏剧学院副院长、上海市作家协会副主席、普陀区作家协会主席杨扬被推选为理事会理事长。
20日	金山区图书馆理事会成立大会暨第一届理事会第一次会议召开。金山区文化和旅游局副局长陆佰君以及9名理事出席会议。选举推选金山区图书馆馆长陶幼琴为金山区图书馆第一届理事会理事长，金山区廊下镇社区学校常务副校长张亚芳为副理事长。
25日	经宝山区文旅局党组研究决定：李君同志为上海市宝山区图书馆馆长，施琦同志为上海市宝山区图书馆副馆长。
7月份	
2日	上海市地方志办公室在上海图书馆召开《上海市志 · 图书馆事业卷》评议会，市地方志办公室党组书记、主任洪民荣，上海图书馆馆长、《图书馆事业卷》编委会主任、主编陈超，上海图书馆副馆长、《图书馆事业卷》编委会副主任、常务副主编周德明，评议组专家及编纂人员20余人参加会议。市地方志办公室副主任王依群主持会议。
2日	由长宁区文化和旅游局主办、长宁区少年儿童图书馆、长宁区图书馆、长宁区各街道（镇）图书馆共同承办的“悦读书写新未来”2019长宁少儿暑期读书月活动正式拉开帷幕。
4日	奉贤区图书馆理事会成立大会暨第一届理事会第一次会议召开。

30日	2018长三角"家庭阅读印象摄影大赛"（上海赛区）优秀作品展在宝山区图书馆5楼展厅开展，此次摄影大赛由宝山区图书馆、嘉定区图书馆和长宁区图书馆携手华东地区图书馆举办。
7—9月	虹口区第八届青少年阅读节系列活动顺利举办，以"为祖国庆生，为阅读点赞"为主题，围绕"读好书·爱中华、诵经典·话传统、阅虹口·学新知"三大板块推出了24项、共计43场活动，持续近三个月，参与活动的青少年读者逾2 000人次。
8月份	
12—13日	2019图书馆前沿技术论坛（IT4L）会议在上海图书馆召开，会议由上海市图书馆学会理事长、副馆所长周德明主持，馆所长陈超及上海阿法迪智能标签系统技术有限公司董事长张元良分别致辞，本次会议聚焦人工智能与第三代图书馆，深入交流研讨图书馆前沿技术的理论、方法和应用等问题。
14—20日	2019上海书展暨"书香中国"上海周在上海展览中心举办。上海各级公共图书馆全力配合书展工作，以内容丰富、形式多样的阅读活动营造书香上海。在此期间，上海图书馆、虹口区图书馆、闵行区图书馆、徐汇区图书馆、青浦区图书馆、崇明区图书馆成为书展分会场，举办了丰富多彩的活动。
18日	由上海民生现代美术馆、上海市静安区图书馆、百花洲文艺出版社联合主办的赵丽宏"《疼痛》中英文对照手稿本"首发式暨静安区图书馆艺术分馆揭牌仪式在上海民生现代美术馆成功举办。
23日	宝山区图书馆理事会成立大会暨第一届理事会第一次会议召开。会议审议通过《宝山区图书馆理事会章程》及相关工作制度，选举产生第一届理事会。
26—30日	由国家古籍保护中心和上海图书馆联合主办的"图书馆古籍整理与提要编纂高级研修班"在上海图书馆举办。首都图书馆、天津图书馆等40余家古籍收藏单位的51位学员参加培训。上海图书馆馆长陈超、国家古籍保护中心研究馆员庄秀芬等先后在开班仪式上致辞。
28日	上海图书馆与阅文集团达成网络文学与专藏战略合作并举行签约入藏仪式，宣布设立"中国网络文学专藏库"，上海图书馆党委书记楼巍、馆长陈超、副馆长周德明，阅文集团联席CEO吴文辉等出席活动，共同见证全国首个网络文学专藏库的诞生。
29日	崇明区图书馆第一届理事会成立会暨第一届理事会第一次会议召开。崇明作家协会原主席、崇明方言专家顾晓东被推选为理事长，会议审议通过了《上海市崇明区图书馆理事会章程》及相关配套制度。
8月	上海图书馆"手机扫码借书""图书馆会议资源服务的开发与利用"项目分别入选第二届公共图书馆一等、二等创新创意案例。
8月	中国图书馆学会授予长宁区图书馆全民阅读示范基地；授予闵行区图书馆2018年全民阅读优秀组织；授予上海少年儿童图书馆2018年全民阅读先进单位；嘉定区图书包的"中华传统文化系列赛事——中华诗词文赋大赛"荣获2018年阅读推广优秀项目。
8月	嘉定区图书馆的2018上海市民文化节中华诗词文赋大赛、虹口区图书馆的"科普知音"读书会、金山区图书馆的"以书架桥·传播希望——打开书香漂流新方式"入选2019年上海市公共文化建设创新项目。

（续表）

9月份	
12日	“上海儿童文学基地”筹建项目启动仪式在浦东图书馆举行。该基地由浦图与上海作协儿童文学委员会共同筹建，预计2020年下半年建成。
12日	松江区图书馆第一届理事会第一次会议召开。松江区文化和旅游局党组成员、副局长张国强被推选为理事会理事长。会议审议通过《上海市松江区图书馆理事会章程》及相关配套制度。
15日	“我和我的祖国——长三角公共图书馆庆祝中华人民共和国成立70周年诗文朗诵会”在上海图书馆上演，长三角众多朗诵艺术名家聚集在上图，与现场几百位观众相聚一堂，声情并茂地抒发心中对祖国母亲的无限热爱和满怀的骄傲与自豪。
22—25日	上海图书馆举办第九期图书馆参考咨询业务培训班，本次培训班的主题是探讨数字化时代，图书馆员如何进一步夯实专业技能，更好满足政府和用户对参考咨询、情报信息资源的需求。
23—26日	2019竞争情报上海论坛暨国际科学技术信息理事会在上海图书馆召开，会议分享了开放科学和开放创新的最新发展态势，探讨了竞争情报在企业开放创新的新实践和新成果的重要作用。
9月	上海市各级公共图书馆学习习近平总书记给国家图书馆老专家的回信精神，结合工作实际，进行交流。
10月份	
1—27日	“上海年华——珍贵影像中的上海70年”图片展在静安区图书馆新闸路馆后4楼报告厅举行。本次展览由上海市静安区图书馆和上海音像资料馆联合主办。
15日	嘉定区图书馆获得第七批“上海市爱国主义教育基地”的荣誉称号。
17日	第十三届中日图书馆学研讨会在上海图书馆召开，陈超代表上海图书馆，刘炜代表上海图书馆协会，原田隆史理事长代表日本图书馆研究会签订未来三年友好合作交流备忘录。
17日	上海图书馆与南京图书馆、浙江图书馆、安徽省图书馆在首届长三角地区公共图书馆信用服务年会上共同签署了长三角公共图书馆信用服务联盟协议。
19日	“上图杯”2019上海阅读马拉松秋季赛在本市各级公共图书馆同步举行。此次秋季赛共有850名选手报名参赛。
20日	杨浦区图书馆举办庆祝新中国成立70周年“阅读好声音”2019年度展演活动。
10月	浦东图书馆获得由国家机关事务管理局、国家发展改革委和国家财政局联合颁发的“节约型公共机构示范单位”称号
11月份	
8—27日	上海图书馆2019年度文献大展“妙笔生辉：上海图书馆馆藏名家手稿展”在上海图书馆第一展厅拉开帷幕，此次共展出2000年以来入藏的现当代名家手稿200余件，一批珍贵的名家名作手稿首次公开亮相，这是上海图书馆自2005年以来，连续第15年推出年度馆藏精品文献展览，开幕式上还收到姚雪垠之子捐赠的48封茅盾致姚雪垠的书信手稿。

（续表）

13日	金山区图书馆策划了《故纸溢芬：南社名人手稿特展》，在亭林籍南社社员周大烈之子周东壁先生捐赠的南社社友109件手稿墨迹中，甄选出南社创始人陈去病、柳亚子、高旭及南社骨干高吹万、傅熊湘、蔡守、高平子、高基、吕志伊、张默君等亲笔诗稿、文稿共29件向公众开放，表达对南社先贤的深深礼敬。
27日	由中共松江区委宣传部指导，松江区文化和旅游局、松江区文联主办，松江区图书馆、松江区文化馆、山脚下的书店承办的“人文松江书香之域——‘书香月’活动”新闻发布会在山脚下的书店举行。
27—29日	上海图书馆与南京图书馆、江苏省科学技术情报研究所、浙江图书馆、浙江省科技信息研究院、安徽省图书馆、安徽省科学技术情报研究所在安徽省合肥市共同举办“长三角地区2019年公共图书馆和科技情报战略合作年会”，馆所长陈超出席活动并发表重要讲话。
29日	2019年度“网上联合知识导航站”年会在安徽省铜陵市图书馆召开，此次年会的主题是“共享、智能、一体化”，上海图书馆副馆长周德明进行大会总结，读者服务中心主任徐强参加会议并作发言。
12月份	
10日	上海图书馆与北京大学、清华大学、上海交通大学、中国社科院等全国25家高校和研究机构在由文化和旅游部组织的“文化和旅游研究基地授牌仪式暨交流研讨活动”中，被授予文化和旅游研究基地称号。
12日	上海市图书馆学会2019年学术年会在华东政法大学举行，此次大会主题是“坚守初心、创新服务，推动图书馆高质量发展”。
26日	2019年度上海市中心图书馆、上海市公共数字文化工程、上海市文献资源共建共享协作网总结表彰大会在浦东新区傅雷图书馆召开。上海图书馆馆所领导陈超、林峻、刘炜，杨浦区委常委、统战部部长董鑫旺，侨联主席、党组书记高尚书，市文旅局公共服务处副处级调研员金荣彪以及来自各街道、高校图书馆的170名代表参加会议，陈超馆长作会议致辞并为2019年度上海市中心图书馆先进集体颁奖。
30日	徐汇区图书馆召开2019“小别离，再见徐图”辞旧迎新座谈会，会上和共建单位代表举行“把徐图带回家”图书认领仪式。
31日	2020浦东图书馆奇妙夜以“跨阅而立”为主题，通过现场展示及互动体验等形式，重现浦东开发开放30年来人民物质和精神文化生活的发展变迁，为读者打造一场融合艺术、科技、文化的辞旧迎新之旅

附录2

统计指标说明

本报告中的统计数据主要来源于上海市图书馆行业协会年报。其中，"一卡通"数据来源于上海市中心图书馆知识管理与服务系统，"各级行政区划数"来源于《上海行政区域情况统计表》，全市"常住人口"数据来源于上海市统计局统计公报，分区"常住人口"数据来源于《上海统计年鉴2019》，微信、微博信息发布量来源于各应用平台。由于数据来源多途径、统计样本和口径的多样化，导致反映某一特定情况的数据在不同的角度呈现不一致。为了减少误解，我们在此对相关统计指标作进一步说明。指标释义参考了《全国文化文物统计报表-公共图书馆基本情况年报》《第六次全国县级以上公共图书馆评估标准》《中华人民共和国文化行业标准：图书馆数字资源统计规范》（WH/T 47—2012），并在上述文件和标准的基础上作补充完善。

一、体系建设相关指标

1. 上海市各级公共图书馆数量（个）

指市级、区级和街镇（乡镇）开展公共图书馆服务的机构总数。其中，市级、区级公共图书馆多为事业单位法人；街道（乡镇）级公共图书馆多设在社区文化活动中心内、没有独立法人资质，为图书馆区级总馆的分馆。

2. 市、区、街镇公共图书馆馆舍数（个）

指基本实现人财物统一管理、分布在不同区域、开展图书馆业务活动的独立馆舍。包括市、区、街道（乡镇）各级公共图书馆的独立馆舍、具有独立空间的城市书房；不包括24小时自助设备服务点、居委图书室、农家书屋（村图书室）、职工书屋等其他基层服务点。

3. 城市书房（个）

特指服务面积、馆藏图书达到基层服务点最低要求，一般可以开展24小时自助借还服务，在一楼临街、人口集中、交通便利、市政配套设施条件良好的区域选址建设，体现文化建筑氛围特点、时尚精致的公共图书馆设施。如嘉定区“我嘉书房”、闵行区“城市书房”、奉贤区“悦贤坊”、浦东新区“融书房”等。与固定馆舍、基层服务点伴生的城市书房，如与长宁区图书馆、闵行区图书馆、嘉定区图书馆华亭镇分馆伴生的24小时城市书房也计入城市书房总数。

4. 居（村）图书室总数（个）

一般指居委图书室、农家书屋（村图书室）。每天向居（村）民免费开放，提供公益、便捷的公共文化服务；阅读服务是其基本公共文化服务功能之一，并开展常态化运作；能保障特殊人群享受公共文化的权益；依托节日庆典和区域特色文化资源，组织开展群众性文化活动，传承保护非物质文化遗产。

5. 基层服务点（个）

指与各区馆、街道（乡镇）馆签有区级总分馆制基层服务点建设协议的各类创新型服务点、城市书房、居委图书室、农家书屋、职工书屋等。

6. 延伸服务点（个）

指各级图书馆为扩大服务范围、提高社会效益，面向学校、部队、机关、企事业单位、组织或个人，开展常态化服务合作、未纳入总分馆体系的图书室。

7. 其他创新型服务点（个）

指如奉贤区海湾镇火车头阅读空间、嘉定区“百姓书社”、静安区“灰引力”、徐汇区“三室艺厅”、宝山区“众文空间”等创新的服务空间或形式。

8. 外借总量（册次）

指读者通过由各级公共图书馆及派出的流动服务点、延伸服务点借出阅读的该馆各类型文献册次。包含读者网上和到馆续借册次、网上预约借书册次，不含对数字资源使用的统计。

9. 人均外借量（册次）

外借量之和 ÷ 全市常住人口数。

10. 平均每册藏书年流通次数（次），即图书外借率、图书借阅率

图书外借总量 ÷ 图书藏量。

11. 配送活动（场次、人次）

指设有专项资金，由本馆组织统筹或参与组织统筹，为辖区内街道（乡镇）分馆及基层服务点提供的讲座、展览、培训及其他文化普及、阅读相关活动。

二、资源建设相关指标

1. 购书专项经费（万元）

指本馆本年度财政拨款中专门用于购置文献的经费，购书专项经费属于本年度经费收入范畴。

2. 新增藏量购置费（万元）

指图书馆本年度购进图书、报刊、缩微制品和视听文献等藏品所用经费之和，不包括新增数字资源。新增藏量购置费属于本年度经费支出范畴。

3. 新增数字资源配置费（万元）

指图书馆本年度专门用于自建、购买和获得授权的数字资源的经费。新增数字资源购置费属于本年度经费支出范畴。

4. 本年度新增藏量（册/件）

指图书馆在本年度内，通过购买、接受缴送、征集、受捐、交换、竞拍、数字化转换、许可授权等各种方式新入藏的各类型文献资源总量，不包括数字资源。

5. 文献馆藏总量（册/件）

指图书馆通过各种采访渠道获取的各类型文献资源总量。

包括已编目的古籍、图书、期刊和报纸的合订本、小册子、手稿，以及缩微制品、录像带、录音带、光盘等视听文献资源，但不包括数字资源。由图书馆长期保存，但因各种原因无编目数据而没有进行系统管理的文献可作为文献馆藏总量的一部分；但不包括从流通系统中剔除以及尚未完成资产处置的文献。

6.“一卡通”文献藏量（万册）

指上海市中心图书馆“一卡通”体系内按条码数量进行统计的馆藏，包括中外文图书、期刊、电子阅读器及音像制品。

7. 数字资源总量（TB）

指图书馆馆藏中所有数字资源，包括图书馆本地拥有的和获得一定期限使用权的数据库和数字文献。包括购买、许可授权、受缴、捐赠、交换、数字化、网络信息采集等方式获得使用权或保存权的数字资源。不包括未签订购买或许可授权合同的试用数字资源；也不包括对网络资源的链接，因为图书馆没有通过合法的协议（例如法定呈缴权）、许可或者其他合约或合作协议来确保其使用权。经图书馆编目、整合并纳入其数据库或数字文献中的免费网络资源单独统计；其他免费网络资源不计入数字资源；开放获取资源被视为免费网络资源。

三、服务效能相关指标

1. 当年发证数（张），即新增持证读者数

指本馆本年度通过新办证、初次使用电子学生证接受过图书馆服务（含到馆服务和非到馆服务）的读者数量，未包括数字资源平台在线注册或者通过第三方互联网平台导入、享受过图书馆服务的读者。

2. 读者证数（张），即持证读者数

指本馆通过读者证、电子学生证接受过图书馆服务（含到馆服务和非到馆服务）的累计持证读者数量。

3. 持证率（张 / 人）

读者证数 ÷ 常住人口数。

4. 总流通量（人次）

指本年度到图书馆场馆接受图书馆服务的总人次，包括借阅书刊、咨询问题，以及参加各类读者活动等。

5.“一卡通”流通量（册次）

指上海市中心图书馆“一卡通”书刊外借册次和还书册次之和。

6. 外借总量（册次）

该指标释义见附录一体系建设相关指标中第8点。

7. 外借总人数（人次）

指通过本馆及本馆派出的流动服务点、延伸服务点将本馆各类型文献资源借出阅读的人次。包含读者网上和到馆续借人次、网上预约借书人次，不含对数字资源使用的统计。

8. 人均外借量（册 / 人）

该指标释义见附录一体系建设相关指标中第9点。

9. 平均每册藏书年流通次数（次），即图书外借率、图书借阅率

该指标释义见附录一体系建设相关指标中第10点。

10. 集体外借量（册次）

指本馆为各自的基层服务点、延伸服务点（如社区、学校、部队、机关、企事业单位等）通过集体外借形式提供图书馆服务的书刊册次。

11. 图书馆网站年访问量（页人次）

指本年度中图书馆网站中所有网页（含文件及动态网页）被访客浏览的总次数。图书馆网站指有独立域名的web站点，其中包括cn域名和通用顶级域名下的web站点。

12. 数字资源检索量（次）

指各类型数字资源数据库检索量之和，包括自建资源库和外购资源库。

13. 数字资源浏览量（次）

指各类数字资源数据库在线浏览量之和，包括自建资源库和外购资源库。

14. 数字资源下载量（篇次）

读者通过各类型可供下载的数据库将各类数据资源下载到本地设备的篇数或次数之和，包括自建资源库和外购资源库。

15. 各类读书活动

指由本馆举办或与外机构联合、为读者举办的，除讲座、展览和培训之外的其他读书活动，如读书会、读书沙龙、阅读推广等。各馆举办的各类读者活动不包括向所辖分馆和基层服务点配送的活动，也不包括线上活动。

四、人力资源相关指标

1. 从业人员数（人）

由于劳动取酬的多元化，本报告引入了“从业人员”的指标，是指在文化部门主办或实行行业管理的文化机构以及由文化部门主办的其他文化机构中工作，并取得劳动报酬的全部人员，包括职工、再就业的离退休人员、业务外包人员。

2. 在编人员数（人）

指经当地机构编制部门批准，实际在岗的占编人数。根据实际情况，街道（乡镇）图书馆的在编人员包括社工编制。本报告中对上海市市、区两级公共图书馆的学历结构、职称情况统计以实际在编人数为基础；街道（乡镇）级公共图书馆对从业人员的学历结构和职称情况进行统计。

3. 派遣人员数（人）

指业务外包人员、外聘人员以及再就业的离退休返聘人员。其中“业务外包人员”特指以项目形式外包，由社会机构聘用、工作地点在图书馆内的人员。外包的物流项目、共用物业（安保、保洁）项目用工人员不计。

4. 学历结构

学历指国家承认的正式学历，不含相当学历。市、区两级公共图书馆针对在编人员统计，街道（乡镇）公共图书馆针对从业人员统计。

5. 职称结构

市、区两级公共图书馆针对在编人员统计，街道（乡镇）公共图书馆针对从业人员统计。

五、总体发展相关指标

1. 每10万人公共图书馆馆舍数（个）

市、区、街镇公共图书馆馆舍数之和 ÷ 全市常住人口（以万人计）×10。

2. 每10万人拥有公共图书馆面积（平方米）

市、区、街镇公共图书馆总面积 ÷ 全市常住人口数（以万人计）×10。

3. 人均购书经费（元/人）

市、区、街镇公共图书馆购书专项经费之和 ÷ 全市常住人口。

4. 人均馆藏拥有量（册、件/人）

市、区、街镇公共图书馆总馆藏量（含图书资料、非书资料）÷ 全市常住人口。

5. 人均图书拥有量（册/人）

市、区、街镇公共图书馆馆藏图书总量 ÷ 全市常住人口。

6. 平均每册藏书年流通次数，即图书外借率（次）

市、区、街镇公共图书馆总外借册次 ÷ 市、区、街镇公共图书馆馆藏图书总量。

7. 人均外借量（册次）

市、区、街镇公共图书馆总外借册次 ÷ 全市常住人口。

8. 每位从业人员服务人口数（人）

全市常住人口数 ÷ 市、区、街镇公共图书馆从业人员数之和。

9. 财政拨款总额（万元）

又称“财政补贴收入”，是指本年度各级财政对公共图书馆的财政拨款，包括本级财政所拨的文献资源购置费、开放运行费、人员经费、基建拨款及其他专项经费等全部拨款。街道（乡镇）级图书馆的财政拨款总额仅包括购书专项经费、活动经费，未包括人员经费，其中活动经费为社区文化活动中心总体活动经费。

图书在版编目（CIP）数据

上海市公共图书馆行业发展报告.2019/上海图书馆，上海市图书馆行业协会编．—上海：上海科学技术文献出版社，2020
ISBN 978-7-5439-8225-3

Ⅰ.①上… Ⅱ.①上…②上… Ⅲ.①公共图书馆—图书馆事业—研究报告—上海—2019 Ⅳ.① G259.275.1

中国版本图书馆 CIP 数据核字 (2020) 第 233303 号

责任编辑：李 莺 栾 鑫
封面设计：周 婧

上海市公共图书馆行业发展报告 2019
SHANGHAISHI GONGGONG TUSHUGUAN HANGYE FAZHAN BAOGAO 2019
上海图书馆 上海市图书馆行业协会 编
出版发行：上海科学技术文献出版社
地　　址：上海市长乐路 746 号
邮政编码：200040
经　　销：全国新华书店
印　　刷：上海新开宝商务印刷有限公司
开　　本：787mm×1092mm 1/16
印　　张：21
字　　数：364 000
版　　次：2020 年 12 月第 1 版 2020 年 12 月第 1 次印刷
书　　号：ISBN 978-7-5439-8225-3
定　　价：148.00 元
http://www.sstlp.com